최신개정판

일단 합격 JLPT

실전 모의고사 N4 N5

박영미, 황요찬, 오카자키 마이 지음

동양북스

일본어능력시험
일단 합격 JLPT 실전모의고사 N4·N5

초판 인쇄 | 2024년 10월 2일
초판 발행 | 2024년 10월 10일

지은이 | 박영미, 황요찬, 오카자키 마이
발행인 | 김태웅
책임 편집 | 길혜진, 이서인
디자인 | 남은혜, 김지혜
마케팅 총괄 | 김철영
온라인 마케팅 | 김은진
제　작 | 현대순

발행처 | (주)동양북스
등　록 | 제 2014-000055호
주　소 | 서울시 마포구 동교로22길 14 (04030)
구입 문의 | 전화 (02)337-1737 팩스 (02)334-6624
내용 문의 | 전화 (02)337-1762 dybooks2@gmail.com

ISBN 979-11-7210-072-8 13730

머리말

일본어능력시험(JLPT)은 국제교류기금 및 일본국제교육지원협회가 1984년부터 일본어를 모국어로 하고 있지 않은 학습자들의 일본어 능력시험을 측정하기 위해 실시하는 시험입니다. 일본어능력시험은 일본 정부가 공인하는 세계 유일의 일본어 시험으로 1년에 2회 실시하고 있습니다. 시험의 결과는 일본의 대학 진학이나, 국내 대학의 특차 전형, 기업 인사, 공무원 선발 등에서 일본어 능력을 평가하는 데 사용되고 있습니다.

2014년 기준으로 총 67개국에서 실시하고 있으며, 수험의 목적도 자신의 실력 측정과 입사, 승진, 대학 진학, 해외 취업 등으로 다양합니다. 특히 최근에는 2020년 일본 도쿄 올림픽 개최와 일본 취업의 활성화로 인하여 더욱더 시험의 중요성이 부각되고 있다고 해도 과언이 아닐 것입니다. 성적이 우수한 자는 대학에서는 특별 전형으로, 국내와 해외 기업의 취업에 있어서 절대적으로 유리한 위치에 있을 수밖에 없을 것입니다.

'일단 합격하고 오겠습니다 JLPT 일본어 능력시험 실전모의고사 N4·5'는 이러한 사회의 움직임에 발 빠르게 대응하기 위해, 시험 전에 응시생이 보다 많은 문제를 풀면서 자신감과 경험을 쌓기를 바라는 마음에서 집필하게 되었습니다. 보다 많은 문제를 풀어서 시험의 유형을 익히고 자신감을 갖고 시험에 응하는 것이 가장 중요하다고 보기 때문입니다. 또한 독학하는 학습자들을 위하여 해설서에는 단순한 답만 제시하기보다는 유의어와 시험의 포인트 등도 안내하고 있어, 그 어떤 수험서에도 뒤지지 않는 시험 전 필수 수험서라고 자신할 수 있습니다.

5회의 모의고사를 풀어나가면서 많은 수험생이 자신감을 갖게 되어, 본 시험에서는 부디 좋은 결과가 있기를 바랍니다. 끝으로 본 수험서의 출판에 도움을 주신 동양북스 관계자 여러분께 이 자리를 빌려 감사의 말을 드립니다.

저자 일동

JLPT(일본어 능력시험) 알아보기

❶ JLPT 개요

JLPT(Japanese-Language Proficiency Test)는 일본어를 모국어로 하지 않는 사람의 일본어 능력을 측정하고 인정하는 시험으로, 국제교류기금과 재단법인 일본국제교육지원협회가 주최하고 있습니다. 1984년부터 실시되고 있으며 다양화된 수험자와 수험 목적의 변화에 발맞춰 2010년부터 새로워진 일본어 능력시험이 연 2회(7월, 12월) 실시되고 있습니다.

❷ JLPT 레벨과 인정 기준

레벨	과목별 시간		인정 기준
	유형별	시간	
N1	언어지식(문자 · 어휘 · 문법) 독해	110분	기존시험 1급보다 다소 높은 레벨까지 측정 [읽기] 논리적으로 약간 복잡하고 추상도가 높은 문장 등을 읽고, 문장의 구성과 내용을 이해할 수 있으며 다양한 화제의 글을 읽고, 이야기의 흐름이나 상세한 표현의도를 이해할 수 있다. [듣기] 자연스러운 속도의 체계적 내용의 회화나 뉴스, 강의를 듣고, 내용의 흐름 및 등장인물의 관계나 내용의 논리구성 등을 상세히 이해하거나, 요지를 파악할 수 있다.
	청해	60분	
	계	170분	
N2	언어지식(문자 · 어휘 · 문법) 독해	105분	기존시험의 2급과 거의 같은 레벨 [읽기] 신문이나 잡지의 기사나 해설, 평이한 평론 등, 논지가 명쾌한 문장을 읽고 문장의 내용을 이해할 수 있으며, 일반적인 화제에 관한 글을 읽고, 이야기의 흐름이나 표현의도를 이해할 수 있다. [듣기] 자연스러운 속도의 체계적 내용의 회화나 뉴스를 듣고, 내용의 흐름 및 등장인물의 관계를 이해하거나, 요지를 파악할 수 있다.
	청해	55분	
	계	160분	
N3	언어지식(문자 · 어휘) 언어지식(문법) · 독해	100분	기존시험의 2급과 3급 사이에 해당하는 레벨(신설) [읽기] 일상적인 화제에 구체적인 내용을 나타내는 문장을 읽고 이해할 수 있으며, 신문의 기사 제목 등에서 정보의 개요를 파악할 수 있다. 일상적인 장면에서 난이도가 약간 높은 문장을 바꿔 제시하며 요지를 이해할 수 있다. [듣기] 자연스러운 속도의 체계적 내용의 회화를 듣고, 이야기의 구체적인 내용을 등장인물의 관계 등과 함께 거의 이해할 수 있다.
	청해	45분	
	계	145분	
N4	언어지식(문자 · 어휘) 언어지식(문법) · 독해	80분	기존시험 3급과 거의 같은 레벨 [읽기] 기본적인 어휘나 한자로 쓰여진, 일상생활에서 흔하게 일어나는 화제의 문장을 읽고 이해할 수 있다. [듣기] 일상적인 장면에서 다소 느린 속도의 회화라면 거의 내용을 이해할 수 있다.
	청해	40분	
	계	120분	
N5	언어지식(문자 · 어휘) 언어지식(문법) · 독해	60분	기존시험 4급과 거의 같은 레벨 [읽기] 히라가나나 가타카나, 일상생활에서 사용되는 기본적인 한자로 쓰여진 정형화된 어구나 문장을 읽고 이해할 수 있다. [듣기] 일상생활에서 자주 접하는 장면에서 느리고 짧은 회화로부터 필요한 정보를 얻어낼 수 있다.
	청해	35분	
	계	95분	

❸ JLPT 레벨과 인정 기준

레벨	득점 구분	인정 기준
N1	언어지식(문자 · 어휘 · 문법)	0~60
	독해	0~60
	청해	0~60
	종합득점	0~180
N2	언어지식(문자 · 어휘 · 문법)	0~60
	독해	0~60
	청해	0~60
	종합득점	0~180
N3	언어지식(문자 · 어휘 · 문법)	0~60
	독해	0~60
	청해	0~60
	종합득점	0~180
N4	언어지식(문자 · 어휘 · 문법) · 독해	0~120
	청해	0~60
	종합득점	0~180
N5	언어지식(문자 · 어휘 · 문법) · 독해	0~120
	청해	0~60
	종합득점	0~180

❹ 시험 결과 통지의 예

다음 예와 같이 ① '득점구분별 득점'과 득점구분별 득점을 합계한 ② '종합득점', 앞으로의 일본어 학습을 위한 ③ '참고정보'를 통지합니다. ③ '참고정보'는 합격/불합격 판정 대상이 아닙니다.

※ 예 N3을 수험한 Y 씨의 '합격/불합격 통지서'의 일부 성적 정보(실제 서식은 변경될 수 있습니다.)

① 득점 구분별 득점			② 종합 득점
언어지식 (문자 · 어휘 · 문법)	독해	청해	
50/60	30/60	40/60	120/180

③ 참고 정보	
문자 · 어휘	문법
A	C

A 매우 잘했음 (정답률 67% 이상)
B 잘했음 (정답률 34% 이상 67% 미만)
C 그다지 잘하지 못했음 (정답률 34% 미만)

❺ JLPT 인정서 예시

日本語能力認定書

CERTIFICATE
JAPANESE-LANGUAGE PROFICIENCY

氏名
Name

生年月日 (y/m/d)
Date of Birth

受験地 **韓国** Korea
Test Site

上記の者は　　年　月に独立行政法人国際交流基金および公益財団法人日本国際教育支援協会が実施した日本語能力試験N4 レベルに合格したことを証明します。

年　月　日

This is to certify that the person named above has passed Level N4 of the Japanese-Language Proficiency Test given in December 20XX, jointly administered by the Japan Foundation and Japan Educational Exchanges and Services.

独立行政法人 国際交流基金	公益財団法人 日本国際教育支援協会
理事長 安藤裕康	理事長 井上正幸
Hiroyasu Ando	Masayuki Inoue
President	President
The Japan Foundation	Japan Educational Exchanges and Services

차례

여기에 당신의 목표 점수를 적어 보세요!

JLPT N5 ____ 점 합격!

목표를 세우고 하루 하루 정진하면, 못 이룰 것이 없습니다. 처음의 마음 잊지 말고 이 점수를 마음 속에서 되뇌어 보세요. 합격하는 그날까지 힘내길 바랍니다!

실전모의고사 1회

N5

げんごちしき（もじ・ごい）

（20ぷん）

ちゅうい
Notes

1. しけんが　はじまるまで、この　もんだいようしを　あけないで　ください。
   Do not open this question booklet until the test begins.
2. この　もんだいようしを　もって　かえる　ことは　できません。
   Do not take this question booklet with you after the test.
3. じゅけんばんごうと　なまえを　したの　らんに、じゅけんひょうと　おなじように　かいて　ください。
   Write your examinee registration number and name clearly in each box below as written on your test voucher.
4. この　もんだいようしは、ぜんぶで　5ページ　あります。
   This question booklet has 5 pages.
5. もんだいには　かいとうばんごうの　1、2、3…が　あります。かいとうは、かいとうようしに　ある　おなじ　ばんごうの　ところに　マークして　ください。
   One of the row numbers 1, 2, 3 … is given for each question. Mark your answer in the same row of the answer sheet.

じゅけんばんごう Examinee Registration Number	

なまえ Name	

もんだい1 ＿＿＿＿の ことばは ひらがなで どう かきますか。1・2・3・4から いちばん いい ものを ひとつ えらんで ください。

（れい） 大きな えが あります。

1 おおきな　2 おきな　3 だいきな　4 たいきな

（かいとうようし）

（れい）	● ② ③ ④

---

1 よしださんは 去年 だいがくに はいりました。

1 きょねん　2 きょとし　3 さくねん　4 さくとし

2 今朝は なんじに おきましたか。

1 こんあさ　2 いまあさ　3 けさ　4 けいさ

3 あした 映画を みに いきませんか。

1 えか　2 えが　3 えいか　4 えいが

4 たなかさんは なんにん 家族ですか。

1 かぞく　2 がぞく　3 がそく　4 かそく

5 とうきょうは おおさかの 東に あります。

1 にし　2 ひがし　3 みなみ　4 きた

6 ここから こうえんまで 歩いて いきましょう。

1 およいて　2 はしいて　3 いそいて　4 あるいて

7 テーブルの うえに みかんが 九つ あります。

1 やっつ　2 いつつ　3 むっつ　4 ここのつ

もんだい２　＿＿＿＿の　ことばは　どう　かきますか。１・２・３・４から　いちばん　いい　ものを　ひとつ　えらんで　ください。

（れい）　わたしの　こどもは　はなが　すきです。

1　了ども　　2　子ども　　3　于ども　　4　予ども

（かいとうようし）　| （れい） | ①　●　③　④ |

8　あさから　みみが　いたいです。

1　目　　2　耳　　3　口　　4　頭

9　あたまが　いたくて　びょういんに　いきました。

1　家完　　2　病院　　3　教院　　4　部完

10　つぎの　おりんぴっくは　どこですか。

1　オリソピック　　2　オレンピック　　3　オリンピック　　4　オレソピック

11　デパートに　いって　あたらしい　くつを　かいました。

1　新しい　　2　急しい　　3　意しい　　4　音しい

12　たなかさんは　うみで　およいだ　ことが　ありますか。

1　水いだ　　2　泳いだ　　3　永いだ　　4　木いだ

もんだい３　(　　　　)に　なにが　はいりますか。1・2・3・4から　いちばん　いい　ものを　ひとつ　えらんで　ください。

(れい)　あそこで　バスに（　　　　）。

1　のりました　　2　あがりました

3　つきました　　4　はいりました

（かいとうようし）

(れい)	● ② ③ ④

---

13 わたしは（　　　　）かいがいに　いった　ことが　ありません。

1　まだ　　2　もう　　3　いま　　4　ただ

14 あおやまさんとは　いちど（　　　　）あった　ことが　あります。

1　しか　　2　だけ　　3　ほか　　4　ところ

15 チケットを　かう　ひとは　こちらに（　　　　）ください。

1　しめて　　2　すんで　　3　ならんで　　4　でかけて

16 だいがくの　としょかんに　ほんを（　　　　）に　いきます。

1　かり　　2　およぎ　　3　あそび　　4　たべ

17 はこの　なかには　なにが（　　　　）いますか。

1　いれて　　2　はいって　　3　のんで　　4　よんで

18 わたしの　へやは　ここより（　　　　）です。

1　やさしい　　2　せまい　　3　おおい　　4　あつい

もんだい４　＿＿＿＿の　ぶんと　だいたい　おなじ　いみの　ぶんが　あります。
１・２・３・４から　いちばん　いい　ものを　ひとつ　えらんで　ください。

（れい）　ここは　でぐちです。いりぐちは　あちらです。

1　あちらから　でて　ください。

2　あちらから　おりて　ください。

3　あちらから　はいって　ください。

4　あちらから　わたって　ください。

（かいとうようし）

（れい）	①　②　●　④

19　しごとは　ごぜん　９じから　ごご　６じまでです。

1　しごとは　10じに　はじまります。

2　しごとは　よる　はじまります。

3　しごとは　６じに　おわります。

4　しごとは　あさ　おわります。

20　きのう　みた　ドラマは　つまらなかったです。

1　きのう　みた　ドラマは　たのしくなかったです。

2　きのう　みた　ドラマは　おもしろくなかったです。

3　きのう　みた　ドラマは　さびしくなかったです。

4　きのう　みた　ドラマは　かなしくなかったです。

21 わたしは　きょうだいが　いません。

1　わたしは　あねが　ひとり　います。

2　わたしは　あにが　ひとり　います。

3　わたしは　いもうとが　ひとり　います。

4　わたしは　ひとりっこです。

N5

言語知識（文法）・読解

（40ぷん）

注意
Notes

1. 試験が始まるまで、この問題用紙をあけないでください。
   Do not open this question booklet until the test begins.

2. この問題用紙を持ってかえることはできません。
   Do not take this question booklet with you after the test.

3. 受験番号となまえをしたの欄に、受験票とおなじようにかいてください。
   Write your examinee registration number and name clearly in each box below as written on your test voucher.

4. この問題用紙は、全部で13ページあります。
   This question booklet has 13 pages.

5. 問題には解答番号の 1 、 2 、 3 、… があります。解答は、解答用紙にあるおなじ番号のところにマークしてください。
   One of the row numbers 1 , 2 , 3 … is given for each question. Mark your answer in the same row of the answer sheet.

受験番号 Examinee Registration Number	

なまえ Name	

1회

もんだい1　（　　　）に　何(なに)を　入(い)れますか。1・2・3・4から　いちばん　いい　ものを　一(ひと)つ　えらんで　ください。

（れい）　これ（　　　）えんぴつです。

1　に　　2　を　　3　は　　4　や

（かいとうようし）　| （れい） | ①　②　●　④ |
|---|---|

1　ことしの　夏休(なつやす)みは　アメリカ（　　　）行(い)きます。

1　で　　2　へ　　3　を　　4　が

2　うどんは　はし（　　　）食(た)べます。

1　を　　2　で　　3　に　　4　も

3　かぞくに（　　　）東京(とうきょう)に　来(き)ました。

1　あいに　　2　あうに　　3　かいに　　4　かうに

4　スーパーで　魚(さかな)や　肉(にく)（　　　）いろいろ　買(か)いました。

1　など　　2　でも　　3　ごろ　　4　にも

5　駅(えき)から　家(いえ)まで　歩(ある)いて　10分(ぷん)（　　　）かかります。

1　から　　2　まで　　3　ぐらい　　4　など

6　ピアノを（　　　）歌(うた)を　歌(うた)って　います。

1　ひくたい　　2　ひきたい　　3　ひくながら　　4　ひきながら

7 朝(あさ)ごはんを（　　　　）学校(がっこう)へ　行(い)きました。

1　たべなくて　　2　たべないで　　3　たべないから　　4　たべないので

8 山田(やまだ)「田中(たなか)さんは　海(うみ)へ　よく　行(い)きますね。」

田中(たなか)「はい、海(うみ)が（　　　　）からです。」

1　すき　　2　すきだ　　3　きらい　　4　きらいだ

9 林(はやし)「木村(きむら)さん、どうぞ　たべて　ください。」

木村(きむら)「はい、（　　　　）。」

1　どういたしまして　　2　おいしかったです

3　いただきます　　4　ごちそうさまでした

もんだい２　＿＿★＿＿に　入る　もの　どれですか。1・2・3・4から　いちばん　いい　ものを　一つ　えらんで　ください。

（もんだいれい）

A「＿＿＿＿　＿＿＿＿　＿＿★＿＿　＿＿＿＿　か。」

B「山田さんです。」

1　です　　2　は　　3　あの　人　　4　だれ

（こたえかた）

1　ただしい　文を　つくります。

A「＿＿＿＿　＿＿＿＿　＿＿★＿＿　＿＿＿＿　か。」
　3　あの　人　2　は　4　だれ　1　です

B「山田さんです。」

2　＿＿★＿＿に　入る　ばんごうを　くろく　ぬります。

（かいとうようし）

（れい）	①　②　③　●

10　わたしの　ケータイ　＿＿＿　＿＿＿　＿★＿　＿＿＿　ありませんでした。

1　どこ　　2　も　　3　は　　4　に

11 わたしは　うどん　＿＿　＿＿　＿★＿　＿＿　が　好(す)きです。

1　ラーメン　　2　ほう　　3　より　　4　の

12 田中(たなか)さんは　吉田(よしだ)　かちょう　＿＿　＿＿　＿★＿　＿＿　ありますか。

1　こと　　2　に　　3　が　　4　会(あ)った

13 A「えんぴつ　＿＿　＿＿　＿★＿　＿＿　書(か)いて ください。」

B「はい、わかりました。」

1　で　　2　では　　3　なくて　　4　ボールペン

もんだい3　[14] から [17] に　何を　入れますか。ぶんしょうの　いみを
かんがえて、1・2・3・4から　いちばん　いい　ものを　一つ
えらんで　ください。

きょうは　8時から　じゅぎょうが　ある　[14]　おきるのが　おそかったです。朝ごはんを　食べる　時間も　ありませんでした。がっこうまで　バスで　40分ぐらい　[15]。じゅぎょうは　むずかしいですが　たのしいです。

クラスメートも　みんな　[16]　です。ひるごはんは　友だちと　いっしょにサンドイッチを　食べました。コーヒーも　飲みました。じゅぎょうが　おわって、ごご4時まで　としょかんで　べんきょうしました。

5時に　家に　かえって、おふろに　[17]　ゆうごはんを　たべました。ははのりょうりは　いつも　おいしいです。きょうは　よるおそくまで　ゲームしないではやく　ねたいです。

14

1 から　2 ので　3 のに　4 でも

15

1 あけます　2 かかります　3 あそびます　4 やすみます

16

1 やさしい　2 やすい　3 おもい　4 かるい

17

1 はいるのは　2 はいるかも　3 はいってから　4 はいったから

もんだい４　つぎの　（１）から　（２）の　ぶんしょうを　読んで、しつもんに　こたえて　ください。こたえは、１・２・３・４から　いちばん　いい　ものを　一つ　えらんで　ください。

（1）

今日は、雪が　たくさん　ふりました。一日中　とても　寒かったです。雪は白くて、とても　きれいでした。わたしは　雪を　見た　ことが　なかったので、とても　うれしかったです。それで、外に　出て、雪だるまを　作りました。明日も雪が　たくさん　降るそうです。朝から　授業が　ありますが、自転車は　危ないですから　歩いて　学校に　行きます。

18　なぜ、歩いて　学校に　行きますか。

1　雪が　きれいだからです。
2　雪が　たくさん　降るからです。
3　朝から　授業が　あるからです。
4　自転車が　ないからです。

(2)

うちには「アトム」と　いう　かわいい　犬(いぬ)が　います。わたしは　アトムと　遊(あそ)ぶのが　本当(ほんとう)に　好(す)きです。そして　アトムは、公園(こうえん)へ　さんぽに　行(い)くのが　大好(だいす)きです。アトムは　公園(こうえん)に　行(い)って、ほかの　犬(いぬ)たちと　遊(あそ)ぶのが　好(す)きだからです。わたしも　公園(こうえん)に　行(い)って、学校(がっこう)の　友(とも)だちと　遊(あそ)ぶのが　好(す)きで、毎日(まいにち)　アトムと　公園(こうえん)へ　行(い)きます。

19 アトムは　なぜ　公園(こうえん)へ　行(い)くのが　好(す)きですか。

1　ほかの　犬(いぬ)と　遊(あそ)ぶ　ことが　できるからです。
2　わたしと　公園(こうえん)で　遊(あそ)ぶ　ことが　できるからです。
3　公園(こうえん)を　さんぽするのが　好(す)きだからです。
4　わたしの　友(とも)だちと　遊(あそ)ぶのが　好(す)きだからです。

もんだい５　つぎの　ぶんしょうを　読んで、しつもんに　こたえて　ください。こたえは、１・２・３・４から、いちばん　いい　ものを　一つ　えらんで　ください。

わたしには　姉が　います。わたしは　25さいで、姉は　30さいです。姉は　とても　やさしいです。子どもの　ときは、姉が　いつも　いっしょに　遊んで　くれました。だから、わたしは　姉が　大好きです。

姉は　高校生の　時から　日本語を　べんきょうして　いたので、日本語が　とても　上手です。日本の　大学を　そつぎょうして、今は　東京で　はたらいて　います。会社員です。姉は、「毎日　しごとが　忙しいです。でも　日本の　生活は　楽しいです。」と　言って　います。わたしも　日本で　はたらきたいです。だから、今　福岡で　日本語を　べんきょうして　います。毎日、朝　10時から　夕方　４時まで　授業が　あるので、少し　たいへんです。

わたしは、姉に「来月　東京に　行くから、会いたい」と　言いました。姉も「そうしましょう」と　言いました。福岡から　東京まで、ひこうきで　１時間半　かかります。ひこうきの　チケットは　少し　高いですが、とても　楽しみです。早く　姉に　会いたいです。

20 この人は　どうして　東京に　行きますか。

1　日本語を　べんきょうしたいから

2　会社で　はたらくから

3　姉に　会うから

4　ひこうきに　乗りたいから

21 この　ぶんに　ついて　ただしいのは　どれですか。

1　この　人は　来週　東京に　行きます。

2　この　人の　姉は　朝から　夕方まで　日本語を　べんきょうします。

3　この　人は　高校生の　ときから　日本語を　べんきょうしました。

4　この　人の　姉は　日本の　会社で　はたらいて　います。

もんだい6　右の　ページを　見て、下の　しつもんに　こたえて　ください。こたえは、1・2・3・4から　いちばん　いい　ものを　一つ　えらんで　ください。

22　田中さんは　いちごケーキ　1つと　パスタを　ちゅうもんしました。お金は　全部で　いくら　はらいますか。

1　800円
2　1,150円
3　1,200円
4　1,500円

さくら カフェメニュー

いつも　ありがとうございます。

店長の　山本です。

先月から　メニューを　新しく　しました。

ケーキや　料理は　全部　お店で　作って　います。

とても　おいしいです。

ぜひ　食べて　みて　ください。

<table>
<tr><th>メニュー</th><th>ねだん</th><th>メニュー</th><th>ねだん</th></tr>
<tr><td>コーヒー</td><td>350円</td><td rowspan="7">ケーキセット
ケーキと飲み物がセットです
【ケーキ】　【飲み物】
いちごケーキ　コーヒー
チーズケーキ　アイスコーヒー
チョコケーキ　紅茶
くだものケーキ　アイスティー
※ケーキ１つのねだん：500円</td><td rowspan="7">800円</td></tr>
<tr><td>アイスコーヒー</td><td>400円</td></tr>
<tr><td>紅茶</td><td>350円</td></tr>
<tr><td>アイスティー
(レモン・ミルク)</td><td>400円</td></tr>
<tr><td>オレンジジュース</td><td>300円</td></tr>
<tr><td>サンドウィッチ</td><td>600円</td></tr>
<tr><td>パスタ</td><td>700円</td></tr>
</table>

N5

聴解（ちょうかい）

（35分（ふん））

注（ちゅう）意（い） Notes

1. 試験（しけん）が始（はじ）まるまで、この問題用紙（もんだいようし）を開（あ）けないでください。
Do not open this question booklet until the test begins.

2. この問題用紙（もんだいようし）を持（も）って帰（かえ）ることはできません。
Do not take this question booklet with you after the test.

3. 受験番号（じゅけんばんごう）と名前（なまえ）を下（した）の欄（らん）に、受験票（じゅけんひょう）と同（おな）じように書（か）いてください。
Write your examinee registration number and name clearly in each box below as written on your test voucher.

4. この問題用紙（もんだいようし）は、全部（ぜんぶ）で14ページあります。
This question booklet has 14 pages.

5. この問題用紙（もんだいようし）にメモをとってもいいです。
You may make notes in this question booklet.

受験番号（じゅけんばんごう） Examinee Registration Number	

名前（なまえ） Name	

もんだい１

もんだい１では、はじめに　しつもんを　きいて　ください。それから　はなしを　きいて、もんだいようしの　１から４の　なかから、いちばん　いい　ものを　ひとつ　えらんで　ください。

れい

1　チーズ　ケーキ

2　いちご　ケーキ

3　チョコ　ケーキ

4　なまクリーム　ケーキ

1ばん

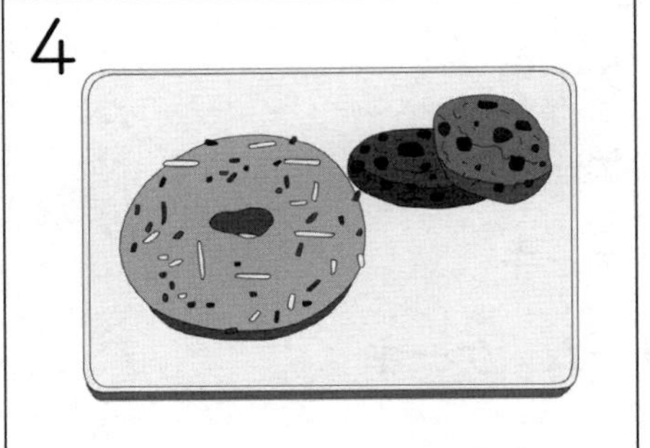

2ばん

1　いえで　べんきょうします

2　たなかさんと　いっしょに　べんきょうします

3　いえの　ちかくの　としょかんで　べんきょうします

4　だいがくの　としょかんで　べんきょうします

3ばん

1　ひとみさんに　あおい　ペンを　かります

2　ひとみさんに　くろい　ペンを　かします

3　コンビニで　くろい　ペンを　かいます

4　たなかさんに　くろい　ペンを　かります

4ばん

1

2

3

4

5ばん

1　しごとを　して　いえに　かえります

2　えいがを　みてから　スーパーに　いきます

3　やまもとさんと　おさけを　のみに　いきます

4　スーパーで　おさけを　かって　いえで　のみます

6ばん

7ばん

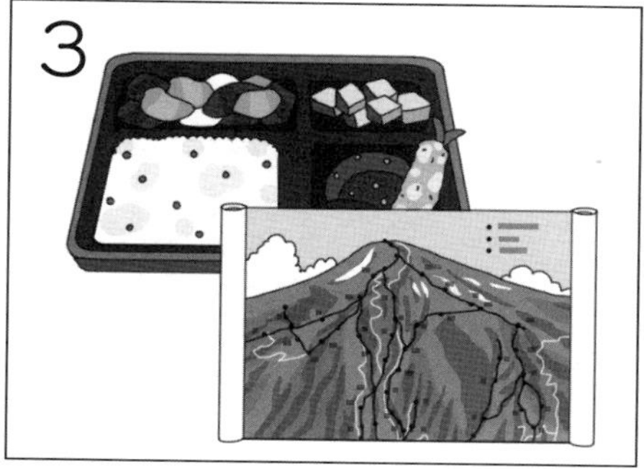

もんだい２

もんだい２では、はじめに　しつもんを　きいて　ください。それから　はなしを　きいて、もんだいようしの　１から４の　なかから、いちばん　いい　ものを　ひとつ　えらんで　ください。

れい

1　しごとが　たいへんだから

2　よるに　なったから

3　こどもに　なかれたから

4　こどもが　うまれたから

1ばん

1　おいしくて、やすいです

2　おいしいですが、たかいです

3　おいしくないですが、やすいです

4　おいしくなくて、たかいです

2ばん

1　こんしゅうの　どようび

2　らいしゅうの　どようび

3　こんしゅうの　にちようび

4　らいしゅうの　にちようび

3ばん

1　ごぜん　11じ

2　ごご　1じ

3　ごご　3じ

4　ごご　7じ

4ばん

1　ざんぎょうを　しなければならないから

2　うたは　にがてだから

3　かぜで　のどが　いたいから

4　カラオケが　すきでは　ないから

5ばん

1　スカートが　にあわなかったから

2　スカートが　ながかったから

3　くろい　スカートが　なかったから

4　スカートの　いろが　すきじゃ　なかったから

6ばん

1　ほかの　かいしゃに　いくからです

2　けっこんを　するからです

3　がいこくへ　いくからです

4　おやの　しごとを　てつだうからです

もんだい３

もんだい３では、えを　みながら　しつもんを　きいて　ください。➡（やじるし）の　ひとは　なんと　いいますか。１から３の　なかから、いちばん　いい　ものを　ひとつ　えらんで　ください。

れい

1회

1ばん

2ばん

3ばん

4ばん

5ばん

1회

もんだい４

もんだい４は、えなどが　ありません。ぶんを　きいて、１から３の　なかから、いちばん　いい　ものを　ひとつ　えらんで　ください。

―　メモ　―

여기에 당신의 목표 점수를 적어 보세요!

JLPT N5 　　　　 점 합격!

목표를 세우고 하루 하루 정진하면, 못 이룰 것이 없습니다. 처음의 마음 잊지 말고 이 점수를 마음 속에서 되뇌어 보세요. 합격하는 그날까지 힘내길 바랍니다!

실전모의고사
2회

N5

げんごちしき（もじ・ごい）

（20ぷん）

ちゅうい
Notes

1. しけんが　はじまるまで、この　もんだいようしを　あけないで　ください。
   Do not open this question booklet until the test begins.
2. この　もんだいようしを　もって　かえる　ことは　できません。
   Do not take this question booklet with you after the test.
3. じゅけんばんごうと　なまえを　したの　らんに、じゅけんひょうと　おなじように　かいて　ください。
   Write your examinee registration number and name clearly in each box below as written on your test voucher.
4. この　もんだいようしは、ぜんぶで　5ページ　あります。
   This question booklet has 5 pages.
5. もんだいには　かいとうばんごうの　1、2、3…が　あります。かいとうは、かいとうようしに　ある　おなじ　ばんごうの　ところに　マークして　ください。
   One of the row numbers 1, 2, 3 … is given for each question. Mark your answer in the same row of the answer sheet.

じゅけんばんごう Examinee Registration Number	

なまえ Name	

もんだい1　＿＿＿＿の　ことばは　ひらがなで　どう　かきますか。1・2・3・4から　いちばん　いい　ものを　ひとつ　えらんで　ください。

（れい）　大きな　えが　あります。

1　おおきな　　2　おきな　　3　だいきな　　4　たいきな

（かいとうようし）

（れい）	● ② ③ ④

1　ここから　海が　みえます。

1　やま　　2　にわ　　3　かわ　　4　うみ

2　あさから　足が　いたいです。

1　て　　2　あし　　3　あたま　　4　め

3　ともだちと　食堂で　ごはんを　たべました。

1　しょくとう　　2　しょくどう　　3　しょくと　　4　しょくど

4　きのうは　ビールを　三本も　のみました。

1　さほん　　2　さんほん　　3　さんぽん　　4　さんぼん

5　この　みせは　ひとが　多いですね。

1　おおきい　　2　あおい　　3　おおい　　4　あつい

6　カフェで　コーヒーを　飲みます。

1　うみます　　2　しみます　　3　やすみます　　4　のみます

7　らいねん、だいがくに　入ります。

1　あいります　　2　はいります　　3　おわります　　4　かわります

もんだい２　＿＿＿＿の　ことばは　どう　かきますか。1・2・3・4から　いちばん　いい　ものを　ひとつ　えらんで　ください。

（れい）　わたしの　こどもは　はなが　すきです。

1　了ども　　2　子ども　　3　于ども　　4　予ども

（かいとうようし）　|（れい）| ①　●　③　④ |

8　ねる　まえに　しゃわーを　あびます。

1　シャワー　　2　ツャワー　　3　シャウー　　4　ツャウー

9　ここから　みぎに　まがって　ください。

1　左　　2　下　　3　右　　4　力

10　この　ふたつは　おなじ　サイズです。

1　回じ　　2　円じ　　3　口じ　　4　同じ

11　あしたは　もくようびですか。

1　火よう日　　2　水よう日　　3　木よう日　　4　金よう日

12　ふるい　かばんが　あります。

1　古い　　2　軽い　　3　安い　　4　多い

もんだい３　（　　　　）に　なにが　はいりますか。1・2・3・4から　いちばん　いい　ものを　ひとつ　えらんで　ください。

（れい）　あそこで　バスに（　　　　）。

1　のりました　　　　2　あがりました

3　つきました　　　　4　はいりました

（かいとうようし）

（れい）	● ② ③ ④

13（　　　　）で　ほんを　かりました。

1　としょかん　　2　ぎんこう　　3　しょくどう　　4　びょういん

14　A「すきな（　　　　）は　なんですか。」

B「りんごです。」

1　くだもの　　2　かいもの　　3　のみもの　　4　よみもの

15　たんじょうびの　プレゼントは　なにが（　　　　）ですか。

1　ほしい　　2　ちいさい　　3　ねむい　　4　もちたい

16（　　　　）は　なんじに　かえりましたか。

1　まいにち　　2　まいあさ　　3　きせつ　　4　ゆうべ

17　やまに（　　　　）のが　すきです。

1　のぼる　　2　でる　　3　ふる　　4　こまる

18　かのじょの　なまえを（　　　　）。

1　なれました　　2　はきました　　3　わすれました　　4　かかりました

もんだい４　＿＿＿＿の　ぶんと　だいたい　おなじ　いみの　ぶんが　あります。
1・2・3・4から　いちばん　いい　ものを　ひとつ　えらんで　ください。

（れい）　ここは　でぐちです。いりぐちは　あちらです。

1　あちらから　でて　ください。

2　あちらから　おりて　ください。

3　あちらから　はいって　ください。

4　あちらから　わたって　ください。

（かいとうようし）

（れい）	①　②　●　④

19　かいしゃまで　くるまで　いきます。

1　かいしゃまで　じどうしゃで　いきます。

2　かいしゃまで　じてんしゃで　いきます。

3　かいしゃまで　ちかてつで　いきます。

4　かいしゃまで　でんしゃで　いきます。

20　へやの　でんきを　けしました。

1　へやを　ひろく　しました。

2　へやを　あかるく　しました。

3　へやを　くらく　しました。

4　へやを　せまく　しました。

21 しごとが　いそがしく　ありません。

1　しごとが　きれいです。

2　しごとが　げんきです。

3　しごとが　ひまです。

4　しごとが　ゆうめいです。

N5

言語知識（文法）・読解

（40ぷん）

注意 Notes

1. 試験が始まるまで、この問題用紙をあけないでください。
Do not open this question booklet until the test begins.

2. この問題用紙を持ってかえることはできません。
Do not take this question booklet with you after the test.

3. 受験番号となまえをしたの欄に、受験票とおなじようにかいてください。
Write your examinee registration number and name clearly in each box below as written on your test voucher.

4. この問題用紙は、全部で13ページあります。
This question booklet has 13 pages.

5. 問題には解答番号の 1 、 2 、 3 、… があります。解答は、解答用紙にあるおなじ番号のところにマークしてください。
One of the row numbers 1 , 2 , 3 … is given for each question. Mark your answer in the same row of the answer sheet.

受験番号 Examinee Registration Number	

なまえ Name	

もんだい１　（　　　）に　何(なに)を　入(い)れますか。１・２・３・４から　いちばん　いい　ものを　一(ひと)つ　えらんで　ください。

2회

（れい）　これ（　　　）えんぴつです。

1　に　　2　を　　3　は　　4　や

（かいとうようし）

（れい）	①　②　●　④

1　わたしは　福岡(ふくおか)（　　　）すんで　います。

1　で　　2　を　　3　へ　　4　に

2　彼女(かのじょ)は　毎日(まいにち)　公園(こうえん)（　　　）はしります。

1　と　　2　を　　3　へ　　4　に

3　アメリカは　日本(にほん)（　　　）ひろいです。

1　まで　　2　だけ　　3　しか　　4　より

4　明日(あした)は　にちようび（　　　）休(やす)みます。

1　から　　2　なから　　3　だから　　4　のから

5　（　　　）へやで　べんきょう　したいです。

1　しずかさ　　2　しずかで　　3　しずかな　　4　しずかだ

6　（　　　）時間(じかん)が　あります。いそがなくても　いいです。

1　もう　　2　まだ　　3　はやく　　4　では

7 今週（こんしゅう）は　ゆっくり（　　　　）たいです。

1　休（やす）ま　　2　休（やす）む　　3　休（やす）め　　4　休（やす）み

8 木村（きむら）さんは　白（しろ）い　スカートを（　　　　）。

1　きて　います　　2　はいて　います

3　かけて　います　　4　かぶって　います

9 A「あなたは　日本人（にほんじん）ですか。」

B「いいえ、（　　　　）。」

1　ちがいます　　2　そうですよ　　3　わかりません　　4　わすれました

もんだい２　＿＿★＿＿に　入る　もの　どれですか。1・2・3・4から　いちばん　いい　ものを　一つ　えらんで　ください。

（もんだいれい）

A「＿＿＿＿　＿＿＿＿　＿＿★＿＿　＿＿＿＿　か。」

B「山田さんです。」

1　です　　2　は　　3　あの　人　　4　だれ

（こたえかた）

1　ただしい　文を　つくります。

> A「＿＿＿＿　＿＿＿＿　＿＿★＿＿　＿＿＿＿　か。」
> 3　あの　人　2　は　4　だれ　1　です
>
> B「山田さんです。」

2　＿＿★＿＿に　入る　ばんごうを　くろく　ぬります。

（かいとうようし）

（れい）	①　②　③　●

10　つくえの　＿＿＿＿　＿＿＿＿　＿＿★＿＿　＿＿＿＿　2さつ　あります。

1　が　　2　上　　3　本　　4　に

11 何(なに)　＿＿＿　＿＿＿　＿★＿　＿＿＿　食(た)べたいですね。

1　が　　2　か　　3　もの　　4　あまい

12 会社(かいしゃ)の　＿＿＿　＿＿＿　＿★＿　＿＿＿　が　できました。

1　あたらしい　　2　に　　3　コンビニ　　4　近(ちか)く

13 A「となりの　へやに　だれが　いましたか。」

B「となりの　へや　＿＿＿　＿＿＿　＿★＿　＿＿＿　でした。」

1　しか　　2　いません　　3　には　　4　佐藤(さとう)さん

もんだい３　[14] から [17] に　何を　入れますか。ぶんしょうの　いみを　かんがえて、１・２・３・４から　いちばん　いい　ものを　一つ　えらんで　ください。

アメリカで　べんきょうして　いる　高校生が「わたしの　家族」の　ぶんしょうを　書いて、クラスの　みんなの　前で　読みました。

> 　わたしの　家族を　しょうかいします。わたしは　５人　家族です。父と　母と　兄と　妹が　います。父は　銀行いんです。いつも　仕事が　[14]　と　いいます。[15]　帰りが　おそいです。母は　しゅふで　やさしいです。母の　りょうりは　ぜんぶ　おいしいです。[16]　すきやきが　おいしいです。兄は　今年、大学生に　なりました。大学で　日本の　ぶんかを　べんきょうして　います。兄は　バスケットボールが　とくいです。子どもの　時は　よく　わたしと　バスケットボールを　しました。妹は　中学生です。妹は　ピアノが　上手です。あとで　音楽の　先生に　[17]　と　言って　います。わたしは　今　アメリカに　いますから、家族に　会えません。はやく　日本に　帰って　家族に　会いたいです。そして　母の　りょうりも　食べたいです。

14

1　やさしい　　2　かんたんだ　　3　いそがしい　　4　にぎやかだ

15

1　それから　　2　しかし　　3　それで　　4　でも

16

1　たぶん　　2　とくに　　3　もっと　　4　たいてい

17

1　のぼりたい　　2　つくりたい　　3　かきたい　　4　なりたい

もんだい４　つぎの　（１）から　（２）の　ぶんしょうを　読んで、しつもんに　こたえて　ください。こたえは、１・２・３・４から　いちばん　いい　ものを　一つ　えらんで　ください。

（1）

中国の　友だちが　山田さんに　手紙を　書きました。

> 山田さん、お元気ですか。今年　わたしは　会社いんに　なりました。大きく　ない　会社ですが、仕事は　楽しいです。仕事が　おわったら　会社の　友だちと　えいがを　見たり、ごはんを　食べたり　します。日本に　いる　時も　山田さんと　よく　えいがを　見ましたね。山田さんに　会いたいです。中国に　来る　時は　れんらくして　ください。

18　仕事が　おわって　この　人は　何を　しますか。

1　会社の　人と　おさけを　飲みます。
2　会社の　人と　しょくじを　します。
3　日本人の　友だちと　えいがを　見ます。
4　日本人の　友だちと　ゆうごはんを　食べます。

（2）

> 昨日、山のぼりに　行きました。山の　写真を　撮りたかったからです。カメラはお父さんから　借りました。高くて　いい　カメラです。山には　鳥が　たくさんいました。この　カメラで　鳥の　写真や、きれいな　花の　写真を　たくさん撮る　ことが　できました。また　行きたいです。

19 ぶんしょうに　ついて　ただしいのは　どれですか。

1　今日、山のぼりに　行きました。
2　お母さんから　カメラを　借りました。
3　鳥と　花の　写真を　撮りました。
4　明日も　山のぼりに　行きたいです。

もんだい５　つぎの　ぶんしょうを　読んで、しつもんに　こたえて　ください。こたえは、1・2・3・4から、いちばん　いい　ものを　一つ　えらんで　ください。

　わたしは　ピアノ教室に　通っています。小学生の　時に　はじめました。教室には　週に　２回、かよう日と　きんよう日に　行きます。音楽の　大学に　行きたいからです。教室は　家から　バスで　20分ぐらいですから、少し　遠いです。

　先生は、ピアノが　とても　上手です。いつも　やさしくて、「とても　上手ですね。たくさん　れんしゅうしましたね」と　言います。でも　れんしゅうを　しない　ときは、少し　こわいです。先週は　れんしゅうの　時間が　ありませんでした。だから　レッスンの　時に　先生が　「もっと　れんしゅう　しなければなりません。がんばりましょう」と　言いました。わたしは、悲しくて、バスで泣きました。

　来月、ピアノの　発表会が　あります。わたしが　ひく　曲は　とても　むずかしいです。だから　家で　毎日　れんしゅうを　します。たくさん　れんしゅうして、発表会の　時は　上手に　ひきたいです。

20 この　人は　どうして　ピアノ教室に　行きますか。

1　ピアノ教室が　近いから。

2　音楽大学に　行きたいから。

3　先生が　やさしいから。

4　ピアノの　発表会が　あるから。

21 この　ぶんに　ついて　ただしいのは　どれですか。

1　この　人は　中学生の　時に　ピアノを　はじめました。

2　先生は　ピアノと　バイオリンが　とても　上手です。

3　先生は　いつも　やさしくて、こわくないです。

4　この　人は　ピアノの　発表会で　むずかしい　曲を　ひきます。

もんだい６　右の　ページを　見て、下の　しつもんに　こたえて　ください。こたえは、１・２・３・４から　いちばん　いい　ものを　一つ　えらんで　ください。

22　山田さんは、小学生の　むすめ　1人と　友だち　1人と　げつよう日に　おんせんに　行きたいです。お金は　全部で　いくら　はらいますか。

1　2,300円
2　2,500円
3　2,800円
4　3,000円

ひまわりおんせん りよう あんない

◆ りよう　じかん

平日(へいじつ)：10：00～21：00

どよう日(び)、にちよう日(び)、祝日(しゅくじつ)：9：00～22：00

◆ りよう　あんない

・タオルは　持(も)ってきて　ください。

・シャンプーは　あります。

・大(おお)きな　声(こえ)で　話(はな)しては　いけません。

・走(はし)ったり　泳(およ)いだり　しては　いけません。

・写真(しゃしん)を　撮(と)っては　いけません。

<りょうきん>

	平日(へいじつ)	どよう日(び)、にちよう日(び)、祝日(しゅくじつ)
おとな	1000円(えん)	1100円(えん)
こども	500円(えん)	600円(えん)

N5

聴解

(35分)

注意 Notes

1. 試験が始まるまで、この問題用紙を開けないでください。
Do not open this question booklet until the test begins.

2. この問題用紙を持って帰ることはできません。
Do not take this question booklet with you after the test.

3. 受験番号と名前を下の欄に、受験票と同じようにに書いてください。
Write your examinee registration number and name clearly in each box below as written on your test voucher.

4. この問題用紙は、全部で14ページあります。
This question booklet has 14 pages.

5. この問題用紙にメモをとってもいいです。
You may make notes in this question booklet.

受験番号 Examinee Registration Number	

名前 Name	

もんだい 1

　もんだい１では、はじめに　しつもんを　きいて　ください。それから　はなしを　きいて、もんだいようしの　１から４の　なかから、いちばん　いい　ものを　ひとつ　えらんで　ください。

れい

1　チーズ　ケーキ

2　いちご　ケーキ

3　チョコ　ケーキ

4　なまクリーム　ケーキ

1ばん

2ばん

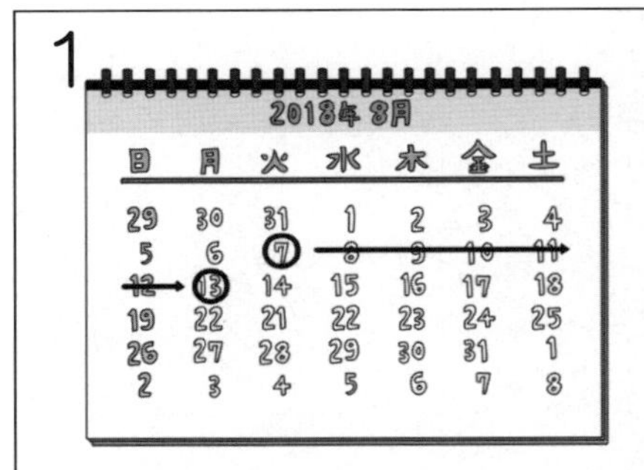

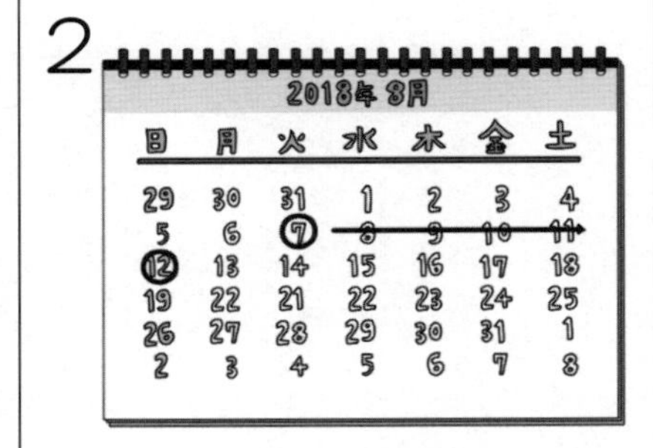

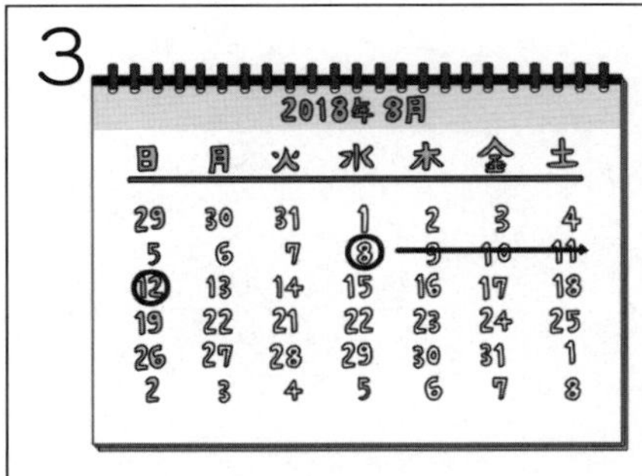

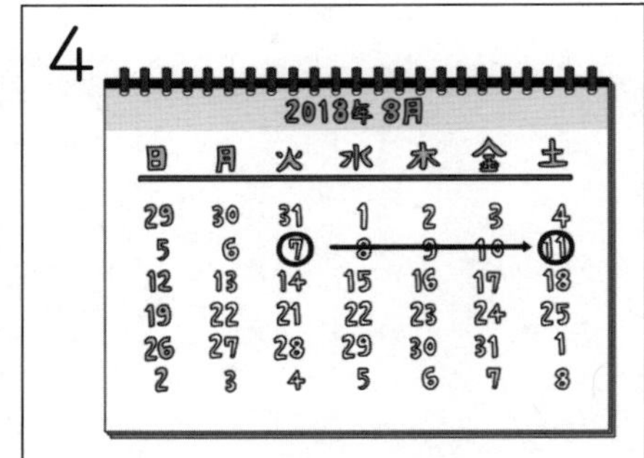

3ばん

1　えいがの　まえに　サンドウィッチを　たべます

2　えいがの　まえに　ポップコーンを　かいます

3　えいがの　まえに　トイレに　いきます

4　えいがの　まえに　チケットを　かいます

2회

4ばん

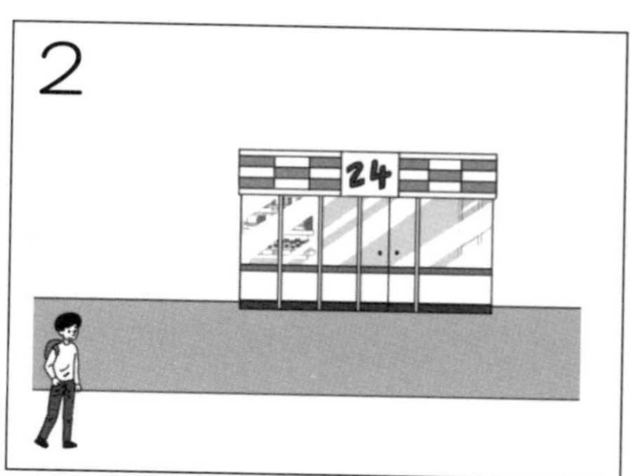

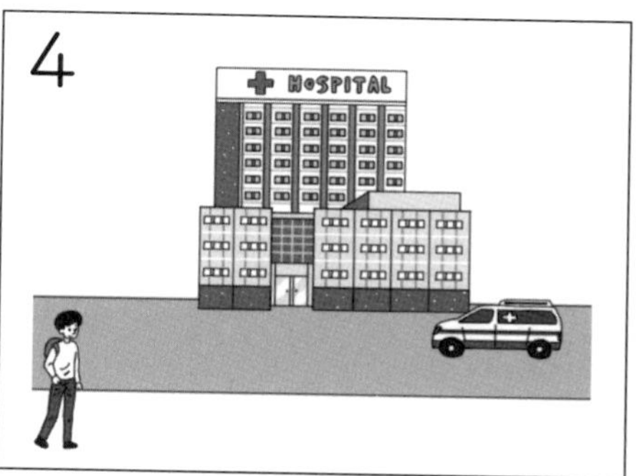

5ばん

1　うみの　ランニングコース

2　やまの　ランニングコース

3　かわの　ランニングコース

4　こうえんの　ランニングコース

6ばん

1　ひこうきの　チケット

2　しんかんせんの　チケット

3　バスの　チケット

4　ふねの　チケット

7ばん

1　アイスコーヒーと　チョコレートケーキ

2　アイスコーヒーと　いちごの　アイスクリーム

3　おみずと　いちごの　アイスクリーム

4　おみずと　チョコレートケーキ

もんだい２

もんだい２では、はじめに　しつもんを　きいて　ください。それから　はなしを　きいて、もんだいようしの　１から４の　なかから、いちばん　いい　ものを　ひとつ　えらんで　ください。

れい

1　しごとが　たいへんだから

2　よるに　なったから

3　こどもに　なかれたから

4　こどもが　うまれたから

1ばん

1 あたま

2 からだ

3 おなか

4 のど

2ばん

1 40だいから　50だいの　だんせいだから

2 かいしゃの　せんぱいが　よろこぶから

3 だいがくの　せんぱいは　あまい　ものが　すきだから

4 かぞく　みんなが　よろこぶから

3ばん

1　かいぎが　あったから

2　からだの　ぐあいが　わるかったから

3　おさけが　きらいだから

4　ほかの　のみかいが　あったから

4ばん

1　おなかが　すいて　いなかったから

2　いつもより　おそく　おきたから

3　でんしゃに　ひとが　おおかったから

4　パンを　かえなかったから

5ばん

1　おいしい　りょうりを　たくさん　たべたいから

2　この　かいしゃは　いろいろな　ビジネスが　あるから

3　ひとびとが　よろこぶ　りょうりを　つくって　みたいから

4　あたらしい　ビジネスを　けんきゅうしたいから

6ばん

1　やまもとさんと　ケーキを　つくるから

2　デパートで　おかあさんに　あうから

3　デパートや　スーパーに　かいものに　いくから

4　デパートへ　ケーキを　かいに　いくから

もんだい 3

もんだい 3 では、えを　みながら　しつもんを　きいて　ください。➡(やじるし)の　ひとは　なんと　いいますか。１から３の　なかから、いちばん　いい　ものを　ひとつ　えらんで　ください。

れい

1ばん

2ばん

2회

3 ばん

4 ばん

5ばん

もんだい４

もんだい４は、えなどが　ありません。ぶんを　きいて、１から３の　なかから、いちばん　いい　ものを　ひとつ　えらんで　ください。

— メモ —

여기에 당신의 목표 점수를 적어 보세요!

JLPT N4 ______ 점 합격!

목표를 세우고 하루 하루 정진하면, 못 이룰 것이 없습니다. 처음의 마음 잊지 말고 이 점수를 마음 속에서 되뇌어 보세요. 합격하는 그날까지 힘내길 바랍니다!

실전모의고사 1회

N4

げんごちしき（もじ・ごい）

（25ふん）

ちゅうい
Notes

1. しけんが　はじまるまで、この　もんだいようしを　あけないで　ください。
Do not open this question booklet until the test begins.

2. この　もんだいようしを　もって　かえる　ことは　できません。
Do not take this question booklet with you after the test.

3. じゅけんばんごうと　なまえを　したの　らんに、じゅけんひょうと　おなじように　かいて　ください。
Write your examinee registration number and name clearly in each box below as written on your test voucher.

4. この　もんだいようしは、ぜんぶで　9ページ　あります。
This question booklet has 9 pages.

5. もんだいには　かいとうばんごうの　1、2、3…が　あります。かいとうは、かいとうようしに　ある　おなじ　ばんごうの　ところに　マークして　ください。
One of the row numbers 1, 2, 3 … is given for each question. Mark your answer in the same row of the answer sheet.

じゅけんばんごう Examinee Registration Number	

なまえ Name	

もんだい１　＿＿＿＿の　ことばは　ひらがなで　どう　かきますか。1・2・3・4から　いちばん　いい　ものを　ひとつ　えらんで　ください。

（れい）　わたしの　せんもんは　文学です。

1　いがく　　2　かがく　　3　ぶんがく　　4　すうがく

（かいとうようし）

（れい）	①　②　●　④

1　あつい　ものを　冷蔵庫に　いれるのは　よく　ありません。

1　れいぞうこう　　2　れいぞうこ　　3　れいじょうこう　　4　れいじょうこ

2　まだ　仕事が　残って　います。

1　のこって　　2　あまって　　3　あらって　　4　うたって

3　にほん　ぜんこく　りょうきんは　無料です。

1　ぶりょ　　2　むりょ　　3　ぶりょう　　4　むりょう

4　うちの　クラスには　音楽が　とくいな　ひとが　おおいです。

1　おんがく　　2　おんかく　　3　ほんがく　　4　ぼんかく

5　せんげつ　机と　いすを　買いました。

1　おなか　　2　つくえ　　3　あたま　　4　ふとん

6　となりの　部屋には　だれも　いません。

1　ぶおく　　2　ふおく　　3　へや　　4　べや

7　たなかさん、のみものは　何に　するか　決めましたか。

1　さめました　　2　しめました　　3　のめました　　4　きめました

もんだい２　＿＿＿＿の　ことばは　どう　かきますか。１・２・３・４から　いちばん　いい　ものを　ひとつ　えらんで　ください。

（れい）　ふねで　にもつを　おくります。

1　近ります　　2　逆ります　　3　辺ります　　4　送ります

（かいとうようし）

（れい）	①　②　③　●

8　わたしは　びじゅつかんに　いくのが　すきです。

1　図書館　　2　大使館　　3　博物館　　4　美術館

9　この　へやは　でんきが　きえて　いて　くらいです。

1　青い　　2　晴い　　3　昔い　　4　暗い

10　きのう　あねと　けんかを　しました。

1　兄　　2　姉　　3　妹　　4　弟

11　こちらに　かいしゃの　じゅうしょを　おかきください。

1　往書　　2　住処　　3　往所　　4　住所

12　じてんしゃに　のって　こうえんまで　いきました。

1　地転車　　2　地輪車　　3　自転車　　4　自輪車

もんだい３　（　　　　）に　なにを　いれますか。１・２・３・４から　いちばん　いい　ものを　ひとつ　えらんで　ください。

（れい）　スーパーで　もらった（　　　　）を　見ると、何を　買ったか　わかります。

１　レジ　　２　レシート　　３　おつり　　４　さいふ

（かいとうようし）

（れい）	①　●　③　④

13　わたしの　いちばん　すきな　テレビ（　　　　）は、ニュースです。

１　えいが　　２　おんがく　　３　ざっし　　４　ばんぐみ

14　この　くつは（　　　　）いいですね。

１　はきやすい　　２　はきやすくて　　３　きやすい　　４　きやすくて

15　ははに　おいしい　りょうりを　つくって（　　　　）。

１　もらいました　　２　くれました　　３　くださいました　　４　やりました

16　日本に　いる　あいだに（　　　　）ふじさんに　のぼって　みたいです。

１　ちゃんと　　２　まだ　　３　ぜひ　　４　たぶん

17　先生、この　しりょうを（　　　　）いただけませんか。

１　かりて　　２　かして　　３　さして　　４　みえて

18 子どもの　ころ、「あぶないから（　　　　）で　あそぶな！」と、よく

おやに　いわれました。

1　マッチ　　2　パソコン　　3　カメラ　　4　スマホ

19 バスを　まって　いますが（　　　　）きません。

1　とても　　2　いくら　　3　どんなに　　4　なかなか

20 きょうしつに　かさを（　　　　）きました。

1　おぼえて　　2　かんがえて　　3　わすれて　　4　くらべて

もんだい４　＿＿＿＿の　ぶんと　だいたい　おなじ　いみの　ぶんが　あります。
１・２・３・４から　いちばん　いい　ものを　ひとつ　えらんで　ください。

（れい）　でんしゃの　中で　さわがないで　ください。

1　でんしゃの　中で　ものを　たべないで　ください。

2　でんしゃの　中で　うるさく　しないで　ください。

3　でんしゃの　中で　たばこを　すわないで　ください。

4　でんしゃの　中で　きたなく　しないで　ください。

（かいとうようし）

（れい）	①　●　③　④

21　ここは　やおやです。

1　ここで　テレビが　かえます。

2　ここで　さかなが　かえます。

3　ここで　ふくが　かえます。

4　ここで　やさいが　かえます。

22　あめは　やんで　います。

1　あめが　また　ふります。

2　いまから　あめが　ふります。

3　いまも　あめは　ふって　います。

4　あめは　ふって　いません。

23 わたしは　ちいさい　じが　みえません。

1　わたしは　せが　たかいです。

2　わたしは　てが　おおきいです。

3　わたしは　あたまが　いいです。

4　わたしは　めが　わるいです。

24 きむらさんの　くつは　よごれて　います。

1　きむらさんの　くつは　きれいです。

2　きむらさんの　くつは　きたないです。

3　きむらさんの　くつは　つよいです。

4　きむらさんの　くつは　よわいです。

もんだい５　つぎの　ことばの　つかいかたで　いちばん　いい　ものを　１・２・３・４から　ひとつ　えらんで　ください。

（れい）　すてる

1　へやを　ぜんぶ　すてて　ください。
2　ひどい　ことを　するのは　すてて　ください。
3　ここに　いらない　ものを　すてて　ください。
4　学校の　本を　かばんに　すてて　ください。

（かいとうようし）

（れい）	①　②　●　④

25　まにあう

1　ちこくして　テストに　まにあいました。
2　むりを　して　からだを　まにあって　しまいました。
3　にほんの　せいかつにも　もう　まにあいました。
4　いまから　いけば　じゅぎょうに　まにあいます。

26　にる

1　この　パソコンは　にて　もう　つかえません。
2　せんせいに　たんじょうびの　プレゼントを　にました。
3　わたしは　ちちにも　ははにも　にて　いません。
4　かれの　じてんしゃは　わたしのと　にると　とても　かるかったです。

27 けしき

1　かれは　けしきが　とても　いそがしいようです。

2　すみません、ふく　けしきは　なんがいですか。

3　この　やまからの　けしきは　ほんとうに　すばらしいです。

4　ほかの　ひとの　けしきも　よく　きいて　ください。

28 きびしい

1　わたしの　ちちは　じかんに　きびしい　ひとです。

2　この　くすりは　とても　きびしいですね。

3　あかちゃんが　ねて　いるので、きびしく　して　ください。

4　こどもは　きびしい　プールで　およがないで　ください。

N4

言語知識（文法）・読解

（55分）

注意 Notes

1. 試験が始まるまで、この問題用紙をあけないでください。
Do not open this question booklet until the test begins.

2. この問題用紙を持ってかえることはできません。
Do not take this question booklet with you after the test.

3. 受験番号と名前を下の欄に、受験票と同じように　書いてください。
Write your examinee registration number and name clearly in each box below as written on your test voucher.

4. この問題用紙は、全部で15ページあります。
This question booklet has 15 pages.

5. 問題には解答番号の 1 、 2 、 3 、… があります。
解答は、解答用紙にあるおなじ番号のところにマークしてください。
One of the row numbers 1, 2, 3 … is given for each question. Mark your answer in the same row of the answer sheet.

受験番号 Examinee Registration Number	

名前 Name	

もんだい１　（　　　　）に　何を　入れますか。1・2・3・4から　いちばん　いい　ものを　一つ　えらんで　ください。

（例(れい)）　わたしは　毎朝(まいあさ)　新聞（　　　　）読みます。

1　が　　2　の　　3　を　　4　で

（解答用紙(かいとうようし)）

（例(れい)）	①　②　●　④

1　昨日　はじめて　カレーを　作って　みましたが、2時間（　　　　）かかりました。

1　で　　2　も　　3　を　　4　に

2　この　単語(たんご)は　きのう　おぼえた（　　　　）なのに、もう　わすれて　しまいました。

1　ばかり　　2　しか　　3　こと　　4　から

3　A「あの　映画(えいが)、もう　見(み)ましたか。」

B「いいえ、忙(いそが)しくて　私(わたし)は　まだ（　　　　）。」

1　見ません　　2　見て　いません　　3　見たいです　　4　見て　います

4　来年から　海外で　はたらく（　　　　）なりました。

1　ものに　　2　ことに　　3　そうに　　4　だけに

5　子どもが　ねて　いる（　　　　）家事(かじ)を　終わらせなければ　なりません。

1　あいだ　　2　あいだに　　3　まで　　4　までに

6　テーブルの　うえに　メニューが　おいて（　　　　）。

1　あいます　　2　なります　　3　あります　　4　います

7 わたしは　ゆうべ、あかちゃんに（　　　　）ぜんぜん　ねむれませんでした。

1　ないて　　2　なかせられて　　3　なかれて　　4　なかせて

8 A「さいきん、子どもが　ご飯を（　　　　）こまって　いますよ。」

B「それは　しんぱいですね。」

1　たべなくて　　2　たべないで　　3　たべないでも　　4　たべなくても

9 この　へんは　夜に　なると（　　　　）すぎて、ちょっと　こわいです。

1　しずかで　　2　しずか　　3　しずかに　　4　しずかな

10 きゅうに　雨が　降って　きたので、友だちが　わたしに　かさを　かして（　　　　）。

1　もらいました　　2　くれました　　3　あげました　　4　やりました

11 これからは　遅れない（　　　　）して　ください。

1　ように　　2　ものに　　3　だけに　　4　ばかりに

12 先週　貸した　本、（　　　　）。

1　借りても　いいですか　　2　借りて　もらえます

3　返して　もらえませんか　　4　貸しては　いけません

13 田中　部長は　いつ（　　　　）。

1　お戻りに　なりません　　2　お戻りいたします

3　お戻りします　　4　お戻りに　なりますか

もんだい２　＿＿★＿＿に　入る　ものは　どれですか。1・2・3・4から　いちばん　いい　ものを　一つ　えらんで　ください。

（問題例）

つくえの　＿＿＿　＿＿＿　＿★＿　＿＿＿　あります。

1　が　　2　に　　3　上　　4　ぺん

（答え方）

1　正しい 文を 作ります。

> つくえの　＿＿＿　＿＿＿　＿★＿　＿＿＿　あります。
> 3　上　2　に　4　ぺん　1　が

2　＿＿★＿＿に　入る　番号を　黒く　塗ります。

（解答用紙）	（例）	①　②　③　●

14　天気が　いいから、どこ　＿＿＿　＿＿＿　＿★＿　＿＿＿　行きたいですね。

1　か　　2　でも　　3　に　　4　旅行

15 こんなに　くもって　いるから、午後(ごご)　＿＿＿　＿＿＿　＿★＿　＿＿＿　しれません。

1　から　　2　雨が　　3　降るかも　　4　は

16 ＿＿＿　＿＿＿　＿★＿　＿＿＿　が　あがりません。

1　がんばって　　2　せいせき　　3　いくら　　4　も

17 A「この　仕事(しごと)は　＿＿＿　＿＿＿　＿★＿　＿＿＿　そうな　気が　しますね。」

B「ええ、わたしも　そんな　気が　します。」

1　うまく　　2　いき　　3　なく　　4　なんと

もんだい3 [18] から [21] に 何を 入れますか。文章の 意味を 考えて、
1・2・3・4から いちばん いい ものを 一つ えらんで ください。

「福岡大好き」

先月、父の 仕事の 関係 [18]、東京から 福岡に ひっこして きました。東京は 日本で 一番 大きな 都市ですが、福岡も 大きな 都市です。日本で 5番目に 大きいと [19] います。

東京の 夏は とても あついですが、福岡の 夏は もっと あついそうで、あつさに 弱い わたしは ちょっと しんぱいして います。でも、きたいして いる ことも あります。福岡は 夏まつりで 有名だと、母が 教えて くれたのです。わたしは おまつりが 大好きですから、夏が 楽しみです。

[20]、福岡には おいしい ものも 多いと 聞きました。とくに 博多ラーメンが おいしいと 聞いたので、ひっこした 次の日、博多ラーメンを 食べに 行きました。福岡で 一番 有名な ラーメン屋を 調べて、家族みんなで 行きましたが、本当に おいしかったです。

新しい 学校で 友だちが できるか ふあんでしたが、すぐ たくさんの 友だちが できました。それから 先生たちも みんな やさしくて しんせつです。今は 学校へ 行くのが とても たのしいです。

ひっこす 前は、すこし しんぱいして いましたが、今は 福岡 [21] 都市が 大好きに なりました。

18

1 も　　2 に　　3 と　　4 で

19

1 言わせて　　2 言われて　　3 言わせられて　　4 言って　おいて

20

1 また　　2 しかし　　3 それで　　4 すると

21

1 のところ　　2 とか　　3 への　　4 という

もんだい４　つぎの（１）から（３）の文章を読んで、質問に答えてください。答えは、１・２・３・４から、いちばんいいものを一つえらんでください。

（1）

山田さんは、毎晩ごはんを食べたあと、公園を走っていました。ダイエットのためです。でも、だんだん面倒になって、最近は走っていません。夜ごはんを食べた後はとても眠くなるからです。それで、服を着がえたり、外に出たりするのが面倒になってしまいました。そのことを友だちに話したら、友だちがいい方法を教えてくれました。友だちは、「服を着がえて、レストランで夜ごはんをたべるのはどう？」と言いました。そうすると、ごはんを食べたあと、すぐ走りに行くことができます。山田さんは「なるほど」と思いました。山田さんは、久しぶりに走りたくなったので、明日走るそうです。

22 この文章の内容として正しいのはどれですか。

1　山田さんは、毎朝公園を走っています。
2　山田さんの友だちは、ダイエットをしています。
3　山田さんは友だちと一緒に夜ご飯を食べます。
4　山田さんは明日、走ろうと思っています。

（2）

これは、同じクラスのまさお君からしずま君に届いたメールです。

> しずま君
>
> こんにちは。
>
> きのうの学級会で、今年の春の遠足の日程と場所が決まったので、お知らせします。
>
> 日程：４月６日（金）
>
> 場所：にこにこ動物園
>
> 出発時間は朝９時ですが、出発の15分前までに学校に来てください。にこにこ動物園までバスに乗っていきます。弁当やおやつ、飲み物を持ってきてください。それから、動物園の入場料も持ってきてください。入場料は700円ですが、小学生は半分になるそうです。
>
> しずま君は、まだ、かぜがなおっていませんか。みんな、しずま君と一緒に遠足に行きたいと言っています。早くかぜがなおるといいですね。
>
> それでは、また。
>
> まさお

23 しずま君は、遠足の日どうすればいいですか。

1　弁当や飲み物などと、入場料350円を持って９時15分までに学校に行きます。
2　弁当や飲み物などと、入場料は持たないで９時15分までに学校に行きます。
3　弁当や飲み物などと、入場料350円を持って８時45分までに学校に行きます。
4　弁当や飲み物などと、入場料は持たないで８時45分までに学校に行きます。

（3）

先月、息子と一緒に飛行機に乗りました。子どもはまだ1歳です。息子は初めて飛行機に乗るので、わたしはとても心配でした。息子がうるさくするかもしれないし、長い時間座ることができないかもしれないので、本当に心配でした。一番心配だったことは、飛行機の中で、子どもが泣き続けるかもしれないということでした。そのため、おもちゃやお菓子をたくさん準備していきました。でもそれらは必要ありませんでした。なぜなら、となりに座っていた女の人が息子と一緒に遊んでくれて、とても親切にしてくれたからです。息子はとても楽しそうに座っていました。 本当に感謝の気持ちでいっぱいになりました。

24 この人が一番心配だったことは何ですか。

1　となりの人がうるさくすること。
2　息子がおもちゃで遊ばないこと。
3　息子が飛行機で泣くこと。
4　となりの人が親切じゃないこと。

もんだい５　つぎの文章を読んで、質問に答えてください。答えは、１・２・３・４から、いちばんいいものを一つえらんでください。

わたしは大学生のときから一人で住んでいます。そうじは好きではありませんが、料理は好きなので、ごはんは家で作って食べるようにしています。

今は会社員ですが、いつも６時に仕事が終わるので、ごはんは家で食べます。しかし、今日は夜遅くまで仕事をしたので、夜ごはんを作る元気がありませんでした。だから、会社から帰るときに、コンビニに行ってインスタントのカレーを買いました。インスタント食品は、あまり体にいい食べ物ではないと言われていますが、とても楽に作れるので、最近はよく食べるようになりました。疲れている時や、料理をするのが面倒な時には①インスタント食品が一番です。

インスタントカレーの作り方は本当に簡単です。まず、お湯を沸かします。お湯が沸いたら、カレーが入った袋をお湯の中に入れて５分ぐらい待ちます。その間に、ごはんをお皿にいれます。５分過ぎたら、カレーの袋をお湯から取って、ごはんにかけたら完成です。

５分は短い時間だと思いますが、おなかがすいているときに待つのは②本当に大変です。でもとても簡単で、おいしいです。みなさんも今日はインスタントカレーを食べるのはどうですか。

25　この人はインスタント食品をいつ買いましたか。

1　会社が早く終わった時
2　ごはんを作る元気がなかった時
3　家の近くのコンビニに行った時
4　夜遅くまで起きていた時

26 ①インスタント食品が一番です。とありますが、なぜですか。

1　コンビニで買うことができるからです。

2　夜遅くに食べることができるからです。

3　簡単に作ることができるからです。

4　作り方が難しくて面倒だからです。

27 ②本当に大変です。とありますが、何が大変ですか。

1　熱いお湯を沸かすこと。

2　インスタントカレーを作ること。

3　お腹がすいていること。

4　短い時間待つこと。

もんだい６　右のページのお知らせを見て、下の質問に答えてください。答えは、1・2・3・4から、いちばんいいものを一つえらんでください。

28 夏のセールでスポーツ用品を買いたい人は、どうすればいいですか。

1　８月18日の夜から東京デパートの前に並んだほうがいいです。

2　８月19日の午後３時に東京デパートに行けばいいです。

3　８月20日の朝早くからインターネットで買えばいいです。

4　８月21日の午後６時にクーポンで買えばいいです。

29 このお知らせの内容と合うのはどれですか。

1　夏のセールは東京デパートの全部の売り場で行われます。

2　夏のセールに行きたい人は８月末に行ったほうがいいです。

3　夏のセールでは10,000円以上買わなければなりません。

4　夏のセールではテニスラケットをとても安く買うことができます。

「東京デパート スポーツ用品売り場 夏のセールのお知らせ」

いつもご来店いただき、まことにありがとうございます。本日は、夏のセールのお知らせをさせていただきます。

東京デパート、３階のスポーツ用品売り場では、８月19日(月)から８月21日(水)までの３日間、夏のセールを行います。時間は午前10時から午後５時までです。期間中は、いろいろな商品を30％から70％の割引値段で買うことができます。(セール商品ではないものもあります。）また、10,000円以上買っていただいた方には、当デパートの500円クーポンを差し上げます。みなさんのご来店をお待ちしております。

≪スポーツ用品割引≫

野球用品	35％割引（野球ボールは10％割引です。）
サッカー用品	30％割引（サッカーボールは割引ではありません。）
テニス用品	50％割引（ラケットは70％割引です。）
ランニングシューズ	40％割引

※この他にもたくさんの商品を準備しております。

※インターネットではセールは行っておりません。

N4

聴解

(40分)

注意 Notes

1. 試験が始まるまで、この問題用紙を開けないでください。
Do not open this question booklet until the test begins.

2. この問題用紙を持って帰ることはできません。
Do not take this question booklet with you after the test.

3. 受験番号と名前を下の欄に、受験票と同じように書いてください。
Write your examinee registration number and name clearly in each box below as written on your test voucher.

4. この問題用紙は、全部で15ページあります。
This question booklet has 15 pages.

5. この問題用紙にメモをとってもいいです。
You may make notes in this question booklet.

受験番号 Examinee Registration Number	

名前 Name	

もんだい 1

もんだい１では、まず　しつもんを　聞いて　ください。それから　話を聞いて、もんだいようしの　１から４の　中から、いちばん　いい　ものを一つ　えらんで　ください。

れい

1　長そでの　シャツと　半ズボン
2　半そでの　シャツと　半ズボン
3　半そでの　シャツと　長いズボン
4　長そでの　シャツと　長いズボン

1ばん

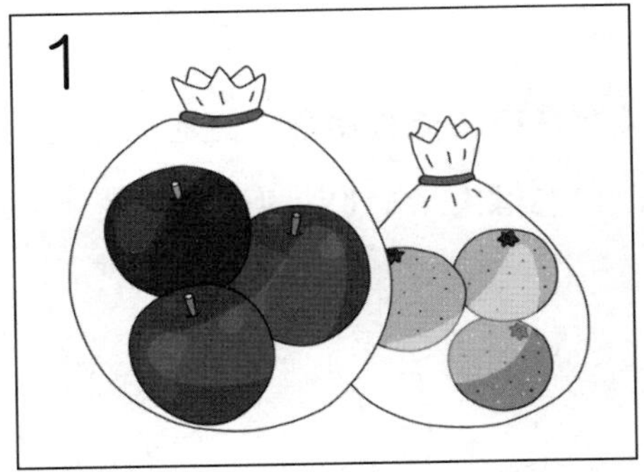

2ばん

1　ビールや　ワインなどの　お酒(さけ)

2　有名(ゆうめい)な　お店(みせ)の　ケーキ

3　チョコレートなどの　お菓子(かし)

4　みんなで　遊(あそ)べる　カードゲーム

3ばん

1　友だちと　釣りに　いく　約束を　します

2　温泉の　予約を　します

3　さくら航空に　電話を　します

4　さくら航空の　ホームページを　見ます

4ばん

5ばん

1

2

3

4

6ばん

1　クッキーを　作(つく)る　クラス

2　ケーキを　作(つく)る　クラス

3　ドーナツを　作(つく)る　クラス

4　プリンを　作(つく)る　クラス

7ばん

1　病院へ　行きます

2　薬を　飲みます

3　少し　休みます

4　薬を　買いに　行きます

8ばん

1　9時半に　駐車場

2　9時半に　ホテルの　ロビー

3　9時50分に　駐車場

4　9時50分に　ホテルの　ロビー

もんだい２

もんだい２では、まず　しつもんを　聞いて　ください。そのあと、もんだいようしを　見て　ください。読む　時間が　あります。それから話を　聞いて、もんだいようしの　１から４の　中から、いちばん　いいものを　一つ　えらんで　ください。

れい

1　デザインが　気に　入らないから

2　色が　気に　入らないから

3　値段が　高いから

4　お金が　ないから

1ばん

1　たくさん　本(ほん)を　借(か)りたいから

2　好(か)きな　本(ほん)を　読(よ)みたいから

3　借(か)りていた　本(ほん)を　返(かえ)したいから

4　待(ま)っていた　本(ほん)を　借(か)りに　行(い)きたいから

2ばん

1　体(からだ)の　具合(ぐあい)が　悪(わる)いから

2　おかあさんと　食事(しょくじ)を　するから

3　いなかへ　帰(かえ)るから

4　おばあさんと　病院(びょういん)へ　行(い)くから

3ばん

1　カフェが　休みだったから

2　財布に　お金が　なかったから

3　財布を　落として　しまったから

4　財布を　家に　忘れたから

4ばん

1　学校まで　遠いから

2　駅や　コンビニが　近くに　ないから

3　となりの　部屋に　犬が　いるから

4　となりの　部屋が　毎晩　うるさいから

5ばん

1　5時

2　9時

3　9時半

4　10時

6ばん

1　友だちが　美容師だから

2　気分を　変えたかったから

3　洗うのが　面倒だったから

4　準備に　時間が　かかっていたから

7ばん

1　他(ほか)に　やって　くれる　人(ひと)が　いないから

2　お金(かね)が　必要(ひつよう)だから

3　コンビニの　バイトが　好(す)きだから

4　バイトを　やめたら　卒業(そつぎょう)できないから

もんだい 3

もんだい 3 では、えを　見ながら　しつもんを　聞いて　ください。➡(やじるし)の人は　何と　言いますか。1 から 3 の　中から、いちばん　いい　ものを　一つ　えらんでください。

れい

1ばん

2ばん

3ばん

4ばん

5ばん

もんだい４

もんだい４では、えなどが　ありません。まず　ぶんを　聞(き)いて　ください。それから、そのへんじを　聞(き)いて、１から３の　中(なか)から、いちばん　いい　ものを　一(ひと)つ　えらんで　ください。

― メモ ―

여기에 당신의 목표 점수를 적어 보세요!

JLPT N4 ______ 점 합격!

목표를 세우고 하루 하루 정진하면, 못 이룰 것이 없습니다. 처음의 마음 잊지 말고 이 점수를 마음 속에서 되뇌어 보세요. 합격하는 그날까지 힘내길 바랍니다!

실전모의고사 2회

N4

げんごちしき（もじ・ごい）

（25ふん）

ちゅうい
Notes

1. しけんが　はじまるまで、この　もんだいようしを　あけないで　ください。
   Do not open this question booklet until the test begins.
2. この　もんだいようしを　もって　かえる　ことは　できません。
   Do not take this question booklet with you after the test.
3. じゅけんばんごうと　なまえを　したの　らんに、じゅけんひょうと　おなじように　かいて　ください。
   Write your examinee registration number and name clearly in each box below as written on your test voucher.
4. この　もんだいようしは、ぜんぶで　9ページ　あります。
   This question booklet has 9 pages.
5. もんだいには　かいとうばんごうの　1、2、3…が　あります。かいとうは、かいとうようしに　ある　おなじ　ばんごうの　ところに　マークして　ください。
   One of the row numbers 1, 2, 3 … is given for each question. Mark your answer in the same row of the answer sheet.

じゅけんばんごう Examinee Registration Number	

なまえ Name	

もんだい1　＿＿＿＿の　ことばは　ひらがなで　どう　かきますか。1・2・3・4から　いちばん　いい　ものを　ひとつ　えらんで　ください。

（れい）　わたしの　せんもんは　文学です。

1　いがく　　2　かがく　　3　ぶんがく　　4　すうがく

（かいとうようし）

（れい）	①　②　●　④

---

1 かいぎに　たくさんの　ひとが　集まりました。

1　あらまりました　　2　あつまりました

3　あいまりました　　4　あやまりました

2 わたしは　地図を　よむのが　へたです。

1　じと　　2　ちど　　3　じず　　4　ちず

3 あたらしい　いえは　台所を　ひろく　したいです。

1　たいどころ　　2　たいところ　　3　だいどころ　　4　だいところ

4 わたしは　おさけに　弱いです。

1　つよい　　2　ねむい　　3　あかい　　4　よわい

5 世界で　いちばん　ながい　かわは、ナイル川(がわ)です。

1　ぜけん　　2　せけん　　3　ぜかい　　4　せかい

6 いろいろ　経験した　ほうが　いいですよ。

1　けいげん　　2　けいけん　　3　けいがん　　4　げいげん

7 あには　ぎんこうで　働いて　います。

1　うごいて　　2　はたらいて　　3　いそいて　　4　つづいて

2회

もんだい２　＿＿＿＿の　ことばは　どう　かきますか。１・２・３・４から　いちばん　いい　ものを　ひとつ　えらんで　ください。

（れい）　ふねで　にもつを　おくります。

1　近ります　　2　逆ります　　3　辺ります　　4　送ります

（かいとうようし）

（れい）	①　②　③　●

8　すみません。この　あかい　ペンを　かりても　いいですか。

1　昔りても　　2　猫りても　　3　借りても　　4　惜りても

9　これは　とても　むずかしい　かんじですね。

1　莫字　　2　草字　　3　漢字　　4　英字

10　ゆうがたから　雨が　降り出した。

1　夕形　　2　夜形　　3　夕方　　4　夜方

11　この　ボタンを　おすと、ドアが　ひらきます。

1　探す　　2　指す　　3　推す　　4　押す

12　１時間　いないに　戻ります。

1　以外　　2　以内　　3　以上　　4　以下

もんだい３　（　　　　）に　なにを　いれますか。1・2・3・4から　いちばん　いい　ものを　ひとつ　えらんで　ください。

（れい）　スーパーで　もらった（　　　　）を　見ると、何を　買ったか　わかります。

1　レジ　　2　レシート　　3　おつり　　4　さいふ

（かいとうようし）

（れい）	①　●　③　④

13　ミルクと　さとうは（　　　　）いれますか。

1　どの　　2　どんな　　3　どのぐらい　　4　どれ

14　わからない　たんごは　じしょで（　　　　）ください。

1　くらべて　　2　はなれて　　3　わかれて　　4　しらべて

15　そらが（　　　　）です。あめが　ふりそうですね。

1　たかい　　2　くらい　　3　うすい　　4　ひろい

16　A「あした、パーティーに　行けなく　なりました。」

B「それは（　　　　）ですね。」

1　ふくざつ　　2　ふべん　　3　とくべつ　　4　ざんねん

17　なつは（　　　　）ビールが　いちばんですね。

1　やっぱり　　2　やっと　　3　まっすぐ　　4　なかなか

18 この　きかいは　とても（　　　　）だから、さわらないで　ください。

1　きけん　　2　あんぜん　　3　じょうぶ　　4　おしゃれ

19 今回の　旅行は　いい（　　　　）に　なりました。

1　めんせつ　　2　かいもの　　3　けしき　　4　おもいで

20 友達に　映画に（　　　　）。

1　ほめられました　　2　さそわれました

3　うけられました　　4　くらべられました

もんだい４　＿＿＿＿＿の　ぶんと　だいたい　おなじ　いみの　ぶんが　あります。
１・２・３・４から　いちばん　いい　ものを　ひとつ　えらんで　ください。

（れい）　でんしゃの　中で　さわがないで　ください。

1　でんしゃの　中で　ものを　たべないで　ください。
2　でんしゃの　中で　うるさく　しないで　ください。
3　でんしゃの　中で　たばこを　すわないで　ください。
4　でんしゃの　中で　きたなく　しないで　ください。

（かいとうようし）	（れい）	①　●　③　④

21　友達を　パーティーに　しょうたいしました。

1　友達を　パーティーに　てつだいました。
2　友達を　パーティーに　おどりました。
3　友達を　パーティーに　よびました。
4　友達を　パーティーに　おくりました。

22　その　けいかくに　さんせいします。

1　その　けいかくは　いいと　おもいます。
2　その　けいかくは　わるいと　おもいます。
3　その　けいかくは　むりだと　おもいます。
4　その　けいかくは　たいせつだと　おもいます。

23 やけいが　きれいな　レストランに　行きたいです。

1　よるの　けしきが　すてきな　レストランに　行きたいです。
2　ばしょが　すばらしい　レストランに　行きたいです。
3　サービスが　いい　レストランに　行きたいです。
4　りょうりが　おいしい　レストランに　行きたいです。

24 しゅくだいを　わすれて　せんせいに　しかられました。

1　しゅくだいを　わすれて　せんせいに　ほめられました。
2　しゅくだいを　わすれて　せんせいに　おこられました。
3　しゅくだいを　わすれて　せんせいに　よばれました。
4　しゅくだいを　わすれて　せんせいに　おしえられました。

もんだい５　つぎの　ことばの　つかいかたで　いちばん　いい　ものを　1・2・3・4から　ひとつ　えらんで　ください。

（れい）　すてる

1　へやを　ぜんぶ　すてて　ください。

2　ひどい　ことを　するのは　すてて　ください。

3　ここに　いらない　ものを　すてて　ください。

4　学校の　本を　かばんに　すてて　ください。

（かいとうようし）

（れい）	①　②　●　④

25　よごれる

1　昨日からの　雨が　よごれて、外に　出かけました。

2　急に　電気が　よごれて、部屋の　中が　暗くなりました。

3　きのう　買ったばかりの　服が　よごれてしまいました。

4　自分に　よごれる　服を　選ぶのは　難しいです。

26　げんいん

1　ミスを　しないように　げんいんして　ください。

2　おおきな　げんいんで　こたえて　ください。

3　げんいんが　あれば　アメリカに　いきたいです。

4　じこの　げんいんを　しらべて　います。

27 ねつ

1　この　はなしは　ねつでは　ありません。

2　かなしくて　ねつが　ながれて　います。

3　かいだんで　ころんで　ねつを　しました。

4　かぜを　ひいて　ねつが　ひどいです。

28 やわらかい

1　うちの　せんせいは　とても　やわらかいです。

2　やちんが　やわらかい　へやを　さがして　います。

3　この　チョコレートは　ほんとうに　やわらかいですね。

4　ここは　くうきが　やわらかくて　いいですね。

N4

言語知識（文法）・読解

（55分）

注意
Notes

1. 試験が始まるまで、この問題用紙をあけないでください。
Do not open this question booklet until the test begins.

2. この問題用紙を持ってかえることはできません。
Do not take this question booklet with you after the test.

3. 受験番号と名前を下の欄に、受験票と同じように書いてください。
Write your examinee registration number and name clearly in each box below as written on your test voucher.

4. この問題用紙は、全部で15ページあります。
This question booklet has 15 pages.

5. 問題には解答番号の 1 、 2 、 3 、… があります。解答は、解答用紙にあるおなじ番号のところにマークしてください。
One of the row numbers 1, 2, 3 … is given for each question. Mark your answer in the same row of the answer sheet.

受験番号 Examinee Registration Number	

名前 Name	

もんだい１　（　　　）に　何を　入れますか。1・2・3・4から　いちばん　いい　ものを　一つ　えらんで　ください。

（例（れい））　わたしは　毎朝（まいあさ）　新聞（　　　）読みます。

1　が　　2　の　　3　を　　4　で

（解答用紙（かいとうようし））

（例（れい））	①　②　●　④

1　家族（かぞく）（　　　）でかけるのは　ひさしぶりですね。

1　も　　2　の　　3　や　　4　で

2　この　バスは　市役所（しやくしょ）の　前（まえ）（　　　）とおりますか。

1　で　　2　に　　3　へ　　4　を

3　お菓子（かし）は　一（ひと）つ（　　　）のこって　いませんでした。

1　しか　　2　のに　　3　ところ　　4　ので

4　バターは　牛乳（　　　）作られます。

1　だけ　　2　とは　　3　から　　4　しか

5　しゅくだいは　金曜日（きんようび）（　　　）出（だ）して　ください。

1　までに　　2　まで　　3　しか　　4　ので

6　こちらで　少々（しょうしょう）　お（　　　）ください。

1　待（ま）ち　　2　待（ま）たれて　　3　待（ま）ちして　　4　待（ま）たせて

2회

7 この　漢字(かんじ)の（　　　　）かたを　教(おし)えて　もらえますか。

1　よむ　　2　よま　　3　よめ　　4　よみ

8 仕事(しごと)が　たいへんで　会社を（　　　　）と　思います。

1　やめよう　　2　やめさせる　　3　やめれる　　4　やめろ

9 つかれて　めがねを（　　　　）まま、寝(ね)て　しまった。

1　かける　　2　かぶる　　3　かけた　　4　かぶった

10 ニュースに　よると、ゆうべ　この　ちかくで　大きな　事故(じこ)が（　　　　）

そうだ。

1　ある　　2　あって　　3　あり　　4　あった

11 友だちは　わたしに　日本の　お土産(みやげ)を　買って　きて（　　　　）。

1　くれた　　2　あげた　　3　やった　　4　さしあげた

12 朴「田村さん、『うまい』は（　　　　）意味ですか。」

田村「『おいしい』という　意味です。」

1　どのくらい　　2　どうやって　　3　どういう　　4　どのように

13 A「レポートは　もう　書きましたか。」

B「いいえ、今（　　　　）。」

1　書くばかりです　　2　書いているところです

3　書いたはずです　　4　書くだけです

もんだい２　＿＿★＿＿に　入る　ものは　どれですか。１・２・３・４から　いちばん
いい　ものを　一つ　えらんで　ください。

（問題例）

つくえの　＿＿＿＿　＿＿＿＿　＿＿★＿＿　＿＿＿＿　あります。

１　が　　２　に　　３　上　　４　ぺん

（答え方）

１　正しい 文を 作ります。

つくえの　＿＿＿＿　＿＿＿＿　＿＿★＿＿　＿＿＿＿　あります。 ３　上　２　に　４　ぺん　１　が

２　＿＿★＿＿に　入る　番号を　黒く　塗ります。

（解答用紙）

（例）	①　②　③　●

14　それでは、＿＿＿＿　＿＿★＿＿　＿＿＿＿　＿＿＿＿を　はじめましょう。

１　あつまった　　２　かいぎ　　３　ので　　４　ぜんいん

15 ふるく　なった ＿＿＿＿ ＿★＿ ＿＿＿＿ ＿＿＿＿です。

1　つもり　　2　だけ　　3　もの　　4　すてる

16 その　ことは ＿＿＿＿ ＿＿＿＿ ＿★＿ ＿＿＿＿ 忘(わす)れられません。

1　して　　2　と　　3　忘れよう　　4　も

17 はじめて　サムゲタンを　食べた　祖父は「＿＿＿＿ ＿＿＿＿ ＿★＿ ＿＿＿＿ 味で おいしい」と　言いました。

1　人も　　2　食べやすい　　3　年を　　4　取った

もんだい３ 18 から 21 に 何を 入れますか。文章(ぶんしょう)の 意味(いみ)を 考(かんが)えて、
1・2・3・4から いちばん いい ものを 一つ えらんで ください。

私は 4人 家族です。父と 母と 兄が います。両親は 18 働いて いて、私と 兄は 大学生です。父も 母も 仕事を して いるので、私は 小さい ときから、家事を 手伝う ことが 多かったです。 それで 子供の ときは ふまんも ありました。 まんがを 読んだり テレビを 見たり したいのに、母は 私に 料理とか 洗濯を 19。それが とても めんどうで 嫌でした。 20 今に なって 分かりました。仕事を しながら 子供を 育てるのは とても 大変です。今は 両親に かんしゃして います。母の 21 料理も 上手に なったし、大学の お金も 出して もらって いるからです。私も もっと 頑張らなければ ならないと 思います。

18

1　ふたりだけ　　2　ふたりと　　3　ふたりも　　4　ふたりとも

19

1　手伝わられました　　2　手伝われました

3　手伝わさせました　　4　手伝わせました

20

1　そして　　2　でも　　3　それから　　4　すると

21

1　ために　　2　だけで　　3　おかげで　　4　ことで

もんだい４　つぎの（１）から（３）の文章を読んで、質問に答えてください。答えは、１・２・３・４から、いちばんいいものを一つえらんでください。

（1）

お花見の案内です。

> みなさん、お元気ですか。さくらがきれいな季節になりました。今年もいつものようにお花見の会を開きたいと思っています。お忙しいと思いますが、みなさん、ぜひ参加してください。日時は４月２日（土）12時から15時まで、場所は日本公園の前です。会費は3,000円で、小学生以下の子どもは無料です。準備のため、参加できる方は３月20日までに、吉田さんに電話してください。よろしくお願いします。

22　この文章の内容として正しいのはどれですか。

1　このお花見の会は、今年初めて開きます。

2　小学生は何人行ってもお金を払いません。

3　このお花見の会は午後４時に終わります。

4　参加したい人は吉田さんにメールします。

（2）

わたしの趣味(しゅみ)は本を読むことです。小説(しょうせつ)をよく読みますが、恋愛(れんあい)の話が一番好きです。休みの日には、本屋(ほんや)に行って本を買ったり、図書館に行って本を読んだりします。家には、本が200冊ぐらいあります。本を読み始めると、一日中読み続けてしまいます。本を読みながら寝てしまうことも、よくあります。夜に本を読むことが多いので、最近(さいきん)は目が悪くなってしまって、困(こま)っています。できるだけ、明るいところで読もうと思います。

23 どうして困(こま)っていますか。

1　家に本がたくさんあるから。

2　本を一日中(いちにちじゅう)読んでしまうから。

3　夜に本を読まなければならないから。

4　目が悪くなってしまったから。

（3）

これは会社の飲み会を知らせる文です。

> みなさん、お疲れさまです。月末の飲み会のお知らせです。みなさんも知っているとは思いますが、田中さんが今月、会社を辞めることになりました。そのため、今回は田中さんのために飲み会を開くことになりました。日時は７月20日、午後７時からです。場所はまだ決まっていません。飲み会に出席ができない人は来週の金曜日までに、山田までメールを送ってください。よろしくお願いします。

24 飲み会に参加できない人はどうすればいいですか。

1 今日中に田中さんに電話をする。

2 明日までに田中さんにメールをする。

3 今週までに山田さんに電話をする。

4 来週までに山田さんにメールをする。

もんだい５　つぎの文章を読んで、質問に答えてください。答えは、１・２・３・４から、いちばんいいものを一つえらんでください。

子どものころ、私はコーヒーが好きじゃありませんでした。コーヒーや牛乳、お茶よりも甘い飲み物が大好きで、ごはんを食べる時は、いつもジュースを飲んでいました。

母はコーヒーが好きで、毎日、朝ごはんを食べたあとコーヒーを飲んでいました。ある日、私もコーヒーを飲んでみたいと思いました。それで、母に「一口飲んでもいい？」とお願いしました。母は「いいよ」と言いました。初めてコーヒーを飲んでみましたが、苦くてびっくりしました。「おいしくない」といって口から全部出してしまいました。「どうしてこんなおいしくない飲み物を飲むの？」と聞くと、母は「大人になったら、好きになると思うよ」と言いました。その時は①母の気持ちがわかりませんでした。

今、私は会社で働いていますが、毎日コーヒーを飲んでいます。会社の人たちと昼ごはんを食べた後に飲んだり、家でテレビを見ながら飲んだりします。休みの日には、カフェに行ってコーヒーを飲みながらゆっくりします。②ちょっとコーヒー中毒かもしれません。でも、今なら母の気持ちがわかります。今日もコーヒーを飲んでゆっくりしようと思います。

25 この人が子どものころ飲んでいたものはなんですか。

1　苦いコーヒー
2　甘いジュース
3　冷たい牛乳
4　温かいお茶

26 ①母の気持ちとありますが、どんな気持ちですか。

1　朝ごはんを必（かなら）ず食べたい気持ち

2　甘（あま）いジュースを飲みたい気持ち

3　苦（にが）いコーヒーが好きだという気持ち

4　コーヒーを飲んでびっくりした気持ち

27 ②ちょっとコーヒー中毒（ちゅうどく）かもしれませんとありますが、それはなぜですか。

1　コーヒーを飲みながら、仕事（しごと）をするからです。

2　昼ごはんの後にカフェに行ってコーヒーを飲むからです。

3　休みの日だけ家でコーヒーを飲むからです。

4　会社でも家でも毎日コーヒーを飲むからです。

もんだい６　右のページのお知らせを見て、下の質問に答えてください。答えは、１・２・３・４から、いちばんいいものを一つえらんでください。

28 夫婦（ふうふ）と小学生１人、中学生が１人の４人家族（かぞく）が参加（さんか）するとき、参加料（さんかりょう）はいくらですか。

1　2,600円
2　2,800円
3　3,000円
4　3,500円

29 このお知らせの内容（ないよう）と合（あ）うのはどれですか。

1　マラソン大会は午前中には行（おこな）われません。
2　マラソン大会には小学生と中学生だけ参加（さんか）できます。
3　マラソン大会にはだれでも無料（むりょう）で参加（さんか）できます。
4　マラソン大会の申（もう）し込（こ）みは電話でしなければなりません。

第3回 ひまわりマラソン大会のお知らせ

今年もひまわりマラソン大会を行います。去年は夏に行いましたが、今年は春に行うことになりました。みなさん、ぜひ参加してください。

・日時：4月21日（日）　午前9時～午後6時

・場所：西川サイクリングロード

・コース

①小学生：2キロコース　　②中学生、高校生：3キロコース

③大人：10キロコース

・参加料

①小学生：300円　②中学生：500円　③高校生以上：1000円

・参加申し込み：4月19日（金）までにひまわりマラソン大会の担当、松村へ電話でお願いします。

たくさんの参加をお待ちしています。

お問い合わせ：ひまわりマラソン大会

担当：松村　0123-456-789

N4

聴解

(40分)

注意 Notes

1. 試験が始まるまで、この問題用紙を開けないでください。
Do not open this question booklet until the test begins.

2. この問題用紙を持って帰ることはできません。
Do not take this question booklet with you after the test.

3. 受験番号と名前を下の欄に、受験票と同じように書いてください。
Write your examinee registration number and name clearly in each box below as written on your test voucher.

4. この問題用紙は、全部で15ページあります。
This question booklet has 15 pages.

5. この問題用紙にメモをとってもいいです。
You may make notes in this question booklet.

受験番号 Examinee Registration Number	

名前 Name	

もんだい 1

もんだい１では、まず　しつもんを　聞いて　ください。それから　話を　聞いて、もんだいようしの　１から４の　中から、いちばん　いい　ものを　一つ　えらんで　ください。

れい

1　長そでの　シャツと　半ズボン
2　半そでの　シャツと　半ズボン
3　半そでの　シャツと　長いズボン
4　長そでの　シャツと　長いズボン

1ばん

1　むすめの　歌(うた)を　インターネットサイトに　アップして　みる

2　歌手(かしゅ)に　なれるように　レッスンを　うけさせる

3　せんもんてきな　ところに　行(い)かせる

4　しんぱいするのを　やめる

2ばん

1

2

3

4

3ばん

1　駅(えき)に　ある　スーパー

2　大学(だいがく)の　近(ちか)くの　スーパー

3　となりの　駅(えき)に　ある　デパート

4　車(くるま)で　行(い)く　大型(おおがた)スーパー

4ばん

5ばん

1　今から　出張に　行く

2　部長から　言われた　仕事を　する

3　紙を　10枚　コピーする

4　デパートへ　お菓子を　買いに　行く

6ばん

1　のどが　かわく　時に　カフェに　行く

2　くつを　たくさん　買わない

3　たくさん　あるく　ときは　らくな　くつを　はく

4　うんどうぐつ　ばかり　買う

7ばん

1　温泉(おんせん)に　行(い)って　ゆっくり　休(やす)む

2　温泉(おんせん)に　入(はい)ってから　ごはんを　食(た)べる

3　スーパーに　行(い)って　買(か)い物(もの)を　する

4　家(いえ)で　ゆっくり　映画(えいが)を　見(み)る

8ばん

もんだい２

もんだい２では、まず　しつもんを　聞いて　ください。そのあと、もんだいようしを　見て　ください。読む　時間が　あります。それから話を　聞いて、もんだいようしの　１から４の　中から、いちばん　いいものを　一つ　えらんで　ください。

れい

1　デザインが　気に　入らないから
2　色が　気に　入らないから
3　値段が　高いから
4　お金が　ないから

1ばん

1　食べたい　メニューが　ないから

2　人が　多くて　待たなければ　ならないから

3　もう　すぐ　お店が　終わる　時間だから

4　子ども用の　メニューが　ないから

2ばん

1　店の　前で　長い　れつを　作らない　おいしい　店も　ある

2　どうして　ならぶのか、その　りゆうが　知りたい

3　店の　前で　人が　ならぶのは　よくない

4　友だちと　話しながら　待つのは　すきではない

3ばん

1　りょうりを　つくるのは　思ったより　おかねが　かかるから

2　しゅうまつは　いろいろ　かんがえたり、ゆっくりとした　時間を　すごしたいから

3　しごとで　つかれて　りょうりを　つくるのが　いやに　なったから

4　毎日　しごとで　つかれて　いるから

4ばん

1　メールが　苦手だから

2　友だちと　毎日　話せるから

3　相手の　声が　聞こえるから

4　すぐ　連絡が　できるから

5ばん

1　料理(りょうり)が　得意(とくい)だから

2　趣味(しゅみ)が　ほしかったから

3　外食(がいしょく)が　多(おお)いから

4　健康(けんこう)に　なりたいから

6ばん

1　つきあった　きかんが　みじかいから

2　まわりの　友(とも)だちから　えいきょうを　うけたから

3　じぶんの　としが　30さいに　なったから

4　まわりの　友(とも)だちが　みんな　けっこんして　しまったから

7ばん

1　アパートで　犬を　飼うことが　できるから

2　犬の　世話を　して　みたかったから

3　犬と　いっしょに　運動が　できるから

4　一人で　家に　いるのが　さみしかったから

もんだい 3

もんだい 3 では、えを 見(み)ながら しつもんを 聞(き)いて ください。➡(やじるし)の 人(ひと)は 何(なん)と 言(い)いますか。1 から 3 の 中(なか)から、いちばん いい ものを 一(ひと)つ えらんで ください。

れい

1ばん

2ばん

3ばん

4ばん

2회

5ばん

もんだい４

もんだい４では、えなどが　ありません。まず　ぶんを　聞いて　ください。それから、そのへんじを　聞いて、１から３の　中から、いちばん　いい　ものを　一つ　えらんで　ください。

— メモ —

여기에 당신의 목표 점수를 적어 보세요!

JLPT N4 　　　　 점 합격!

목표를 세우고 하루 하루 정진하면, 못 이룰 것이 없습니다. 처음의 마음 잊지 말고 이 점수를 마음 속에서 되뇌어 보세요. 합격하는 그날까지 힘내길 바랍니다!

실전모의고사 3회

N4
げんごちしき（もじ・ごい）
（25ふん）

ちゅうい
Notes

1. しけんが　はじまるまで、この　もんだいようしを　あけないで　ください。
   Do not open this question booklet until the test begins.
2. この　もんだいようしを　もって　かえる　ことは　できません。
   Do not take this question booklet with you after the test.
3. じゅけんばんごうと　なまえを　したの　らんに、じゅけんひょうと　おなじように　かいて　ください。
   Write your examinee registration number and name clearly in each box below as written on your test voucher.
4. この　もんだいようしは、ぜんぶで　９ページ　あります。
   This question booklet has 9 pages.
5. もんだいには　かいとうばんごうの　1、2、3 …が　あります。かいとうは、かいとうようしに　ある　おなじ　ばんごうの　ところに　マークして　ください。
   One of the row numbers 1, 2, 3 … is given for each question. Mark your answer in the same row of the answer sheet.

じゅけんばんごう Examinee Registration Number	

なまえ Name	

もんだい１　＿＿＿の　ことばは　ひらがなで　どう　かきますか。1・2・3・4から　いちばん　いい　ものを　ひとつ　えらんで　ください。

（れい）　わたしの　せんもんは　文学です。

1　いがく　　2　かがく　　3　ぶんがく　　4　すうがく

（かいとうようし）　（れい）　① ② ● ④

1　さむくて　顔が　あかく　なりました。

1　かお　　2　くち　　3　あし　　4　うで

2　この　まちには　おおきい　工場が　あります。

1　こうそう　　2　こうぞう　　3　こうしょう　　4　こうじょう

3　この　にもつを　運んで　ください。

1　あそんで　　2　えらんで　　3　ころんで　　4　はこんで

4　父は　きのう　退院しました。

1　たいいん　　2　たいえん　　3　にゅういん　　4　にゅうえん

5　にんげんは、道具を　つかう　どうぶつで　あると　よく　いわれます。

1　とうく　　2　どうく　　3　とうぐ　　4　どうぐ

6　せいかくが　明るい　人が　好きです。

1　あかるい　　2　きんるい　　3　かるい　　4　まるい

7　あかちゃんは　動く　いぬの　おもちゃを　見て　ないて　いる。

1　はたらく　　2　あるく　　3　なく　　4　うごく

もんだい２　＿＿＿＿の　ことばは　どう　かきますか。1・2・3・4から　いちばん　いい　ものを　ひとつ　えらんで　ください。

（れい）　ふねで　にもつを　おくります。

1　近ります　　2　逆ります　　3　辺ります　　4　送ります

（かいとうようし）

（れい）	①　②　③　●

8　コンサートの　かいじょうまで　車で　どのくらい　かかりますか。

1　会常　　2　会場　　3　会状　　4　会条

9　ふくしゅうと　よしゅうでは、どちらが　だいじだと　思いますか。

1　大変　　2　大切　　3　大事　　4　大体

10　すみません。今日は　つごうが　悪くて　行けません。

1　通教　　2　痛業　　3　都合　　4　登強

11　大学の　とき、友だちと　もりで　キャンプした　ことが　ある。

1　林　　2　樹　　3　森　　4　木

12　わたしは　くろい　色が　好きです。

1　黒い　　2　赤い　　3　黄色い　　4　青い

もんだい３　（　　　）に　なにを　いれますか。1・2・3・4から　いちばん　いい　ものを　ひとつ　えらんで　ください。

（れい）　スーパーで　もらった（　　　）を　見ると、何を　買ったか　わかります。

1　レジ　　2　レシート　　3　おつり　　4　さいふ

（かいとうようし）

（れい）	①　●　③　④

13（　　　）コーヒーが　飲みたいです。

1　あかるい　　2　にがい　　3　たのしい　　4　くるしい

14 きゅうな　しゅっちょうで　旅行を（　　　）しました。

1　アルバイト　　2　レジ　　3　キャンセル　　4　コミュニケーション

15 かのじょは　毎日、犬の（　　　）を　して　います。

1　せわ　　2　しゅみ　　3　はなみ　　4　けしき

16 あさ（　　　）を　して、じゅぎょうに　おくれて　しまった。

1　よやく　　2　ほんやく　　3　かぜ　　4　ねぼう

17 よしださんが　こんなに　はやく　おきるなんて（　　　）ですね。

1　めずらしい　　2　やわらかい　　3　はずかしい　　4　かなしい

18 ことしから　日記を（　　　　）しゅうかんを　みに　つけようと　思って　います。

1　かける　　2　こめる　　3　つくる　　4　つける

19 ここに　車を（　　　　）ください。

1　とまらないで　2　のらないで　3　とめないで　4　もたないで

20 わたしは　ともだちに　荷物(にもつ)を（　　　　）。

1　おこないました　　2　かたづけました

3　わかしました　　4　とどけました

もんだい４　＿＿＿＿の　ぶんと　だいたい　おなじ　いみの　ぶんが　あります。１・２・３・４から　いちばん　いい　ものを　ひとつ　えらんで　ください。

（れい）　でんしゃの　中で　さわがないで　ください。

1　でんしゃの　中で　ものを　たべないで　ください。

2　でんしゃの　中で　うるさく　しないで　ください。

3　でんしゃの　中で　たばこを　すわないで　ください。

4　でんしゃの　中で　きたなく　しないで　ください。

（かいとうようし）

（れい）	①　●　③　④

21　からだが　ひえて　しまいました。

1　外は　あたたかかったです。

2　外は　さむかったです。

3　外は　かぜが　つよかったです。

4　外は　あめが　ひどかったです。

22　この　しょくどうは　いつも　すいて　いますね。

1　この　しょくどうは　きゃくが　おおぜい　いますね。

2　この　しょくどうは　きゃくが　すくないですね。

3　この　しょくどうは　てんいんが　あまり　いませんね。

4　この　しょくどうは　てんいんが　とても　しんせつですね。

23 その　ニュースを　見て　びっくり　しました。

1　その　ニュースを　見て　おどろきました。

2　その　ニュースを　見て　なきました。

3　その　ニュースを　見て　おこりました。

4　その　ニュースを　見て　わらいました。

24 日本の　車は、いろいろな　国に　ゆしゅつされて　います。

1　日本の　車は、いろいろな　国で　つくられて　います。

2　日本の　車は、いろいろな　国に　うられて　います。

3　日本の　車は、いろいろな　国で　にんきが　あります。

4　日本の　車は、いろいろな　国で　しられて　います。

もんだい５　つぎの　ことばの　つかいかたで　いちばん　いい　ものを　1・2・3・4から　ひとつ　えらんで　ください。

（れい）　すてる

1　へやを　ぜんぶ　すてて　ください。

2　ひどい　ことを　するのは　すてて　ください。

3　ここに　いらない　ものを　すてて　ください。

4　学校の　本を　かばんに　すてて　ください。

（かいとうようし）

（れい）	①　②　●　④

25　るす

1　両親が　るすの　間に　お客さんが　来ました。

2　あの　赤い　るすを　かぶって　いる　人は　誰ですか。

3　きのうは　るすを　ひいて、仕事を　休みました。

4　私の　るすは、料理を　作る　ことです。

26　わりあい

1　きのうから　わりあい　なにも　たべて　いません。

2　もっと　わりあい　べんきょうしないと、ごうかくは　むずかしいです。

3　しんぱいして　いましたが、わりあい　やさしい　もんだいでした。

4　きょうの　しごとは　わりあい　おわりました。

27 ごらん

1 その　しゃしんは　わたしは　まだ　ごらんした　ことが　ありません。

2 みなさん、こちらを　ごらん　ください。

3 これ　おいしいですよ。どうぞ、ごらん　ください。

4 この　ほんなら　わたしも　ごらんに　なった　ことが　ありますよ。

28 たりない

1 隣の　人に　踏まれて　くつが　たりなく　なりました。

2 そんな　たりない　映画は　もう　見たく　ありません。

3 その　国は　水が　たりなくて　困って　いる　そうです。

4 この　肉は　たりなくて、食べやすいです。

N4

言語知識（文法）・読解

（55分）

注意
Notes

1. 試験が始まるまで、この問題用紙をあけないでください。
   Do not open this question booklet until the test begins.
2. この問題用紙を持ってかえることはできません。
   Do not take this question booklet with you after the test.
3. 受験番号と名前を下の欄に、受験票と同じように　書いてください。
   Write your examinee registration number and name clearly in each box below as written on your test voucher.
4. この問題用紙は、全部で15ページあります。
   This question booklet has 15 pages.
5. 問題には解答番号の 1 、 2 、 3 、… があります。解答は、解答用紙にあるおなじ番号のところにマークしてください。
   One of the row numbers 1, 2, 3 … is given for each question. Mark your answer in the same row of the answer sheet.

受験番号 Examinee Registration Number	

名前 Name	

もんだい１　（　　　　）に　何を　入れますか。1・2・3・4から　いちばん　いい　ものを　一つ　えらんで　ください。

（例）　わたしは　毎朝（まいあさ）　新聞（　　　　）読みます。

1　が　　　2　の　　　3　を　　　4　で

（解答用紙）

（例）	①　②　●　④

1　今度（こんど）の　プロジェクトは、ぜひ　わたし（　　　　）やらせて　ください。

1　を　　　2　は　　　3　に　　　4　が

2　宿題が　多かったですが、１時間（　　　　）終わりました。

1　で　　　2　も　　　3　に　　　4　と

3　私の　兄は、一日に　歯を　５回（　　　　）磨きます。

1　へ　　　2　を　　　3　が　　　4　も

4　この　運動場は　学校の　学生なら　誰でも　使う（　　　　）が　できます。

1　ところ　　　2　の　　　3　もの　　　4　こと

5　息子「お母さん、この　牛乳、変な　味が（　　　　）よ。」

母　「え！そう？おかしいな…、きのう　買った　ばかりなのに…。」

1　なる　　　2　おく　　　3　する　　　4　ある

6　レポートは　今週（こんしゅう）までに　出す（　　　　）して　ください。

1　ように　　　2　みたいに　　　3　そうに　　　4　はずに

7 田中さんに（　　　　）ものが　ありますよ。

1　見たい　　2　見せたい　　3　見えたい　　4　見られたい

8 わたしの　部屋（へや）は　ここ（　　　　）広（ひろ）く　ない。

1　ばかり　　2　だけ　　3　ほど　　4　ところ

9 A「まどを　開けましょうか。」

B「いいえ、寒（さむ）いから（　　　　）いいです。」

1　しめなくても　　2　しめないで　　3　しめたままで　　4　しめても

10 野村（のむら）先生の　授業（じゅぎょう）は　ていねいで（　　　　）。

1　分かるようだ　　2　分かるらしい　　3　分かりやすい　　4　分かりにくい

11 この　店の　料理（りょうり）は　おいしいです。（　　　　）店員（てんいん）も　しんせつです。

1　それで　　2　しかし　　3　すると　　4　それに

12 A「かぜを　ひいて　せきも　出るし、鼻水（はなみず）も　出ます。」

B「それは（　　　　）。」

1　だいじょうぶですか　　2　いけませんね

3　なりませんね　　4　ごちそうさまでした。

13 昨日は　雨に（　　　　）大変でしたよ。

1　降って　　2　降らせて　　3　降られて　　4　降らせられて

もんだい2　＿＿★＿＿に　入る　ものは　どれですか。1・2・3・4から　いちばん　いい　ものを　一つ　えらんで　ください。

（問題例）

つくえの　＿＿＿＿　＿＿＿＿　＿＿★＿＿　＿＿＿＿　あります。

1　が　　　2　に　　　3　上　　　4　ぺん

（答え方）

1　正しい 文を 作ります。

つくえの　＿＿＿＿　＿＿＿＿　＿＿★＿＿　＿＿＿＿　あります。 3　上　　2　に　　4　ぺん　　1　が

2　＿＿★＿＿に　入る　番号を　黒く　塗ります。

（解答用紙）

（例）	①　②　③　●

14　棚の　上には、＿＿＿＿　＿＿＿＿　＿＿★＿＿　＿＿＿＿　が　置いて　あります。

1　人形　　　2　作られた　　　3　で　　　4　厚い　紙

15 A「田中(たなか)さん、いつ　東京(とうきょう)に　来ましたか。」

B「じつは、＿＿＿＿　＿＿＿＿　＿★＿　＿＿＿＿　です。」

1　着(つ)いた　　2　なん　　3　けさ　　4　ばかり

16 こちらに　お名前と　＿＿＿＿　＿＿＿＿　＿★＿　＿＿＿＿　ください。

1　じゅうしょを　　2　書き　　3　お　　4　ご

17 その　旅館(りょかん)は、＿＿＿＿　＿＿＿＿　＿★＿　＿＿＿＿　人から　たくさんの　予約が　ありました。

1　会や　　2　旅行を　する　　3　新しい　年を　　4　お祝いする

3회

もんだい３ 18 から 21 に 何を 入れますか。文章の 意味を 考えて、1・2・3・4から いちばん いい ものを 一つ えらんで ください。

きのう、友だちと お昼ご飯を 食べて いる とき、「いつも しあわせそうだけど、何を して いる とき、一番 しあわせ？」と 聞かれました。今の人生に これと いった 不満は ないし、家族と おいしい 食事を したり、旅行に 行ったり、きれいな 景色を 見たり、家事を 18 自分だけの 時間が あったり する とき しあわせだと 思いますが、「何が 一番 しあわせ？」と 聞かれたら、答えられませんでした。

けれども よく 考えて みたら、その 答えは すぐ 見つける ことが できました。わたしは 結婚して ７年目に なって 子どもが 二人です。毎日 家事が いそがしくて 結婚前の 自由な 時間は なくなった 19 が、子どもが 寝たり、笑ったり する 顔を 見るのが 一番 しあわせです。

急に 主人は どう 思って いるのか、知りたく なって 同じ 質問を して みました。20 主人は 「そうだな。仕事から 帰って きて 『ただいま』と 言ったら、『お帰り』と 言って くれる ときかな」と 言いました。「ほんとうに それだけ？」と 聞いたら、主人は、そのとき、仕事が 無事に 終わって よかった、子どもたちも 元気に 何もなく 家に 帰って きて くれて よかったと 思ったら しあわせな 気分に なると 答えました。人生の しあわせと いうのは 意外と 21 かも しれませんね。

18

1　済(す)んで　　2　済(す)まれて　　3　終わって　　4　終わらせて

19

1　ことが　ありません　　2　かもしれません

3　とは　思いません　　4　ことが　あります

20

1　すると　　2　それでは　　3　でも　　4　たとえば

21

1　大きなこと　　2　小さなこと　　3　大変なこと　　4　楽なこと

もんだい４　つぎの（１）から（３）の文章を読んで、質問に答えてください。答えは、１・２・３・４から、いちばんいいものを一つえらんでください。

（1）

わたしは、人と話すのが苦手です。友だちもあまりいません。コミュニケーションが下手だと思います。大学を卒業して、貿易会社に就職しましたが、お昼ごはんの時間はいつも一人です。少し寂しいですが、誰かと一緒に食べるより、一人で食べるほうが好きです。誰かと一緒にいても、何を話したらいいかわかりません。人と一緒にいるより、犬や猫と一緒にいるほうが楽です。もし、この仕事をやめることになったら、困っている動物を助ける仕事をしてみたいです。

22　どうして、犬や猫と一緒にいるほうが楽ですか。

1　ごはんを食べる友だちがいないからです。
2　人と話すのが上手ではないからです。
3　一人でいると、とても寂しいからです。
4　動物を助ける仕事をしているからです。

（2）

次は、ある図書館の利用案内文です。

ニコニコ図書館の利用案内

利用できる曜日は、火曜日～日曜日で、時間は午前９時から午後６時まででです。

毎週月曜日はお休みです。

本を借りたい人は、まず受付で会員登録をしてください。

本は一人５冊まで借りられます。２週間以内に返してください。

図書館に、飲み物やお菓子などを持ってきてはいけません。

23 この図書館について正しいものはどれですか。

1　この図書館は、毎日利用できます。

2　この図書館は、夜遅くまで利用できます。

3　この図書館では、ジュースを飲んでもいいです。

4　この図書館では、おやつを食べてはいけません。

（3）

会議の場所が変わったことを知らせるEメールです。

田中さん

来週の会議の場所が変わったのでEメールを送ります。参加する人が20人から30人に増えました。それで会議室は新館ではなく、本館の「Bルーム」になりました。資料のコピーも10部増やしてください。また会議の時間が長くなりそうなので、飲み物などの用意もお願いします。会議の日程は10月１日午前11時、そのままです。

変わった場所は参加者にEメールで知らせてください。それでは会議の前にまた連絡します。よろしくお願いします。

木村

24 このメールを読んで田中さんは何をしますか。

1　資料のコピーを30部増やします。
2　会議の場所が新館に変わったことを知らせます。
3　30人の飲み物を準備します。
4　会議の場所が変わったことを電話で知らせます。

もんだい５　つぎの文章を読んで、質問に答えてください。答えは、1・2・3・4から、いちばんいいものを一つえらんでください。

みなさんは１週間のうち、何日休みがほしいですか。平日に休む人もいるかもしれませんが、ほとんどの人は１週間のうち、２日間、土曜日と日曜日が休みだと思います。

しかし、最近東京にあるゲーム会社では、①１週間に３回休めるようになったそうです。理由は、社員の人たちにゆっくり休む時間をあげたいからだそうです。また、仕事の時間を自由に決めることができて、趣味など個人の生活も大事にできるので、このシステムを始めたそうです。

１週間のうち、３日も休むと仕事をする時間が少ないと思うかもしれませんが、１か月に働かなければならない時間は前と同じです。それで、平日に働く時間が少し長くなります。午前10時から午後３時までは必ず働かなければなりませんが、それ以外は仕事の時間を自由に決められます。朝早くから働いてもいいし、何か用事がある時は、３時が過ぎたら帰ってもいいです。

②このような会社は少しずつ増えてきているそうです。わたしの会社はまだこのシステムではありませんが、早くこのシステムになってほしいです。このシステムになったら、毎月近くの温泉に一泊二日で行きたいと思います。

25　東京にあるゲーム会社はどうして、①１週間に３回休めるようにしましたか。

1　平日に休む社員が多いからです。
2　社員が週末に休むことができないからです。
3　社員に個人の時間も大事にしてほしいからです。
4　社員にもっと仕事を頑張ってほしいからです。

26 ②<u>このような会社</u>とありますが、どのような会社ですか。

1 仕事をする時間が短くなった会社

2 １か月の仕事時間が決まっている会社

3 朝早くから働かなければならない会社

4 用事があるときはいつでも帰っていい会社

27 本文の内容として正しいものはどれですか。

1 最近の会社員は、週末より平日に休みたい人が多いです。

2 東京にあるゲーム会社は、平日に遅くまで働いてはいけません。

3 東京にあるゲーム会社では、必ず働かなければならない時間があります。

4 東京にあるほとんどの会社が、１週間に３回休むことができます。

もんだい６　右のページのお知らせを見て、下の質問に答えてください。答えは、１・２・３・４から、いちばんいいものを一つえらんでください。

28 小学２年生のAさんは、お母さんと一緒にパンが作りたいですが、週末の午前中だけ行くことができます。どのパン教室に行くことができますか。

1　簡単に作れるたまごサンドウィッチの教室
2　チョコレートが入ったメロンパンの教室
3　くまの形をしたピザパンの教室
4　とてもおいしい焼きそばパンの教室

29 このお知らせの内容と合うのはどれですか。

1　このパン教室は、小学生の親だけが参加できます。
2　この教室では、初めての人も申し込むことができます。
3　料金は１人3500円なので、親子では7000円です。
4　作ったパンはみんなで教室で食べて、残ったら持ち帰ります。

夏休み親子パン教室のお知らせ

いつもご来店ありがとうございます。 田中ベーカリーでは夏休みに、小学生のための親子パン教室つを行います。夏休みの思い出に、親子でおいしいパンを作ってみませんか。

日時	時間	内容
8月3日（土）	10：00～12：00	簡単に作れるたまごサンドウィッチ
8月9日（金）	13：00～15：00	チョコレートが入ったメロンパン
8月22日（木）	17：00～19：00	くまの形をしたピザパン
8月27日（火）	11：00～13：00	とてもおいしい焼きそばパン

※ 定員はそれぞれ10人までです。

※ パン作りが苦手な人や、初めての人でも申し込むことができます。

※ お申し込みは、田中ベーカリーのホームページからお願いします。

※ 料金（親子で3500円）は当日、教室でお支払いください。

※ 作ったパンは教室で食べることはできません。持ち帰ってください。

※ 当日はエプロンとタオルを持ってきてください。

N4

聴解

（40分）

注意
Notes

1. 試験が始まるまで、この問題用紙を開けないでください。
Do not open this question booklet until the test begins.

2. この問題用紙を持って帰ることはできません。
Do not take this question booklet with you after the test.

3. 受験番号と名前を下の欄に、受験票と同じように書いてください。
Write your examinee registration number and name clearly in each box below as written on your test voucher.

4. この問題用紙は、全部で15ページあります。
This question booklet has 15 pages.

5. この問題用紙にメモをとってもいいです。
You may make notes in this question booklet.

受験番号 Examinee Registration Number	

名前 Name	

もんだい 1

もんだい１では、まず　しつもんを　聞いて　ください。それから　話を　聞いて、もんだいようしの　１から４の　中から、いちばん　いい　ものを　一つ　えらんで　ください。

れい

1　長そでの　シャツと　半ズボン
2　半そでの　シャツと　半ズボン
3　半そでの　シャツと　長いズボン
4　長そでの　シャツと　長いズボン

1ばん

2ばん

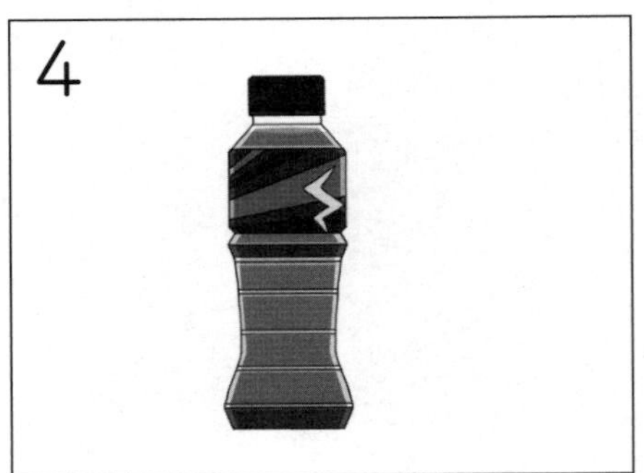

3ばん

1　お客様(きゃくさま)に　会(あ)います

2　課長(かちょう)と　会議(かいぎ)を　します

3　お客様(きゃくさま)に　電話(でんわ)を　します

4　課長(かちょう)に　メールを　します

4ばん

1

2

3

4

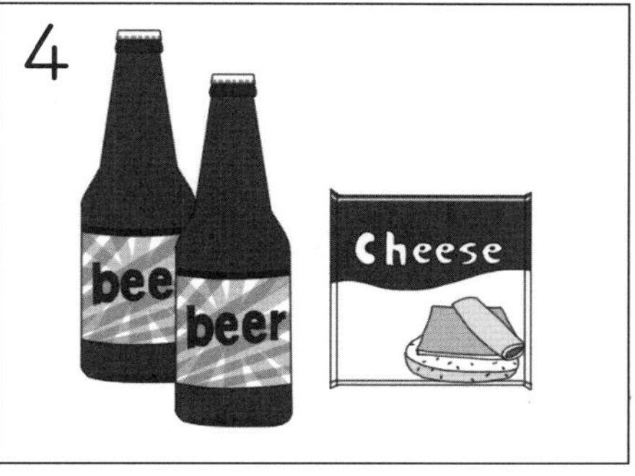

5ばん

1　はじめて　行く　ところは　やくそくの　ばしょに　しない

2　道に　まよわないように　気を　つける

3　ちかてつの　時間を　しらべる

4　やくそくの　時間に　おくれないように、もっと　早く　家を　出る

6ばん

1　友だちの　結婚式に　行きます

2　ドレスを　買いに　行きます

3　シャツに　アイロンを　かけます

4　美容室に　行きます

7ばん

1　携帯(けいたい)で　ショッピングサイトを　見(み)る

2　パソコンで　会員登録(かいいんとうろく)を　する

3　クーポンで　買(か)い物(もの)を　する

4　安(やす)い　服(ふく)を　たくさん　買(か)う

8ばん

1　むすめに　じゅくで　べんきょうしたいのか　聞(き)く

2　むすめに　大事(だいじ)は　ことは　何(なに)か　聞(き)く

3　ぜんこくで　いちばん　大(おお)きい　じゅくを　さがす

4　むすめが　好(す)きな　先生(せんせい)を　さがす

もんだい２

もんだい２では、まず　しつもんを　聞いて　ください。そのあと、もんだいようしを　見て　ください。読む　時間が　あります。それから話を　聞いて、もんだいようしの　１から４の　中から、いちばん　いいものを　一つ　えらんで　ください。

れい

1　デザインが　気に　入らないから
2　色が　気に　入らないから
3　値段が　高いから
4　お金が　ないから

1ばん

1　一人で　行ってみたいから

2　食べ物が　おいしいから

3　友だちに　会いたいから

4　雪を　見てみたいから

3회

2ばん

1　お父さんの　仕事を　手伝って　いたから

2　バイトで　忙しかったから

3　体の　調子が　悪かったから

4　レポートを　書いて　いたから

3ばん

1　お酒(さけ)が　好(す)きじゃないから

2　体(からだ)の　調子(ちょうし)が　悪(わる)くなるから

3　会社(かいしゃ)の　人(ひと)と　飲(の)みたく　ないから

4　お腹(なか)が　痛(いた)くなるから

4ばん

1　会社(かいしゃ)の　仕事(しごと)が　大変(たいへん)だから

2　会社(かいしゃ)の　人(ひと)たちと　問題(もんだい)が　あったから

3　子(こ)どもが　生(う)まれるから

4　妻(つま)の　体調(たいちょう)が　悪(わる)いから

5ばん

1　しごとの　せきにんが　おもく　なったから

2　かいしゃで　ながく　しごとを　して　いるから

3　さいきん、しごとに　ミスが　よく　あるから

4　さいきん、だいじな　プロジェクトが　よく　あるから

6ばん

1　かれは　しごとは　できたけど、やさしい　人(ひと)では　なかったから

2　かれは　ぜんぜん　たのしい　人(ひと)では　なかったから

3　かれは　たのしい　人(ひと)だけど、しごとが　できなかったから

4　かれと　せいかくが　あわないと　かんじる　ときが　多(おお)かったから

7ばん

1　日本の　大学の　授業が　おもしろくないから

2　親が　アメリカに　転勤することに　なったから

3　アメリカで　英語の　勉強を　もっと　したいから

4　アメリカの　大学に　行きたいから

もんだい３

もんだい３では、えを 見(み)ながら しつもんを 聞(き)いて ください。➡(やじるし)の人(ひと)は 何(なん)と 言(い)いますか。１から３の 中(なか)から、いちばん いい ものを 一(ひと)つ えらんでください。

れい

3회

1ばん

2ばん

3ばん

4ばん

3회

5ばん

もんだい４

もんだい４では、えなどが　ありません。まず　ぶんを　聞(き)いて　ください。それから、そのへんじを　聞(き)いて、１から３の　中(なか)から、いちばん　いい　ものを　一(ひと)つ　えらんで　ください。

― メモ ―

3회

memo

절취선

N5 第１回 日本語能力試験 模擬テスト 解答用紙

げんごちしき（もじ・ごい）

じゅけんばんごう Examinee Registration Number		なまえ Name	

〈ちゅうい Notes〉
1. くろい えんぴつ(HB、No.2)で かいて ください。
(ペンや ボールペンでは かかないで ください。)
Use a black medium soft (HB or No.2) pencil.
(Do not use any kind of pen.)
2. かきなおす ときは、けしゴムで きれいに けして ください。
Erase any unintended marks completely.
3. きたなく したり、おったり しないで ください。
Do not soil or bend this sheet.
4. マークれい Marking Examples

よい れい Correct Example	わるい れい Incorrect Examples
●	⊗ ⊘ ◎ ⓪ ⊖ ◐ ●

もんだい 1				
1	①	②	③	④
2	①	②	③	④
3	①	②	③	④
4	①	②	③	④
5	①	②	③	④
6	①	②	③	④
7	①	②	③	④
もんだい 2				
8	①	②	③	④
9	①	②	③	④
10	①	②	③	④
11	①	②	③	④
12	①	②	③	④

もんだい 3				
13	①	②	③	④
14	①	②	③	④
15	①	②	③	④
16	①	②	③	④
17	①	②	③	④
18	①	②	③	④
もんだい 4				
19	①	②	③	④
20	①	②	③	④
21	①	②	③	④

절취선

N5 第１回 日本語能力試験 模擬テスト 解答用紙

げんごちしき(ぶんぽう)・どっかい

じゅけんばんごう Examinee Registration Number	

なまえ Name	

〈ちゅうい Notes〉

1. くろい えんぴつ(HB、No.2)で かいて ください。(ペンや ボールペンでは かかないで ください。)
   Use a black medium soft (HB or No.2) pencil.
   (Do not use any kind of pen.)
2. かきなおす ときは、けしゴムで きれいに けして ください。
   Erase any unintended marks completely.
3. きたなく したり、おったり しないで ください。
   Do not soil or bend this sheet.
4. マークれい Marking Examples

よい れい Correct Example	わるい れい Incorrect Examples
●	⊗ ◯ ◯ ◯ ◯ ◯ ●

もんだい 1				
1	①	②	③	④
2	①	②	③	④
3	①	②	③	④
4	①	②	③	④
5	①	②	③	④
6	①	②	③	④
7	①	②	③	④
8	①	②	③	④
9	①	②	③	④
もんだい 2				
10	①	②	③	④
11	①	②	③	④
12	①	②	③	④
13	①	②	③	④

もんだい 3				
14	①	②	③	④
15	①	②	③	④
16	①	②	③	④
17	①	②	③	④
もんだい 4				
18	①	②	③	④
19	①	②	③	④
もんだい 5				
20	①	②	③	④
21	①	②	③	④
もんだい 6				
22	①	②	③	④

N5 第１回 日本語能力試験 模擬テスト 解答用紙

ちょうかい

じゅけんばんごう Examinee Registration Number	

なまえ Name	

〈ちゅうい Notes〉

1. くろい えんぴつ(HB、No.2)で かいて ください。
(ペンや ボールペンでは かかないで ください。)
Use a black medium soft (HB or No.2) pencil.
(Do not use any kind of pen.)
2. かきなおす ときは、けしゴムで きれいに けして ください。
Erase any unintended marks completely.
3. きたなく したり、おったり しないで ください。
Do not soil or bend this sheet.
4. マークれい Marking Examples

よい れい Correct Example	わるい れい Incorrect Examples
●	⊗ ◎ ⊖ ⓪ ⊘ ⦶ ◉

もんだい 1

かい	●	②	③	④
1	①	②	③	④
2	①	②	③	④
3	①	②	③	④
4	①	②	③	④
5	①	②	③	④
6	①	②	③	④
7	①	②	③	④

もんだい 2

かい	①	②	●	④
1	①	②	③	④
2	①	②	③	④
3	①	②	③	④
4	①	②	③	④
5	①	②	③	④
6	①	②	③	④

もんだい 3

かい	①	●	③
1	①	②	③
2	①	②	③
3	①	②	③
4			
5	①	②	③

もんだい 4

かい	●	②	③
1	①	②	③
2	①	②	③
3	①	②	③
4	①	②	③
5	①	②	③
6	①	②	③

절취선

절취선

N5 第２回 日本語能力試験 模擬テスト 解答用紙

げんごちしき（もじ・ごい）

じゅけんばんごう Examinee Registration Number		なまえ Name	

〈ちゅうい Notes〉

1. くろい えんぴつ(HB、No.2)で かいて ください。（ペンや ボールペンでは かかないで ください。）
Use a black medium soft（HB or No.2）pencil.
(Do not use any kind of pen.)
2. かきなおす ときは、けしゴムで きれいに けして ください。
Erase any unintended marks completely.
3. きたなく したり、おったり しないで ください。
Do not soil or bend this sheet.
4. マークれい　Marking Examples

よい れい Correct Example	わるい れい Incorrect Examples
●	⊗ ◯ ◯ ◯ ◯ ◯ ◯

もんだい 1				
1	①	②	③	④
2	①	②	③	④
3	①	②	③	④
4	①	②	③	④
5	①	②	③	④
6	①	②	③	④
7	①	②	③	④
もんだい 2				
8	①	②	③	④
9	①	②	③	④
10	①	②	③	④
11	①	②	③	④
12	①	②	③	④

もんだい 3				
13	①	②	③	④
14	①	②	③	④
15	①	②	③	④
16	①	②	③	④
17	①	②	③	④
18	①	②	③	④
もんだい 4				
19	①	②	③	④
20	①	②	③	④
21	①	②	③	④

절취선

N5 第２回 日本語能力試験 模擬テスト 解答用紙

げんごちしき(ぶんぽう)・どっかい

じゅけんばんごう Examinee Registration Number	

なまえ Name	

〈ちゅうい Notes〉

1. くろい えんぴつ(HB、No.2)で かいて ください。(ペンや ボールペンでは かかないで ください。)
   Use a black medium soft (HB or No.2) pencil.
   (Do not use any kind of pen.)
2. かきなおす ときは、けしゴムで きれいに けして ください。
   Erase any unintended marks completely.
3. きたなく したり、おったり しないで ください。
   Do not soil or bend this sheet.
4. マークれい　Marking Examples

よい れい Correct Example	わるい れい Incorrect Examples
●	⊗ Ⓥ ⊖ ⓪ ⊘ ◐ ●

もんだい 1				
1	①	②	③	④
2	①	②	③	④
3	①	②	③	④
4	①	②	③	④
5	①	②	③	④
6	①	②	③	④
7	①	②	③	④
8	①	②	③	④
9	①	②	③	④
もんだい 2				
10	①	②	③	④
11	①	②	③	④
12	①	②	③	④
13	①	②	③	④

もんだい 3				
14	①	②	③	④
15	①	②	③	④
16	①	②	③	④
17	①	②	③	④
もんだい 4				
18	①	②	③	④
19	①	②	③	④
もんだい 5				
20	①	②	③	④
21	①	②	③	④
もんだい 6				
22	①	②	③	④

절취선

N5 第2回 日本語能力試験 模擬テスト 解答用紙

ちょうかい

じゅけんばんごう Examinee Registration Number		なまえ Name	

〈ちゅうい Notes〉

1. くろい えんぴつ(HB、No.2)で かいて ください。(ペンや ボールペンでは かかないで ください。)
   Use a black medium soft (HB or No.2) pencil. (Do not use any kind of pen.)
2. かきなおす ときは、けしゴムで きれいに けして ください。
   Erase any unintended marks completely.
3. きたなく したり、おったり しないで ください。
   Do not soil or bend this sheet.
4. マークれい Marking Examples

よい れい Correct Example	わるい れい Incorrect Examples
●	⊗ ◯ ⓪ ⓪ ◯ ◐ ●

もんだい 1

かい	●	②	③	④
1	①	②	③	④
2	①	②	③	④
3	①	②	③	④
4	①	②	③	④
5	①	②	③	④
6	①	②	③	④
7	①	②	③	④

もんだい 2

かい	①	②	●	④
1	①	②	③	④
2	①	②	③	④
3	①	②	③	④
4	①	②	③	④
5	①	②	③	④
6	①	②	③	④

もんだい 3

かい	①	●	③
1	①	②	③
2	①	②	③
3	①	②	③
4			
5	①	②	③

もんだい 4

かい	●	②	③
1	①	②	③
2	①	②	③
3	①	②	③
4	①	②	③
5	①	②	③
6	①	②	③

N4 第１回 日本語能力試験 模擬テスト 解答用紙

げんごちしき（もじ・ごい）

じゅけんばんごう Examinee Registration Number		なまえ Name	

〈ちゅうい Notes〉
1. くろい えんぴつ(HB、No.2)で かいて ください。
(ペンや ボールペンでは かかないで ください。)
Use a black medium soft (HB or No.2) pencil.
(Do not use any kind of pen.)
2. かきなおす ときは、けしゴムで きれいに けして ください。
Erase any unintended marks completely.
3. きたなく したり、おったり しないで ください。
Do not soil or bend this sheet.
4. マークれい　Marking Examples

よい れい Correct Example	わるい れい Incorrect Examples
●	⊗ ◎ ◯ ⓪ ⊖ ◐ ●

もんだい 1				
1	①	②	③	④
2	①	②	③	④
3	①	②	③	④
4	①	②	③	④
5	①	②	③	④
6	①	②	③	④
7	①	②	③	④
もんだい 2				
8	①	②	③	④
9	①	②	③	④
10	①	②	③	④
11	①	②	③	④
12	①	②	③	④
もんだい 3				
13	①	②	③	④
14	①	②	③	④
15	①	②	③	④
16	①	②	③	④
17	①	②	③	④
18	①	②	③	④
19	①	②	③	④
20	①	②	③	④

もんだい 4				
21	①	②	③	④
22	①	②	③	④
23	①	②	③	④
24	①	②	③	④
もんだい 5				
25	①	②	③	④
26	①	②	③	④
27	①	②	③	④
28	①	②	③	④

절취선

N4 第１回 日本語能力試験 模擬テスト 解答用紙

げんごちしき(ぶんぽう)・どっかい

じゅけんばんごう Examinee Registration Number	

なまえ Name	

〈ちゅうい Notes〉
1. くろい えんぴつ(HB、No.2)で かいて ください。(ペンや ボールペンでは かかないで ください。)
   Use a black medium soft (HB or No.2) pencil.
   (Do not use any kind of pen.)
2. かきなおす ときは、けしゴムで きれいに けして ください。
   Erase any unintended marks completely.
3. きたなく したり、おったり しないで ください。
   Do not soil or bend this sheet.
4. マークれい　Marking Examples

よい れい Correct Example	わるい れい Incorrect Examples
●	⊗ ◯ ◯ ◯ ◯ ◯ ◯

もんだい 1				
1	①	②	③	④
2	①	②	③	④
3	①	②	③	④
4	①	②	③	④
5	①	②	③	④
6	①	②	③	④
7	①	②	③	④
8	①	②	③	④
9	①	②	③	④
10	①	②	③	④
11	①	②	③	④
12	①	②	③	④
13	①	②	③	④
もんだい 2				
14	①	②	③	④
15	①	②	③	④
16	①	②	③	④
17	①	②	③	④

もんだい 3				
18	①	②	③	④
19	①	②	③	④
20	①	②	③	④
21	①	②	③	④
もんだい 4				
22	①	②	③	④
23	①	②	③	④
24	①	②	③	④
もんだい 5				
25	①	②	③	④
26	①	②	③	④
27	①	②	③	④
もんだい 6				
28	①	②	③	④
29	①	②	③	④

절취선

N4 第１回 日本語能力試験 模擬テスト 解答用紙

ちょうかい

じゅけんばんごう Examinee Registration Number		なまえ Name	

〈ちゅうい Notes〉
1. くろい えんぴつ(HB、No.2)で かいて ください。(ペンや ボールペンでは かかないで ください。)
Use a black medium soft (HB or No.2) pencil.
(Do not use any kind of pen.)
2. かきなおす ときは、けしゴムで きれいに けして ください。
Erase any unintended marks completely.
3. きたなく したり、おったり しないで ください。
Do not soil or bend this sheet.
4. マークれい Marking Examples

よい れい Correct Example	わるい れい Incorrect Examples
●	⊗ ◯ ◯ ⓪ ◯ ◯ ◯

もんだい 1

かい	①	②	●	④
1	①	②	③	④
2	①	②	③	④
3	①	②	③	④
4	①	②	③	④
5	①	②	③	④
6	①	②	③	④
7	①	②	③	④
8	①	②	③	④

もんだい 2

かい	①	●	③	④
1	①	②	③	④
2	①	②	③	④
3	①	②	③	④
4	①	②	③	④
5	①	②	③	④
6	①	②	③	④
7	①	②	③	④

もんだい 3

かい	①	●	③
1	①	②	③
2	①	②	③
3	①	②	③
4	①	②	③
5	①	②	③

もんだい 4

かい	●	②	③
1	①	②	③
2	①	②	③
3	①	②	③
4	①	②	③
5	①	②	③
6	①	②	③
7	①	②	③
6	①	②	③

절취선

N4 第２回 日本語能力試験 模擬テスト 解答用紙

げんごちしき（もじ・ごい）

じゅけんばんごう Examinee Registration Number	

なまえ Name	

〈ちゅうい Notes〉

1. くろい えんぴつ(HB、No.2)で かいて ください。(ペンや ボールペンでは かかないで ください。)
Use a black medium soft (HB or No.2) pencil.
(Do not use any kind of pen.)
2. かきなおす ときは、けしゴムで きれいに けして ください。
Erase any unintended marks completely.
3. きたなく したり、おったり しないで ください。
Do not soil or bend this sheet.
4. マークれい Marking Examples

よい れい Correct Example	わるい れい Incorrect Examples
●	⊗ ○ ○ ○ ○ ○ ●

もんだい 1

1	①	②	③	④
2	①	②	③	④
3	①	②	③	④
4	①	②	③	④
5	①	②	③	④
6	①	②	③	④
7	①	②	③	④

もんだい 2

8	①	②	③	④
9	①	②	③	④
10	①	②	③	④
11	①	②	③	④
12	①	②	③	④

もんだい 3

13	①	②	③	④
14	①	②	③	④
15	①	②	③	④
16	①	②	③	④
17	①	②	③	④
18	①	②	③	④
19	①	②	③	④
20	①	②	③	④

もんだい 4

21	①	②	③	④
22	①	②	③	④
23	①	②	③	④
24	①	②	③	④

もんだい 5

25	①	②	③	④
26	①	②	③	④
27	①	②	③	④
28	①	②	③	④

절취선

N4 第2回 日本語能力試験 模擬テスト 解答用紙

げんごちしき(ぶんぽう)・どっかい

じゅけんばんごう Examinee Registration Number	

なまえ Name	

〈ちゅうい Notes〉

1. くろい えんぴつ(HB、No.2)で かいて ください。(ペンや ボールペンでは かかないで ください。)
   Use a black medium soft (HB or No.2) pencil.
   (Do not use any kind of pen.)
2. かきなおす ときは、けしゴムで きれいに けして ください。
   Erase any unintended marks completely.
3. きたなく したり、おったり しないで ください。
   Do not soil or bend this sheet.
4. マークれい Marking Examples

よい れい Correct Example	わるい れい Incorrect Examples
●	⊗ ◌ ◌ ◌ ◌ ◌ ◌

もんだい 1				
1	①	②	③	④
2	①	②	③	④
3	①	②	③	④
4	①	②	③	④
5	①	②	③	④
6	①	②	③	④
7	①	②	③	④
8	①	②	③	④
9	①	②	③	④
10	①	②	③	④
11	①	②	③	④
12	①	②	③	④
13	①	②	③	④
もんだい 2				
14	①	②	③	④
15	①	②	③	④
16	①	②	③	④
17	①	②	③	④

もんだい 3				
18	①	②	③	④
19	①	②	③	④
20	①	②	③	④
21	①	②	③	④
もんだい 4				
22	①	②	③	④
23	①	②	③	④
24	①	②	③	④
もんだい 5				
25	①	②	③	④
26	①	②	③	④
27	①	②	③	④
もんだい 6				
28	①	②	③	④
29	①	②	③	④

절취선

N4　第２回 日本語能力試験 模擬テスト 解答用紙

ちょうかい

じゅけんばんごう Examinee Registration Number	

なまえ Name	

<ちゅうい Notes>

1. くろい えんぴつ(HB、No.2)で かいて ください。(ペンや ボールペンでは かかないで ください。)
   Use a black medium soft (HB or No.2) pencil.
   (Do not use any kind of pen.)
2. かきなおす ときは、けしゴムで きれいに けして ください。
   Erase any unintended marks completely.
3. きたなく したり、おったり しないで ください。
   Do not soil or bend this sheet.
4. マークれい　Marking Examples

よい れい Correct Example	わるい れい Incorrect Examples
●	⊗ ◯ ◯ ◯ ◯ ◯ ◯

もんだい 1

かい	①	②	●	④
1	①	②	③	④
2	①	②	③	④
3	①	②	③	④
4	①	②	③	④
5	①	②	③	④
6	①	②	③	④
7	①	②	③	④
8	①	②	③	④

もんだい 2

かい	①	●	③	④
1	①	②	③	④
2	①	②	③	④
3	①	②	③	④
4	①	②	③	④
5	①	②	③	④
6	①	②	③	④
7	①	②	③	④

もんだい 3

かい	①	●	③
1	①	②	③
2	①	②	③
3	①	②	③
4	①	②	③
5	①	②	③

もんだい 4

かい	●	②	③
1	①	②	③
2	①	②	③
3	①	②	③
4	①	②	③
5	①	②	③
6	①	②	③
7	①	②	③
6	①	②	③

절취선

N4 第3回 日本語能力試験 模擬テスト 解答用紙

げんごちしき（もじ・ごい）

じゅけんばんごう Examinee Registration Number	

なまえ Name	

〈ちゅうい Notes〉
1. くろい えんぴつ(HB、No.2)で かいて ください。(ペンや ボールペンでは かかないで ください。)
Use a black medium soft (HB or No.2) pencil.
(Do not use any kind of pen.)
2. かきなおす ときは、けしゴムで きれいに けして ください。
Erase any unintended marks completely.
3. きたなく したり、おったり しないで ください。
Do not soil or bend this sheet.
4. マークれい Marking Examples

よい れい Correct Example	わるい れい Incorrect Examples
●	⊗ ◯ ◯ ◯ ◯ ◯ ●

もんだい 1				
1	①	②	③	④
2	①	②	③	④
3	①	②	③	④
4	①	②	③	④
5	①	②	③	④
6	①	②	③	④
7	①	②	③	④
もんだい 2				
8	①	②	③	④
9	①	②	③	④
10	①	②	③	④
11	①	②	③	④
12	①	②	③	④
もんだい 3				
13	①	②	③	④
14	①	②	③	④
15	①	②	③	④
16	①	②	③	④
17	①	②	③	④
18	①	②	③	④
19	①	②	③	④
20	①	②	③	④

もんだい 4				
21	①	②	③	④
22	①	②	③	④
23	①	②	③	④
24	①	②	③	④
もんだい 5				
25	①	②	③	④
26	①	②	③	④
27	①	②	③	④
28	①	②	③	④

절취선

N4 第３回 日本語能力試験 模擬テスト 解答用紙

げんごちしき(ぶんぽう)・どっかい

じゅけんばんごう Examinee Registration Number	

なまえ Name	

〈ちゅうい Notes〉

1. くろい えんぴつ(HB、No.2)で かいて ください。(ペンや ボールペンでは かかないで ください。)
Use a black medium soft (HB or No.2) pencil.
(Do not use any kind of pen.)
2. かきなおす ときは、けしゴムで きれいに けして ください。
Erase any unintended marks completely.
3. きたなく したり、おったり しないで ください。
Do not soil or bend this sheet.
4. マークれい Marking Examples

よい れい Correct Example	わるい れい Incorrect Examples
●	⊗◌◎⦶⊖◐●

もんだい 1				
1	①	②	③	④
2	①	②	③	④
3	①	②	③	④
4	①	②	③	④
5	①	②	③	④
6	①	②	③	④
7	①	②	③	④
8	①	②	③	④
9	①	②	③	④
10	①	②	③	④
11	①	②	③	④
12	①	②	③	④
13	①	②	③	④
もんだい 2				
14	①	②	③	④
15	①	②	③	④
16	①	②	③	④
17	①	②	③	④

もんだい 3				
18	①	②	③	④
19	①	②	③	④
20	①	②	③	④
21	①	②	③	④
もんだい 4				
22	①	②	③	④
23	①	②	③	④
24	①	②	③	④
もんだい 5				
25	①	②	③	④
26	①	②	③	④
27	①	②	③	④
もんだい 6				
28	①	②	③	④
29	①	②	③	④

절취선

N4 第3回 日本語能力試験 模擬テスト 解答用紙

ちょうかい

じゅけんばんごう Examinee Registration Number		なまえ Name	

〈ちゅうい Notes〉

1. くろい えんぴつ(HB、No.2)で かいて ください。(ペンや ボールペンでは かかないで ください。)
   Use a black medium soft (HB or No.2) pencil.
   (Do not use any kind of pen.)
2. かきなおす ときは、けしゴムで きれいに けして ください。
   Erase any unintended marks completely.
3. きたなく したり、おったり しないで ください。
   Do not soil or bend this sheet.
4. マークれい Marking Examples

よい れい Correct Example	わるい れい Incorrect Examples
●	⊗ ◯ ◯ ◯ ◯ ◯ ◯

もんだい 1

かい	①	②	●	④
1	①	②	③	④
2	①	②	③	④
3	①	②	③	④
4	①	②	③	④
5	①	②	③	④
6	①	②	③	④
7	①	②	③	④
8	①	②	③	④

もんだい 2

かい	①	●	③	④
1	①	②	③	④
2	①	②	③	④
3	①	②	③	④
4	①	②	③	④
5	①	②	③	④
6	①	②	③	④
7	①	②	③	④

もんだい 3

かい	①	●	③
1	①	②	③
2	①	②	③
3	①	②	③
4	①	②	③
5	①	②	③

もんだい 4

かい	●	②	③
1	①	②	③
2	①	②	③
3	①	②	③
4	①	②	③
5	①	②	③
6	①	②	③
7	①	②	③
6	①	②	③

memo

memo

memo

최신개정판

일단 합격 JLPT

실전 모의고사 N4 N5

박영미, 황요찬, 오카자키 마이 지음

해설서

동양북스

차례

나의 점수는?

총 [   ] 문제 정답

혹시 부족한 점수라도 실망하지 말고 해설을 보며 다시 확인하고 틀린 문제를 다시 풀어보세요. 실력이 점점 쌓여갈 것입니다.

JLPT N5 제1회 실전모의고사 정답

1교시 언어지식(문자·어휘)

문제 1	1	1	2	3	3	4	4	1	5	2	6	4	7	4
문제 2	8	2	9	2	10	3	11	1	12	2				
문제 3	13	1	14	2	15	3	16	1	17	2	18	2		
문제 4	19	3	20	2	21	4								

1교시 언어지식(문법)

문제 1	1	2	2	2	3	1	4	1	5	3	6	4	7	2	8	2	9	3
문제 2	10	4	11	4	12	1	13	4										
문제 3	14	3	15	2	16	1	17	3										

1교시 독해

문제 4	18	2	19	1
문제 5	20	3	21	4
문제 6	22	3		

2교시 청해

문제 1	1	2	2	4	3	4	4	4	5	3	6	4	7	2
문제 2	1	2	2	2	3	2	4	3	5	4	6	4		
문제 3	1	1	2	3	3	1	4	3	5	1				
문제 4	1	3	2	1	3	3	4	2	5	2	6	1		

1회 실전모의고사 정답

1교시 언어지식(문자·어휘)

문제 1 ________의 단어는 히라가나로 어떻게 씁니까? 1 · 2 · 3 · 4에서 가장 좋은 것을 하나 고르세요.

1 よしださんは　去年　だいがくに　はいりました。
1　きょねん　　2　きょとし　　3　さくねん　　4　さくとし
요시다 씨는 작년 대학에 들어갔습니다.

어휘 去年(きょねん) 작년 | 入(はい)る 들어가다
✚ 昨年(さくねん) 작년

2 今朝は　なんじに　おきましたか。
1　こんあさ　　2　いまあさ　　3　けさ　　4　けいさ
오늘 아침은 몇 시에 일어났습니까?

어휘 今朝(けさ) 오늘 아침 | 起(お)きる 일어나다

3 あした　映画を　みに　いきませんか。
1　えか　　2　えが　　3　えいか　　4　えいが
내일 영화를 보러 가지 않겠습니까?

어휘 映画(えいが) 영화
✚ 画家(がか) 화가

4 たなかさんは　なんにん　家族ですか。
1　かぞく　　2　がぞく　　3　がそく　　4　かそく
다나카 씨는 가족이 몇 명입니까?

어휘 家族(かぞく) 가족
✚ 何人兄弟(なんにんきょうだい) 몇 형제

5 とうきょうは　おおさかの　東に　あります。
1　にし　　2　ひがし　　3　みなみ　　4　きた
도쿄는 오사카의 동쪽에 있습니다.

어휘 東(ひがし) 동쪽 | 西(にし) 서쪽 | 南(みなみ) 남쪽 | 北(きた) 북쪽

6 ここから　こうえんまで　歩いて　いきましょう。
1 およいて　2 はしいて　3 いそいて　4 あるいて
여기에서 공원까지 걸어서 갑시다.

어휘 公園(こうえん) 공원 | 歩(ある)く 걷다

7 テーブルの　うえに　みかんが　九つ　あります。
1 やっつ　2 いつつ　3 むっつ　4 ここのつ
테이블 위에 귤이 아홉 개 있습니다.

어휘 テーブル 테이블 | 上(うえ) 위 | みかん 귤 | 九(ここの)つ 아홉 개 | 八(やっ)つ 여덟 개 | 五(いつ)つ 다섯 개 | 六(むっ)つ 여섯 개

문제 2 ________의 단어는 어떻게 씁니까? 1 · 2 · 3 · 4에서 가장 좋은 것을 하나 고르세요.

8 あさから　みみが　いたいです。
1 目　2 耳　3 口　4 頭
아침부터 귀가 아픕니다.

어휘 朝(あさ) 아침 | 耳(みみ) 귀 | 痛(いた)い 아프다 | 目(め) 눈 | 口(くち) 입 | 頭(あたま) 머리

9 あたまが　いたくて　びょういんに　いきました。
1 家完　2 病院　3 教院　4 部完
머리가 아파서 병원에 갔습니다.

어휘 頭(あたま) 머리 | 痛(いた)い 아프다 | 病院(びょういん) 병원

10 つぎの　おりんぴっくは　どこですか。
1 オリソピック　2 オレンピック　3 オリンピック　4 オレソピック
다음 올림픽은 어디입니까?

어휘 次(つぎ) 다음 | オリンピック 올림픽

11 デパートに いって あたらしい くつを かいました。

1 新しい　2 急しい　3 意しい　4 音しい

백화점에 가서 새 구두를 샀습니다.

어휘 新しい 새롭다 | 靴 구두, 신발 | 買う 사다

12 たなかさんは うみで およいだ ことが ありますか。

1 水いだ　2 泳いだ　3 永いだ　4 木いだ

다나카 씨는 바다에서 수영해 본 적이 있습니까?

어휘 海 바다 | 泳ぐ 수영하다, 헤엄치다 | ～たことがある ~한 적이 있다(과거 경험)

문제 3 (　　　)에 무엇이 들어갑니까? 1 · 2 · 3 · 4에서 가장 좋은 것을 하나 고르세요.

13 わたしは (　　　) かいがいに いった ことが ありません。

1 まだ　2 もう　3 いま　4 ただ

나는 아직 해외에 간 적이 없습니다.

어휘 まだ 아직 | 海外 해외 | ～たことがある(ない) ~한 적이 있다(없다) | もう 곧, 이제, 이미, 벌써 | 今 지금 | ただ 다만, 단지

14 あおやまさんとは いちど (　　　) あった ことが あります。

1 しか　2 だけ　3 ほか　4 ところ

아오야마 씨와는 단 한 번 만난 적이 있습니다.

어휘 一度 한 번 | ～だけ ~만, ~뿐 | ～たことがあります ~한 적이 있습니다 | ～しか ~밖에 | ほか ①외 ②다른 것 | ところ 곳, 장소

15 チケットを かう ひとは こちらに (　　　) ください。

1 しめて　2 すんで　3 ならんで　4 でかけて

표를 살 사람은 이쪽에 줄 서주세요.

어휘 チケット 티켓 | 並ぶ 줄 서다 | 閉める 닫다 | 住む 거주하다, 살다 | 出かける 외출하다

16 だいがくの としょかんに ほんを（　　　）に いきます。
1 かり　　2 およぎ　　3 あそび　　4 たべ

대학 도서관에 책을 빌리러 갑니다.

어휘 図書館(としょかん) 도서관 | 借(か)りる 빌리다 | ます형＋に行(い)く ~하러 가다 | 泳(およ)ぐ 수영하다 | 遊(あそ)ぶ 놀다

17 はこの なかには なにが（　　　）いますか。
1 いれて　　2 はいって　　3 のんで　　4 よんで

상자 안에는 무엇이 들어 있습니까?

어휘 箱(はこ) 상자 | 中(なか) 안, 속 | 入(はい)る 들다 | 入(い)れる 집어넣다 | 飲(の)む 마시다 | 呼(よ)ぶ 부르다

18 わたしの へやは ここより（　　　）です。
1 やさしい　　2 せまい　　3 おおい　　4 あつい

나의 방은 여기보다 좁습니다.

어휘 部屋(へや) 방 | ～より ~보다 | 狭(せま)い 좁다 | 優(やさ)しい 자상하다, 상냥하다 | 多(おお)い 많다 | 暑(あつ)い 덥다
✚ 易(やさ)しい 쉽다

문제 4 ________의 문장과 대체로 같은 의미의 문장이 있습니다. 1 · 2 · 3 · 4에서 가장 좋은 것을 하나 고르세요.

19 <u>しごとは ごぜん 9じから ごご 6じまでです。</u>
1 しごとは 10じに はじまります。
2 しごとは よる はじまります。
3 しごとは 6じに おわります。
4 しごとは あさ おわります。

<u>일은 오전 9시부터 오후 6시까지입니다.</u>
1 일은 10시에 시작됩니다.
2 일은 밤에 시작됩니다.
3 일은 6시에 끝납니다.
4 일은 아침에 끝납니다

해설 일은 9시에 시작하여 6시에 끝나는 의미이므로 3번이 정답이다.

어휘 仕事(しごと) 일 | 午前(ごぜん) 오전 | 午後(ごご) 오후 | 始(はじ)まる 시작되다 | 夜(よる) 밤, 저녁 | 終(お)わる 끝나다

20 きのう　みた　ドラマは　つまらなかったです。

1 きのう　みた　ドラマは　たのしくなかったです。

2 きのう　みた　ドラマは　おもしろくなかったです。

3 きのう　みた　ドラマは　さびしくなかったです。

4 きのう　みた　ドラマは　かなしくなかったです。

어제 본 드라마는 재미없었습니다.

1 어제 본 드라마는 즐겁지 않았습니다.

2 어제 본 드라마는 재미있지 않았습니다.

3 어제 본 드라마는 외롭지 않았습니다.

4 어제 본 드라마는 슬프지 않았습니다.

해설 '재미없었다'와 '재미있지 않았다'는 같은 의미이므로 정답은 2번이다.

어휘 つまらない 재미없다, 따분하다 | おもしろい 재미있다 | 楽(たの)しい 즐겁다 | さびしい 외롭다 | 悲(かな)しい 슬프다

21 わたしは　きょうだいが　いません。

1 わたしは　あねが　ひとり　います。

2 わたしは　あにが　ひとり　います。

3 わたしは　いもうとが　ひとり　います。

4 わたしは　ひとりっこです。

저는 형제가 없습니다.

1 저는 누나(언니)가 한 명 있습니다.

2 저는 형(오빠)이 한 명 있습니다.

3 저는 여동생이 한 명 있습니다.

4 저는 외동입니다.

해설 형제가 없다는 것은 외동이라는 뜻이므로 4번이 정답이다.

어휘 兄弟(きょうだい) 형제 | 姉(あね) 언니, 누나 | 兄(あに) 형, 오빠 | 妹(いもうと) 여동생 | 一人(ひとり)っ子(こ) 외동, 독자

1교시 언어지식(문법)

문제 1 (　　　)에 무엇을 넣습니까? 1 · 2 · 3 · 4에서 가장 좋은 것을 하나 고르세요.

1 ことしの 夏休み(なつやす)みは アメリカ（　　　）行(い)きます。
1 で　　2 へ　　3 を　　4 が
올해 여름방학은 미국으로 갑니다.

문법포인트! ~로 간다고 할 때 조사는「に」또는「へ」를 사용
어휘 今年(ことし) 올해 | 夏休み(なつやす)み 여름방학, 여름휴가

2 うどんは はし（　　　）食(た)べます。
1 を　　2 で　　3 に　　4 も
우동은 젓가락으로 먹습니다.

문법포인트! 수단, 도구를 나타내는 조사는「で」를 사용
예 バスで行(い)く 버스로 가다　ペンで書(か)く 펜으로 쓰다
어휘 箸(はし) 젓가락

3 かぞくに（　　　）東京(とうきょう)に 来(き)ました。
1 あいに　　2 あうに　　3 かいに　　4 かうに
가족을 만나러 도쿄에 왔습니다.

문법포인트! ます형＋に : ~하러(목적)
어휘 家族(かぞく) 가족 | 会(あ)う 만나다

4 スーパーで 魚(さかな)や 肉(にく)（　　　）いろいろ 買(か)いました。
1 など　　2 でも　　3 ごろ　　4 にも
슈퍼에서 생선이나 고기 등 여러 가지 샀습니다.

문법포인트! AやBなど : A나 B등
어휘 魚(さかな) 생선, 물고기 | 肉(にく) 고기 | いろいろ 여러 가지 | ～でも ~라도 | ごろ 경, 쯤 | ～にも ~에도

5 駅から 家まで 歩いて 10分（　　　）かかります。

1 から　　2 まで　　3 ぐらい　　4 など

역에서 집까지 걸어서 10분 정도 걸립니다.

문법포인트! ～ぐらい : ~정도

어휘 家 집 | 歩く 걷다 | かかる 걸리다, 들다 | ～から ~부터 | ～まで ~까지 | など 등

6 ピアノを（　　　）歌を 歌って います。

1 ひくたい　　2 ひきたい　　3 ひくながら　　4 ひきながら

피아노를 치면서 노래를 부르고 있습니다.

문법포인트! ます형+ながら : ~하면서(동시 동작)

어휘 ピアノをひく 피아노를 치다 | 歌を歌う 노래를 부르다

7 朝ごはんを（　　　）学校へ 行きました。

1 たべなくて　　2 たべないで　　3 たべないから　　4 たべないので

아침밥을 먹지 않고 학교에 갔습니다.

문법포인트! ～ないで : ~하지 않고(나열)

예 朝ご飯を食べないで、学校へ行きました。아침밥을 안 먹고, 학교에 갔습니다.

～なくて : ~하지 않아서(이유)

예 朝ご飯を食べなくて、お腹がすいています。아침밥을 안 먹어서, 배가 고픕니다.

어휘 朝ご飯 아침밥 | 食べる 먹다 | 学校 학교

8 山田「田中さんは 海へ よく 行きますね。」

田中「はい、海が（　　　）からです。」

1 すき　　2 すきだ　　3 きらい　　4 きらいだ

야마다 「다나카 씨는 바다에 자주 가네요.」

다나카 「네, 바다를 좋아하기 때문입니다.」

문법포인트! 「から」가 이유, 원인으로 쓰이려면 반드시 종지형(보통체)에 접속해야 한다.

すきだから(○) すきから(×)

어휘 海 바다 | よく 자주, 잘 | 好きだ 좋아하다 | 嫌いだ 싫어하다

9 林「木村さん、どうぞ　たべて　ください。」
木村「はい、(　　　　)。」
1 どういたしまして　2 おいしかったです
3 いただきます　4 ごちそうさまでした
하야시「기무라 씨, 어서 드세요.」
기무라「네, 잘 먹겠습니다.」

문법포인트! ✓ いただきます：잘 먹겠습니다 ✓ どういたしまして：천만에요
✓ おいしかったです：맛있었습니다 ✓ ごちそうさまでした：잘 먹었습니다

어휘 どうぞ 부디, 아무쪼록

문제 2 ＿★＿에 들어가는 것은 무엇입니까? 1・2・3・4에서 가장 좋은 것을 하나 고르세요.

10 わたしの　ケータイ ＿＿ ＿＿ ＿★＿ ＿＿ ありませんでした。
1 どこ　2 も　3 は　4 に
저의 휴대폰은 어디에도 없었습니다.

정답문장 わたしのケータイはどこにもありませんでした。
문법포인트! ✓ どこにもない：어디에도 없다
예 どこ[にも/へも]出かけない 어디로도 외출하지 않다 誰にも会わない 아무도 안 만난다
어휘 ケータイ 휴대폰

11 わたしは　うどん ＿＿ ＿＿ ＿★＿ ＿＿ が　好きです。
1 ラーメン　2 ほう　3 より　4 の
저는 우동보다 라면 쪽을 좋아합니다.

정답문장 わたしはうどんよりラーメンのほうが好きです。
문법포인트! ✓ AよりBの方が～：A보다 B쪽이~
어휘 ～より ~보다 | 方 쪽, 편

12 田中(たなか)さんは 吉田(よしだ) かちょう ＿＿＿ ＿＿＿ ＿★＿ ＿＿＿ ありますか。

1 こと　　2 に　　3 が　　4 会(あ)った

다나카 씨는 요시다 과장님을 만난 적이 있습니까?

정답문장 田中(たなか)さんは吉田(よしだ)かちょうに会(あ)ったことがありますか。

문법포인트! ⊘ ~たことがある : ~한 적이 있다(과거 경험)

어휘 課長(かちょう) 과장 | 会(あ)う 만나다

13 A「えんぴつ ＿＿＿ ＿＿＿ ＿★＿ ＿＿＿ 書(か)いて ください。」

B「はい、わかりました。」

1 で　　2 では　　3 なくて　　4 ボールペン

A「연필이 아니라 볼펜으로 써주세요.」

B「네, 알겠습니다.」

정답문장 えんぴつではなくてボールペンで書(か)いてください。

문법포인트! ⊘ ~ではなくて : ~이 아니라 ⊘ ~で : ~로(수단, 방법)

예 タクシーで行(い)きます。 택시로 갑니다.

어휘 えんぴつ 연필 | ボールペン 볼펜 | 書(か)く (글씨 · 글을)쓰다 | 分(わ)かる 알다

문제 3 14 ~ 17 에 무엇을 넣습니까? 문장의 의미를 생각하여 1 · 2 · 3 · 4에서 가장 좋은 것을 하나 고르세요.

오늘은 8시부터 수업이 있는데 [14] 일어나는 것이 늦었습니다. 아침밥을 먹을 시간도 없었습니다. 학교까지 버스로 40분 정도 걸립니다 [15]. 수업은 어렵지만 즐겁습니다. 반 친구들도 모두 자상합니다 [16]. 점심은 친구와 함께 샌드위치를 먹었습니다. 커피도 마셨습니다. 수업이 끝나고 4시까지 도서관에서 공부했습니다.

5시에 집에 돌아와 목욕을 하고 나서 [17] 저녁밥을 먹었습니다. 엄마의 요리는 언제나 맛있습니다. 오늘은 밤늦게까지 게임하지 않고 일찍 자고 싶습니다.

어휘 授業(じゅぎょう) 수업 | 遅(おそ)い 늦다 | 朝(あさ)ごはん 아침밥 | 学校(がっこう) 학교 | ぐらい 정도 | かかる 걸리다 | 難(むずか)しい 어렵다 | 楽(たの)しい 즐겁다 | クラスメート 반 친구 | 優(やさ)しい 상냥하다, 자상하다 | 昼(ひる)ごはん 점심밥 | 終(お)わる 끝나다 | 図書館(としょかん) 도서관 | お風呂(ふろ)に入(はい)る 목욕하다 | 夕(ゆう)ご飯(はん) 저녁밥 | いつも 언제나, 항상 | 夜遅(よるおそ)くまで 밤늦게까지 | 早(はや)く 일찍, 빨리

1회

14　1 から　2 ので　3 のに　4 でも

문법포인트! ⊘から : ~이니까 ⊘ので : ~이므로 ⊘のに : ~인데, 한데 ⊘でも : ~라도, 그렇지만, 하지만

해설 8시부터 수업이 있는데 늦게 일어났다는 흐름이 자연스러우므로 3번이 정답이다.

15　1 あけます　2 かかります　3 あそびます　4 やすみます

문법포인트! ⊘開(あ)ける : 열다 ⊘掛(か)かる : 시간이나 비용이 들다, 걸리다 ⊘遊(あそ)ぶ : 놀다 ⊘休(やす)む : 쉬다

해설 학교까지 버스로 40분 걸린다는 해석이 자연스러우므로 2번이 정답이다.

16　1 やさしい　2 やすい　3 おもい　4 かるい

문법포인트! ⊘「優(やさ)しい 상냥하다, 자상하다」와 「安(やす)い 싸다」 발음 혼동 주의
⊘重(おも)い : 무겁다 ⊘軽(かる)い : 가볍다

해설 반 친구들은 모두 자상하다는 해석이 자연스러우므로 1번이 정답이다.

17　1 はいるのは　2 はいるかも　3 はいってから　4 はいったから

문법포인트! ⊘はいるのは : 들어가는 것은 ⊘はいるかも : 들어갈지도
⊘はいってから : 들어가고 나서 ⊘はいったから : 들어갔기 때문에

해설 목욕을 하고 나서 「～てから ~하고 나서」 저녁밥을 먹는다는 흐름이 자연스러우므로 3번이 정답이다.

1교시 독해

문제 4 **다음 (1)~(2)의 글을 읽고 질문에 답하세요. 답은 1 · 2 · 3 · 4에서 가장 좋은 것을 하나 고르세요.**

(1)

오늘 눈이 많이 내렸습니다. 하루 종일 너무 추웠습니다. 눈은 하얗고 너무 예뻤습니다. 저는 눈을 본 적이 없었기 때문에 매우 기뻤습니다. 그래서 밖에 나가서 눈사람을 만들었습니다. 내일도 눈이 많이 내린다고 합니다. 아침부터 수업이 있습니다만, 자전거는 위험하니까 걸어서 학교에 갑니다.

18 왜 걸어서 학교에 갑니까?

1 눈이 예쁘기 때문입니다.
2 눈이 많이 내리기 때문입니다.
3 아침부터 수업이 있기 때문입니다.
4 자전거가 없기 때문입니다.

어휘 今日 오늘 | 雪 눈 | 降る 내리다 | 一日中 하루 종일 | 白い 희다, 하얗다 | ～たことがある(ない) ~한 적이 있다(없다) | 嬉しい 기쁘다 | それで 그래서 | 外に出る 밖으로 나가다 | 雪だるま 눈사람 | 보통형＋そうだ ~라고 한다 | 授業 수업 | 自転車 자전거 | 危ない 위험하다 | ～から ~이니까, ~하니까 | 歩く 걷다 | 学校 학교

해설 눈이 많이 내려서 자전거는 위험하니까 걸어서 학교를 간다가 포인트가 되므로 정답은 2번이다.

(2)

우리 집에는 '아톰'이라는 귀여운 개가 있습니다. 저는 아톰과 노는 것을 정말 좋아합니다. 그리고 아톰은 공원에 산책하러 가는 것을 아주 좋아합니다. 아톰은 공원에 가서 다른 개들과 노는 것을 좋아하기 때문입니다. 저도 공원에 가서 학교 친구와 노는 것을 좋아하여 매일 아톰과 공원에 갑니다.

19 아톰은 왜 공원에 가는 것을 좋아합니까?

1 다른 개들과 놀 수 있기 때문입니다.
2 저와 공원에서 놀 수 있기 때문입니다.
3 공원을 산책하는 것을 좋아하기 때문입니다.
4 제 친구와 노는 것을 좋아하기 때문입니다.

어휘 うち 우리 집 | ～という ~라고 하는 | かわいい 귀엽다 | 犬 개 | 遊ぶ 놀다 | 本当に 정말로 | 公園 공원 | 散歩 산책 | 大好きだ 몹시 좋아하다 | ほかの～ 다른~ | 毎日 매일

해설 「アトムは公園に行って、ほかの犬たちと遊ぶのが好きだからです 아톰은 공원에 가서 다른 개들과 노는 것을 좋아하기 때문입니다」라고 했다. 즉 아톰이 공원에 가기 좋아하는 것은 다른 개들과 노는 것이 좋아서이기 때문에 정답은 1번이다.

문제 5 **다음 글을 읽고 질문에 답하세요. 답은 1 · 2 · 3 · 4에서 가장 좋은 것을 하나 고르세요.**

저에게는 언니가 있습니다. 저는 25살이고 언니는 30살입니다. 언니는 매우 자상합니다. 어렸을 때는 언니가 언제나 함께 놀아 주었습니다. 그래서, 저는 언니를 너무 좋아합니다.

언니는 고등학생때부터 일본어를 공부하고 있었기 때문에, 일본어를 아주 잘합니다. 일본의 대학을 졸업하고, 지금은 도쿄에서 일하고 있습니다. 회사원입니다. 언니는 "매일 일이 바쁩니다. 하지만 일본의 생활은 즐겁습니다."라고 말하고 있습니다. 저도 일본에서 일하고 싶습니다. 그래서 지금 후쿠오카에서 일본어 공부를 하고 있습니다. 매일 아침 10시부터 오후 4시까지 수업이 있기 때문에 조금 힘듭니다.

저는 언니에게 "다음 달 도쿄에 갈 거니까, 만나고 싶다"고 말했습니다. 언니도 "그렇게 해요"라고 말했습니다. 후쿠오카에서 도쿄까지, 비행기로 1시 반 걸립니다. 비행기표는 조금 비싸지만 너무 기대됩니다. 빨리 언니를 만나고 싶습니다.

20 이 사람은 왜 도쿄에 갑니까?

1 일본어를 공부하고 싶으니까
2 회사에서 일하니까
3 언니를 만나니까
4 비행기를 타고 싶으니까

해설 언니에게 「来月東京に行くから、会いたい 다음 달 도쿄에 갈 거니까, 만나고 싶다」라고 말했다고 했고, 언니도 승낙했으므로 정답은 3번이다.

21 이 문장에 대해 올바른 것은 어느 것입니까?

1 이 사람은 다음 주에 도쿄에 갑니다.
2 이 사람의 언니는 아침부터 저녁 무렵까지 일본어를 공부합니다.
3 이 사람은 고등학생 때부터 일본어를 공부했습니다.
4 이 사람의 언니는 일본 회사에서 일하고 있습니다.

해설 도쿄에 가는 것은 다음 달이며, 아침부터 저녁 무렵까지 일본어를 공부하는 것은 화자이다. 또한 고등학교 때부터 일본어를 공부한 것은 언니이므로 정답은 4번이다.

어휘 姉(あね) 언니, 누나 | ~歳(さい) ~세 | 優(やさ)しい 상냥하다, 자상하다 | ~てくれる ~해 주다 | だから 그러니까 | 大好(だいす)きだ 너무 좋아하다 | 高校生(こうこうせい) 고등학생 | 卒業(そつぎょう) 졸업 | 働(はたら)く 일하다 | 仕事(しごと) 일 | 忙(いそが)しい 바쁘다 | 生活(せいかつ) 생활 | 言(い)う 말하다 | ~たい ~하고 싶다 | 夕方(ゆうがた) 저녁(통상 오후 3시~6시경) | 授業(じゅぎょう) 수업 | 大変(たいへん)だ 힘들다, 큰일이다 | そうしましょう 그렇게 합시다 | 飛行機(ひこうき) 비행기 | 掛(か)かる (시간, 비용 등이) 걸리다, 들다 | 楽(たの)しみ 즐거움, 낙, 기다려짐

문제 6 **오른쪽 페이지를 보고 아래 질문에 답하세요. 답은 1 · 2 · 3 · 4에서 가장 좋은 것을 하나 고르세요.**

[22] 다나카 씨는 딸기 케이크 1개와 파스타을 주문했습니다. 돈은 전부 얼마 지불합니까?

1 800엔

2 1,150엔

3 1,200엔

4 1,500엔

해설 딸기 케이크는 500엔+파스타 700엔=1,200엔 이므로 정답은 3번이다.

사쿠라 카페 메뉴

항상 감사합니다.
점장 야마모토입니다.
지난달부터 메뉴를 새롭게 했습니다.
케이크나 요리는 전부 가게에서 만들고 있습니다.
너무 맛있습니다.
꼭 먹어보세요.

<table>
<tr><th>메뉴</th><th>가격</th><th>메뉴</th><th>가격</th></tr>
<tr><td>커피</td><td>350엔</td><td rowspan="7">케이크 세트
케이크와 음료가 세트입니다.

[케이크] [음료]
딸기 케이크 커피
치즈 케이크 아이스커피
초코 케이크 홍차
과일 케이크 아이스티

※케이크 1개 가격 : 500엔</td><td rowspan="7">800엔</td></tr>
<tr><td>아이스커피</td><td>400엔</td></tr>
<tr><td>홍차</td><td>350엔</td></tr>
<tr><td>아이스티
(레몬/밀크)</td><td>400엔</td></tr>
<tr><td>오렌지주스</td><td>300엔</td></tr>
<tr><td>샌드위치</td><td>600엔</td></tr>
<tr><td>파스타</td><td>700엔</td></tr>
</table>

어휘 いつも 항상, 언제나 | 店長 점장 | 先月 지난달 | メニュー 메뉴 | 新しい 새롭다 | ケーキ 케이크 | 料理 요리 | 全部 전부 | お店 가게 | 作る 만들다 | とても 너무, 굉장히 | おいしい 맛있다 | ぜひ 꼭 | 食べてみる 먹어보다 | ねだん 가격 | コーヒー 커피 | 紅茶 홍차 | アイスティー 아이스티 | オレンジジュース 오렌지주스 | サンドウィッチ 샌드위치 | パスタ 파스타 | 飲み物 음료, 마실 것 | セット 세트 | いちご 딸기 | チーズ 치즈 | チョコ 초코 | くだもの 과일

 청해 

문제 1 **문제 1에서는 먼저 질문을 들으세요. 그리고 이야기를 듣고 문제지의 1~4 중에서 가장 좋은 것을 하나 고르세요.**

れい Track 1-1-00

女の人と男の人が話しています。男の人は何を買いますか。

女：今週の土曜日は吉田さんのたんじょう日ですが、プレゼントは何がいいでしょうか。
男：そうですね。何がいいか、よくわかりませんね。
女：吉田さん、よく音楽を聞くから、音楽のCDはどうでしょうか。
男：いいですね。じゃ、私はケーキをあげることにします。
女：あ、いいですね。みんなが食べられる大きいいちごのケーキはどうですか。
男：それもいいけど、彼、チーズが好きだと言っていたから、そっちの方がいいんじゃないでしょうか。
女：あ、そうですね。

男の人は何を買いますか。

1 チーズケーキ
2 いちごケーキ
3 チョコケーキ
4 生クリームケーキ

예

여자와 남자가 이야기하고 있습니다. 남자는 무엇을 삽니까?

여 : 이번 주 토요일은 요시다 씨의 생일입니다만, 선물은 무엇이 좋을까요?
남 : 글쎄요? 무엇이 좋을지 잘 모르겠네요.
여 : 요시다 씨, 자주 음악을 들으니까 음악 CD는 어떨까요?
남 : 좋네요. 그럼, 저는 케이크를 주는 것으로 하겠습니다.
여 : 아, 좋네요. 모두가 먹을 수 있는 큰 딸기 케이크는 어떨까요?
남 : 그것도 좋지만, 그는 치즈를 좋아한다고 했으니까, 그쪽이 좋지 않을까요?
여 : 아, 그러네요.

남자는 무엇을 삽니까?

1 치즈 케이크
2 딸기 케이크
3 초코 케이크
4 생크림 케이크

해설 여기서의 포인트는 모두가 먹을 수 있는 케이크가 아니라, 요시다 씨가 좋아하는 맛의 케이크를 사는 것이다. 그는 치즈 맛을 좋아한다고 했으니 정답은 1번이다.

어휘 今週 이번 주 | 誕生日 생일 | 音楽 음악 | あげる (내가 남에게)주다 | 食べられる 먹을 수 있다 | いちご 딸기 | そっち 그쪽 | 方 쪽, 편

1ばん Track 1-1-01

カフェで男の人と、女の人が話しています。女の人は何と何を注文しますか。

男：いらっしゃいませ。

女：あたたかいコーヒーとハムサンドウィッチをください。

男：すみません、サンドウィッチはたまごだけあります。

女：そうですか。クッキーはありますか。

男：クッキーはありませんが、ドーナツはあります。

女：じゃ、ドーナツをください。

男：はい、わかりました。

女の人は何と何を注文しますか。

2

1번

카페에서 남자와 여자가 이야기하고 있습니다. 여자는 무엇과 무엇을 주문합니까?

남 : 어서 오세요.

여 : 따뜻한 커피와 햄 샌드위치를 주세요.

남 : 죄송합니다, 샌드위치는 계란만 있습니다.

여 : 그렇습니까? 쿠키는 있습니까?

남 : 쿠키는 없지만 도넛은 있습니다.

여 : 그러면 도넛을 주세요.

남 : 네, 알겠습니다.

여자는 무엇과 무엇을 주문합니까?

해설 처음에는 따뜻한 커피와 햄 샌드위치를 주문했지만, 계란 샌드위치 밖에 없다고 했고, 쿠키는 없지만, 도넛은 있다고 하자 도넛으로 달라고 했으니 정답은 2번이다.

어휘 注文 주문 | いらっしゃいませ 어서 오십시오 | 温かい 따뜻하다 | ハム 햄 | サンドウィッチ 샌드위치 | 卵 달걀 | だけ 만, 뿐 | クッキー 쿠키 | ドーナツ 도넛

2ばん Track 1-1-02

女の人と男の人が話しています。女の人は明日からどうしますか。

女：田中さん、授業のあと、どこへ行きますか。
男：テスト勉強のために、家の近くの図書館へ行くつもりです。
女：そうですか。明日も行きますか。
男：いいえ、明日は、家で勉強するつもりです。
女：家で勉強ですか！私は家で勉強するのが苦手で…。
男：大学の図書館はどうですか。朝から開いていますよ。
女：いいですね。明日からそうします。

女の人は明日からどうしますか。

1 家で勉強します
2 田中さんと一緒に勉強します
3 家の近くの図書館で勉強します
4 大学の図書館で勉強します

2번

여자와 남자가 이야기하고 있습니다. 여자는 내일부터 어떻게 합니까?

여 : 다나카 씨, 수업 후에 어디에 가니까?
남 : 시험 공부를 위해 집 근처 도서관에 갈 생각입니다.
여 : 그렇습니까? 내일도 가나요?
남 : 아니요, 내일은 집에서 공부할 생각입니다.
여 : 집에서 공부입니까! 저는 집에서 공부하는 것이 자신이 없어서….
남 : 대학 도서관은 어떻습니까? 아침부터 열려 있어요.
여 : 좋네요. 내일부터 그렇게 하겠습니다.

여자는 내일부터 어떻게 합니까?

1 집에서 공부합니다
2 다나카 씨와 함께 공부합니다
3 집 근처 도서관에서 공부합니다
4 대학 도서관에서 공부합니다

해설 여자는 집에서 공부하는 것이 자신 없다고 하자, 남자는 대학 도서관을 추천했고, 여자는 내일부터 그렇게 하겠다고 했으니 정답은 4번이다.

어휘 授業 수업 | あと 후 | ~ために ~위해서, 때문에 | 近く 가까운 곳, 근처 | つもり 생각, 작정, 셈 | 苦手だ 어떠한 것에 숙달되어 있지 않다, 자신 없다 | 開く 열리다 | そう 그렇게 | そうする 그렇게 하다

3ばん Track 1-1-03

男の人と女の人が話しています。男の人はこの後、どうしますか。

男：ひとみさん、すみませんが、黒いペンを貸してくれませんか。

女：あ、すみません。私も黒いペンがなくて…青いペンならありますが、どうですか。

男：そうですか。どうしよう…。

女：近くのコンビニで買うのはどうですか。

男：それが、さっき行きましたが、まだ開いていませんでした。

女：あ、田中さんに借りるのはどうですか。

男：いいですね。そうします。

男の人はこの後、どうしますか。

1 ひとみさんに青いペンを借ります
2 ひとみさんに黒いペンを貸します
3 コンビニで黒いペンを買います
4 田中さんに黒いペンを借ります

3번

남자와 여자가 이야기하고 있습니다. 남자는 이후에 어떻게 합니까?

남 : 히토미 씨, 죄송하지만 검은 펜을 빌려주지 않겠습니까?

여 : 아, 죄송합니다. 저도 검은 펜이 없어서… 파란 펜이라면 있는데 어떠세요?

남 : 그렇습니까? 어쩌지….

여 : 근처 편의점에서 사는 건 어떻습니까?

남 : 그게 아까 갔는데 아직 안 열었어요.

여 : 아, 다나카 씨에게 빌리는 것은 어떻습니까?

남 : 좋네요. 그렇게 하겠습니다.

남자는 이후에 어떻게 합니까?

1 히토미 씨에게 파란 펜을 빌립니다
2 히토미 씨에게 검은 펜을 빌려줍니다
3 편의점에서 검은 펜을 삽니다
4 다나카 씨에게 검은 펜을 빌립니다

해설 남자는 검은 펜을 쓰고 싶은데, 히토미 씨는 파란 펜은 있지만, 검정 펜은 없다고 한다. 근처 편의점은 아직 문을 열지 않았고, 결국 다나카 씨에게 빌리기로 했으므로 정답은 4번이다. 「借りる 빌리다」와 「貸す 빌려주다」의 동사를 정확히 이해해야 하는 문제이므로 주의하자.

어휘 貸す 빌려주다 | ～てくませんか ~해 주지 않겠습니까? | ～なら ~라면 | どうしよう 어쩌지? | 近く 가까운 곳, 근처 | さっき 좀 전, 아까 | 開く 열리다 | 借りる 빌리다

4ばん Track 1-1-04

男の人と女の人が話しています。女の人はこれからどこへ行きますか。

男：井上さん、こんにちは、おひさしぶりですね。
女：あ、新井さん、本当におひさしぶりですね。
男：これからどこへ行きますか。
女：天気がいいので、公園へ散歩に行きますが、その前に水を買いにコンビニへ行きます。新井さんはどこへ行きますか。
男：私は本を借りに図書館へ行きます。
女：図書館ですか。私は散歩をして、あとで行くつもりです。
男：それでは、今、いっしょに図書館へ行きませんか。
女：あ、すみません、公園で友だちが待っていますので。
男：あ、そうですか。

女の人はこれからどこへ行きますか。

4

4번

남자와 여자가 이야기하고 있습니다. 여자는 이제부터 어디에 갑니까?

남 : 이노우에 씨, 안녕하세요, 오래간만이네요.
여 : 아, 아라이 씨, 정말 오래간만이네요.
남 : 이제부터 어디에 갑니까?
여 : 날씨가 좋아서, 공원에 산책하러 갑니다만, 그 전에 물을 사러 편의점에 갑니다. 아라이 씨는 어디에 갑니까?
남 : 저는 책을 빌리러 도서관에 갑니다.
여 : 도서관에요? 저는 산책을 하고, 나중에 갈 생각입니다.
남 : 그럼, 지금 같이 도서관에 가지 않을래요?
여 : 아, 미안해요, 공원에서 친구가 기다리고 있어서요.
남 : 아, 그래요?

여자는 이제부터 어디에 갑니까?

해설 여자는 공원에 산책하러 가는데 그 전에 편의점에 들러서 물을 산다고 했다. 따라서 이제부터 가는 곳은 편의점이므로 정답은 4번이다.

어휘 ひさしぶり 오래간만 | 本当に 정말로, 진짜로 | 天気 날씨 | 公園 공원 | 散歩 산책 | その前に 그 전에 | コンビニ 편의점 | 借りる 빌리다 | 図書館 도서관 | あとで 나중에 | いっしょに 함께, 같이

5ばん Track 1-1-05

女の人と男の人が話しています。女の人はこれから何をしますか。

女：山本さん、仕事のあと、何をしますか。
男：一人でお酒を飲みに行こうと思っています。田中さんは？
女：わたしは、スーパーに行ってから家で映画をみようと思います。
男：そしたら、一緒にお酒を飲みに行きませんか。
女：いいですね。
男：じゃ、7時に駅前で会いましょう。
女：はい、わかりました。

女の人はこれから何をしますか。

1 仕事をして家に帰ります
2 映画を見てからスーパーに行きます
3 山本さんとお酒を飲みに行きます
4 スーパーでお酒を買って家で飲みます

5번

여자와 남자가 이야기하고 있습니다. 여자는 이제부터 무엇을 합니까?

여 : 야마모토 씨, 퇴근 후에 무엇을 합니까?
남 : 혼자서 술을 마시러 가려고 생각하고 있었습니다. 다나카 씨는요?
여 : 저는, 마트에 갔다가 집에서 영화를 보려고 합니다.
남 : 그러면 같이 술 마시러 가지 않을래요?
여 : 좋네요.
남 : 그럼 7시에 역 앞에서 만납시다.
여 : 네, 알겠습니다.

여자는 이제부터 무엇을 합니까?

1 일을 하고 집에 돌아갑니다
2 영화를 보고 나서 마트에 갑니다
3 야마모토 씨와 술을 마시러 갑니다
4 마트에서 술을 사서 집에서 마십니다

해설 일이 끝나고 나서 남자는 혼자 술을 마시러 갈 계획이였고, 여자는 마트에 들렀다가 영화를 보려고 했으나 남자가 같이 술을 마시자고 했고, 여자도 좋다고 했으니 3번이 정답이다.

어휘 これから 이제부터 | ～ようと思う ~하려고 하다 | スーパー 슈퍼, 마트 | そしたら 그렇다면 | 駅前 역 앞

6ばん Track 1-1-06

女の人と男の人が話しています。女の人はどのシャツを買いますか。

女：あのシャツ、かわいいですね。買おうかな。
男：どれどれ？ あ、あの犬の絵があるシャツですか。かわいいですね。
女：犬じゃなくて、ねこですよ。
男：ねこですか。あ、あのはんそでのですか。
女：ちがいますよ。長い方です。
男：ええ？ もうすぐ夏ですから、はんそでの方がいいと思いますけど。
女：いいです。いいです。今、着ますから。

女の人はどのシャツを買いますか。

4

6번

여자와 남자가 이야기하고 있습니다. 여자는 어느 셔츠를 삽니까?

여 : 저 셔츠 귀엽네요, 살까?
남 : 어디 어디? 아, 저 개 그림이 있는 셔츠 말인가요? 귀엽네요.
여 : 개가 아니라 고양이예요.
남 : 고양이요? 아, 저 반소매 셔츠 말인가요?
여 : 아니요. 긴 쪽이에요.
남 : 엇? 이제 곧 여름이니까, 반소매 쪽이 좋은 것 같습니다만.
여 : 괜찮아요. 괜찮아요. 지금 입을 거니까요.

여자는 어느 셔츠를 삽니까?

해설 여자가 원하는 셔츠는 고양이 그림이 있는 긴소매 셔츠이기 때문에 정답은 4번이다. 「はんそで」는 '반소매'란 뜻으로 그림 문제에 잘 나오는 어휘이므로 꼭 기억하기 바란다.

어휘 シャツ 셔츠 | かわいい 귀엽다 | どれどれ 어디 어디 | 犬 개 | 絵 그림 | ねこ 고양이 | はんそで 반소매 | ちがう 아니다, 틀리다 | もうすぐ 이제 곧 | 夏 여름 | ～けど ~이지만, 하지만 | 着る 입다

7ばん Track 1-1-07

男の人と女の人が話しています。女の人は何を持って行きますか。

女：青木さん、あした山に行くとき、何を持って行けばいいですか。

男：水と地図とぼうしを持ってきてください。

女：あ、私、地図はありません。

男：じゃ、地図は私が持って行きますから、地図はいいです。

女：ありがとうございます。べんとうはどうしましょうか。

男：べんとうは山田さんが持ってきますから、べんとうもいいです。

女の人は何を持って行きますか

2

7번

남자와 여자가 이야기하고 있습니다. 여자는 무엇을 가지고 갑니까?

여 : 아오키 씨, 내일 산에 갈 때, 무엇을 가져가면 되나요?

남 : 물과 지도, 모자를 가져와 주세요.

여 : 아, 저 지도는 없어요.

남 : 그럼, 지도는 제가 가지고 갈 테니 지도는 됐습니다.

여 : 고맙습니다. 도시락은 어떻게 할까요?

남 : 도시락은 야마다 씨가 가져오니까, 도시락도 됐습니다.

여자는 무엇을 가지고 갑니까?

해설 남자가 처음에 말한 준비물은 물, 지도, 모자였다. 여자가 지도는 없다고 하자 남자가 지도는 본인이 가져올 테니 안 가져 와도 된다고 했고, 도시락도 야마다 씨가 가져오니 됐다고 했으므로 정답은 2번이다. 여기서 나오는「いいです」는 '좋다'는 의미가 아니라 '됐다, 필요 없다'는 의미이다. 이런 의미로도 자주 쓰이니 이에 주의하도록 하자.

어휘 山 산 | 持つ 가지다, 들다 | 地図 지도 | ぼうし 모자 | べんとう 도시락

문제 2 문제 2에서는 먼저 질문을 들으세요. 그리고 이야기를 듣고 문제지의 1~4 중에서 가장 좋은 것을 하나 고르세요.

れい Track 1-2-00

男の人と女の人が話しています。男の人はどうしてあくびをしますか。

男：ふぁー。(あくびの音)
女：村松さん、よくあくびをしていますね。疲れているんですか。
男：最近、眠れなくて。
女：え？何かあるんですか。
男：先月、子供が生まれたじゃないですか。夜になると、よく泣くんですよ。
女：あ、それで。

男の人はどうしてあくびをしますか。

1 仕事が大変だから
2 夜になったから
3 子どもに泣かれたから
4 子どもが生まれたから

예

남자와 여자가 이야기하고 있습니다. 남자는 왜 하품을 합니까?

남 : 하아~. (하품 소리)
여 : 무라마쓰 씨 자주 하품을 하네요. 피곤하세요?
남 : 최근 잠을 못 자서.
여 : 네? 무슨 일 있나요?
남 : 지난달 아이가 태어났잖아요. 밤이 되면 자주 울어서요.
여 : 아, 그래서.

남자는 왜 하품을 합니까?

1 일이 힘들기 때문에
2 밤이 되었기 때문에
3 아이가 울었기 때문에
4 아이가 태어났기 때문에

해설 남자는 지난달 태어난 아이가 밤에 자주 울어 잠을 못 잤다고 했으므로 정답은 3번이다. 「泣かれる」는 「泣く」의 수동형으로 '피해'의 뜻으로 사용되었음에 주의하자.

어휘 あくびをする 하품을 하다 | 疲れる 피곤하다 | 最近 최근 | 眠る 잠들다 | 先月 지난달 | 生まれる 태어나다 | 夜になる 밤이 되다 | 泣く 울다 | 仕事 일 | 大変だ 힘들다, 큰일이다

1ばん Track 1-2-01

女の人と男の人が話しています。新しいラーメン屋は、どんなラーメン屋ですか。

女：きのう、山口さんと新しいラーメン屋へ行ってきました。

男：あ、駅前の新しいラーメン屋ですよね。どうでしたか。

女：おいしかったですよ。店の人も親切でした。

男：そうですか。私も行ってみたいです。ラーメンは、いくらですか。

女：ほかのラーメン屋より、すこし高いんです。

新しいラーメン屋は、どんなラーメン屋ですか。

1　おいしくて、やすいです
2　おいしいですが、たかいです
3　おいしくないですが、やすいです
4　おいしくなくて、たかいです

1번

여자와 남자가 이야기하고 있습니다. 새 라면 가게는 어떤 라면 가게입니까?

여 : 어제, 야마구치 씨와 새 라면 가게에 갔다 왔어요.

남 : 아, 역 앞의 새 라면 가게 말이군요. 어땠어요?

여 : 맛있었어요. 점원도 친절했어요.

남 : 그래요? 저도 가보고 싶네요. 라면은 얼마예요?

여 : 다른 라면 가게보다 조금 비쌉니다.

새 라면 가게는 어떤 라면 가게입니까?

1 맛있고 쌉니다
2 맛있습니다만 비쌉니다
3 맛없습니다만 쌉니다
4 맛없고 비쌉니다

해설 여자가 새로 생긴 라면 가게에 대해 이야기하고 있다. 맛도 있고 점원도 친절하다고 하였지만, 가격은 다른 가게보다 조금 비싸다고 했으므로 정답은 2번이다.

어휘 新しい 새롭다 | ラーメン屋 라면 가게 | 駅前 역 앞 | 店 가게 | 親切だ 친절하다 | いくら 얼마 | すこし 조금 | 高い ①높다 ②비싸다

2ばん Track 1-2-02

男の人と女の人が話しています。二人はいつ会いますか。

男：吉田さん、今週の土曜日映画を見に行きませんか。

女：土曜日は友達と約束があるんです。日曜日はどうですか。

男：日曜日はアルバイトがあるので、時間がありません。来週はどうですか。

女：来週は、日曜日に家族で食事をしますが、土曜日なら大丈夫です。

男：じゃあ、その日にしましょう。

二人はいつ会いますか。

1 今週の土曜日
2 来週の土曜日
3 今週の日曜日
4 来週の日曜日

2번

남자와 여자가 이야기하고 있습니다. 두 사람은 언제 만납니까?

남 : 요시다 씨, 이번 주 토요일 영화를 보러 가지 않겠습니까?

여 : 토요일은 친구와 약속이 있어요. 일요일은 어때요?

남 : 일요일은 아르바이트가 있어서 시간이 없어요. 다음 주는 어때요?

여 : 다음 주는 일요일에 가족끼리 식사를 합니다만, 토요일이라면 괜찮습니다.

남 : 그럼 그날로 합시다.

두 사람은 언제 만납니까?

1 이번 주 토요일
2 다음 주 토요일
3 이번 주 일요일
4 이번 주 일요일

해설 이번 주 토요일은 여자가 약속이 있고, 일요일은 남자가 아르바이트를 한다. 다음 주는 일요일에는 여자가 가족끼리 식사를 하지만, 토요일은 괜찮다고 했으니 둘이 영화를 보는 날은 다음 주 토요일, 2번이 정답이다.

어휘 ～に行く ~하러 가다 | ～なら ~라면 | 大丈夫だ 괜찮다 | その日 그날 | ～にする ~로 하다

3ばん Track 1-2-03

女の人と男の人が話しています。女の人は何時にお客さんに会いますか。

女：すみません、北山さん、今何時ですか。
男：ええと、今、11時ですよ。
女：お客さんは何時に来ますか。
男：午後３時でしたが、さっき電話があって、午後１時に来ると言っていましたよ。
女：わかりました。ありがとうございます。

女の人は何時にお客さんに会いますか。

1 午前11時
2 午後１時
3 午後３時
4 午後７時

3번

여자와 남자가 이야기하고 있습니다. 여자는 몇 시에 손님을 만납니까?

여 : 실례합니다, 기타야마 씨, 지금 몇 시입니까?
남 : 음, 지금 11시예요.
여 : 손님은 몇 시에 옵니까?
남 : 오후 3시였습니다만, 아까 전화가 와서, 오후 1시에온다고 말했어요.
여 : 알겠습니다. 감사합니다.

여자는 몇 시에 손님을 만납니까?

1 오전 11시
2 오후 1시
3 오후 3시
4 오후 7시

해설 처음에는 3시에 손님이 오기로 했지만, 좀 전에 전화가 와서 1시로 변경했으므로 정답은 2번이다.

어휘 お客さん 손님 | さっき 좀 전, 아까 | 電話がある 전화가 있다(오다)

4ばん Track 1-2-04

女の人と男の人が話しています。男の人はどうしてカラオケに行きませんか。

女：木村さん、今晩みんなでカラオケに行きますが、いっしょにどうですか。
男：今晩ですか、今晩はちょっと…。
女：木村さん、カラオケが好きではありませんか。それとも、残業ですか。
男：カラオケ、好きですよ。でも、今、風邪ひいてのどが痛いです。
女：あ、風邪ですか。
男：はい。それで、今晩はちょっと無理です。
女：そうですか。私は残業でもするのかと思いました。

男の人はどうしてカラオケに行きませんか。

1　残業をしなければならないから
2　歌は苦手だから
3　風邪でのどが痛いから
4　カラオケが好きではないから

4번

여자와 남자가 이야기하고 있습니다. 남자는 왜 노래방에 가지 않습니까?

여 : 기무라 씨, 오늘 저녁 다 같이 노래방에 갈 건데, 함께 어떠세요?
남 : 오늘 저녁이요? 오늘 저녁은 좀….
여 : 기무라 씨, 노래방 좋아하지 않으세요? 아니면 야근해야 해요?
남 : 노래방 좋아하지요. 근데, 지금은 감기 걸려서 목이 아파요.
여 : 아, 감기예요?
남 : 네. 그래서 오늘 저녁은 좀 무리예요.
여 : 그래요? 저는 야근이라도 하는 줄 알았어요.

남자는 왜 노래방에 가지 않습니까?

1 야근을 해야 하기 때문에
2 노래는 자신 없으니까
3 감기 때문에 목이 아프기 때문에
4 노래방은 좋아하지 않기 때문에

해설 남자는 노래방을 좋아하지만, 지금은 감기에 걸려서 목이 아파 노래방에 갈 수 없다고 했으므로 정답은 3번이다.

어휘 今晩 오늘 저녁 | みんなで 다 같이 | カラオケ 노래방 | 残業 야근 | 風邪をひく 감기에 걸리다 | のどが痛い 목이 아프다 | それで 그래서 | 無理だ 무리다 | 歌 노래 | 苦手だ 자신 없다

5ばん Track 1-2-05

男の人と女の人が話しています。女の人はどうしてスカートを買いませんでしたか。

男：スカート、とても似合ってますよ。
女：そうですか。これよりもう少し長いのはありますか。
男：お待ちください。この黒いスカートはどうですか。
女：うーん、いいですが、明るい色がいいですね。また来ます。
男：そうですか。わかりました。

女の人はどうしてスカートを買いませんでしたか。

1 スカートが似合わなかったから
2 スカートが長かったから
3 黒いスカートがなかったから
4 スカートの色が好きじゃなかったから

5번

남자와 여자가 이야기하고 있습니다. 여자는 왜 스커트를 사지 않습니까?

남 : 스커트 아주 잘 어울려요.
여 : 그래요? 이것보다 조금 더 긴 것은 있습니까?
남 : 기다려 주십시오. 이 검은색 치마는 어떻습니까?
여 : 음, 좋긴 한데, 밝은 색이 좋겠네요. 다음에 올게요.
남 : 그렇습니까? 알겠습니다.

여자는 왜 스커트를 사지 않습니까?

1 스커트가 안 어울렸으니까
2 스커트가 길었기 때문에
3 검은 스커트가 없었으니까
4 스커트의 색을 좋아하지 않기 때문에

해설 여자는 긴 스커트를 원했고, 남자는 검은 색 스커트를 가져다주었다. 하지만, 여자는 밝은 색이 좋다고 하며 다음에 오겠다고 했으므로 정답은 4번이다.

어휘 どうして 왜 | スカート 스커트 | 似合う 어울리다 | ～より ~보다 | もう少し 조금 더 | 長い 길다 | お待ちください 기다려 주십시오 | 黒い 검다 | 明るい 밝다 | 色 색 | また 또

6ばん Track 1-2-06

男の人と女の人が話しています。女の人はどうして会社をやめますか。

男：竹内さん、会社をやめると聞きましたが、本当ですか。

女：はい、今月でやめます。

男：ほかの会社に行きますか。

女：いいえ、親の仕事をいっしょにすることになりましたので…。

男：あ、ほかの会社に行くか、結婚でもするのかと思いました。

女：いいえ、結婚は、まだ先の話ですよ。

女の人はどうして会社をやめますか。

1 ほかの会社に行くからです
2 結婚をするからです
3 外国へ行くからです
4 親の仕事を手伝うからです

6번

남자와 여자가 이야기하고 있습니다. 여자는 왜 회사를 그만둡니까?

남 : 다케우치 씨, 회사를 그만둔다고 들었는데 진짜예요?

여 : 네, 이번 달로 그만둡니다.

남 : 다른 회사로 가요?

여 : 아니요, 부모님 일을 같이 하게 되어서요….

남 : 아, 다른 회사에 가거나 결혼이라도 하는 줄 알았어요.

여 : 아니요, 결혼은 아직 먼 얘기예요.

여자는 왜 회사를 그만둡니까?

1 다른 회사에 가기 때문입니다
2 결혼을 하기 때문입니다
3 외국에 가기 때문입니다
4 부모님의 일을 돕기 때문입니다

해설 여자가 「親の仕事をいっしょにすることになりました 부모님 일을 같이 하게 되었습니다」라고 했다. 즉 부모님 일을 같이 하게 되어서 회사를 그만두는 것이기 때문에 정답은 4번이다.

어휘 やめる 그만두다 | 今月で 이번 달로 | ほかの～ 다른~ | 親 부모 | 仕事 일 | いっしょに 같이 | 結婚 결혼 | ～でも ~라도 | まだ 아직 | 先の話 앞날의 이야기, 먼 미래의 이야기 | 手伝う 돕다, 거들다 | 外国 외국

문제 3 **문제 3에서는 그림을 보면서 질문을 들으세요. →(화살표)가 가리키는 사람은 뭐라고 말합니까? 1~3 중에서 가장 좋은 것을 하나 고르세요.**

れい Track 1-3-00

ご飯(はん)を食(た)べた後(あと)であいさつをします。何(なん)と言(い)いますか。

女：1　ご飯(はん)をおいしく食(た)べました。
　　2　ごちそうさまでした。
　　3　おかえりなさい。

예

밥을 먹은 후에 인사를 합니다. 뭐라고 말합니까?

여 : 1 밥을 맛있게 먹었습니다.
　　2 잘 먹었습니다.
　　3 잘 다녀오셨나요?

해설 밥을 먹기 전에는「いただきます」, 밥을 먹은 후에는「ごちそうさまでした」라고 인사한다.

어휘 あいさつ 인사 | おいしく 맛있게

1ばん Track 1-3-01

子(こ)どもが学校(がっこう)へ行(い)きます。何(なん)と言(い)いますか。

女：1　いってらっしゃい。
　　2　いただきます。
　　3　おかえりなさい。

1번

아이가 학교에 갑니다. 뭐라고 말합니까?

여 : 1 잘 다녀오세요.
　　2 잘 먹겠습니다.
　　3 어서 와요.(잘 다녀왔나요?)

해설 가족 등이 집을 나설 때 배웅하는 사람은「いってらっしゃい」라고 인사하며, 집에 돌아와 마중을 할 때는「お帰(かえ)りなさい」라고 인사하므로 정답은 1번이다.

어휘 いただきます 잘 먹겠습니다(밥 먹기 전에 하는 인사)
✚ ごちそうさまでした 잘 먹었습니다(밥 먹은 후에 하는 인사)

2ばん Track 1-3-02

友(とも)だちにプレゼントをもらいました。友(とも)だちに何(なん)と言(い)いますか。

男：1　プレゼント、よろしく。
　　2　プレゼント、どうぞ。
　　3　プレゼント、ありがとう。

2번

친구에게 선물을 받았습니다. 친구에게 뭐라고 합니까?

남 : 1 선물, 잘 부탁해.
　　2 선물, 자.
　　3 선물, 고마워요.

해설「もらう 받다」를 알아야 문제를 풀 수 있다. 선물을 받은 상황이므로 감사표현을 하는 3번이 정답이 된다. 만약 선물을 남에게 주는 것이라면 2번으로 말하면 된다.

어휘 もらう 받다 | 何(なん)と 뭐라고 | よろしく 적당히, 좋도록,「よろしくお願(ねが)いします 잘 부탁드립니다」의 준말

3ばん Track 1-3-03

お店(みせ)でお金(かね)を払(はら)います。何(なん)と言(い)いますか。

女：1　カードでお願(ねが)いします。
　　2　財布(さいふ)がありません。
　　3　銀行(ぎんこう)へ行(い)ってきます。

3번

가게에서 돈을 지불합니다. 뭐라고 말합니까?

여 : 1 카드로 부탁드립니다.
　　2 지갑이 없습니다.
　　3 은행에 다녀오겠습니다.

해설 가게에서 계산을 할 때 카드로 하겠다는 의미이므로 1번이 정답이다.

어휘 払(はら)う 지불하다 | 財布(さいふ) 지갑

4ばん Track 1-3-04

タクシーに乗(の)りました。何(なん)と言(い)いますか。

女：1　どこへ行(い)きますか。
　　2　このタクシーはいくらですか。
　　3　原宿(はらじゅく)までおねがいします。

4번

택시를 탔습니다. 뭐라고 말합니까?

여 : 1 어디에 갑니까?
　　2 이 택시는 얼마입니까?
　　3 하라주쿠까지 부탁합니다.

해설 「どこへ行(い)きますか」는 상대의 행선지를 묻는 것이고, 「このタクシーはいくらですか」는 택시의 가격을 묻는 질문이다. 택시를 탔으면 기사에게 목적지로 가달라고 말해야 할 것이므로 정답은 3번이다.

어휘 乗(の)る 타다 | 原宿(はらじゅく) 하라주쿠(지명)

5ばん Track 1-3-05

店(みせ)にお客(きゃく)さんが来(き)ました。何(なん)と言(い)いますか。

女：1　いらっしゃいませ。
　　2　どうですか。
　　3　何(なに)を買(か)いますか。

5번

가게에 손님이 왔습니다. 뭐라고 말합니까?

여 : 1 어서 오십시오.
　　2 어떻습니까?
　　3 무엇을 살 겁니까?

해설 가게에 손님이 왔다면 당연히 「いらっしゃいませ」로 인사해야 한다. 「どうですか」는 상대의 생각이나 의견 등을 물을 때, 「何(なに)を買(か)いますか」는 장을 보는 사람에게 뭘 사는지 묻는 표현이다.

어휘 店(みせ) 가게 | お客(きゃく)さん 손님

문제 4 문제 4는 그림 등이 없습니다. 문장을 듣고 1~3 중에서 가장 좋은 것을 하나 고르세요.

れい Track 1-4-00

女：ごめんなさい。待(ま)ちましたか。

男：1 いいえ、僕(ぼく)も今(いま)来(き)たばかりなんです。

2 いいえ、待(ま)ちませんでした。

3 はい、たくさん待(ま)ちました。

예

여 : 미안해요, 기다렸나요?

남 : 1 아니요, 저도 방금 막 왔습니다.

2 아니요, 기다리지 않았습니다.

3 네, 많이 기다렸습니다.

해설 여자는 자신 때문에 기다린 것을 사과하고 있으므로, 그에 대한 대답으로는 1번이 가장 적당하다. 2번은 대답으로는 어색하며, 3번의 경우는 우리말로 하면 '많이 기다렸다'이지만, 정도를 나타내므로「たくさん」은 적합하지 않다.

어휘 ごめんなさい 미안합니다, 죄송합니다(잘못이나 무례를 사과하는 말) | ~たばかりだ ~한지 얼마 안 되다

1ばん Track 1-4-01

男：会社(かいしゃ)はどこにありますか。

女：1 朝(あさ)10時(じ)からです。

2 今日(きょう)は休(やす)みです。

3 東京駅(とうきょうえき)にあります。

1번

남 : 회사는 어디에 있습니까?

여 : 1 아침 10시부터입니다.

2 오늘은 휴일입니다.

3 도쿄역에 있습니다.

해설 회사의 위치를 묻는 남자의 질문에 도쿄역이라고 말한 3번이 정답이다.

어휘 今日(きょう) 오늘 | 休(やす)み 쉼, 휴식 | 東京駅(とうきょうえき) 도쿄역

2ばん Track 1-4-02

女：明日(あした)から夏休(なつやす)みですね。

男：1 プールに行(い)きませんか。

2 夏(なつ)は、いつからですか。

3 夏(なつ)ではありません。

2번

여 : 내일부터 여름 방학이군요.

남 : 1 풀장에 가지 않겠습니까?

2 여름은 언제부터입니까?

3 여름이 아닙니다.

해설 내일부터 여름 방학이 시작된다고 하였으니, 풀장에 가자고 답한 1번이 정답이다.

어휘 夏休(なつやす)み 여름 방학(휴가) | プール 풀장

1회

3ばん Track 1-4-03

男：このかばんはだれが買(か)いましたか。
女：1 いいえ、兄(あに)です。
2 母(はは)のです。
3 父(ちち)です。

3번

남 : 이 가방은 누가 샀습니까?
여 : 1 아니요, 오빠입니다.
2 어머니의 것입니다.
3 아버지입니다.

해설 가방을 누가 샀냐는 질문에 대해 아버지라고 대답한 3번이 정답이다. 2번의 「の」는 '~의 것'이므로 들을 때 주의해야 한다.

어휘 買(か)う 사다 | 兄(あに) 형, 오빠 | 母(はは) 어머니 | 父(ちち) 아버지

4ばん Track 1-4-04

男：はやくタバコをやめたいんです。
女：1 私(わたし)もタバコを買(か)いに行(い)きます。
2 なかなかむずかしいですね。
3 はいざらはここにあります。

4번

남 : 빨리 담배를 끊고 싶습니다.
여 : 1 저도 담배를 사러 갑니다.
2 꽤나 어렵지요.
3 재떨이는 여기 있습니다.

해설 어서 담배를 끊고 싶다는 말에 담배를 끊기는 꽤 어렵다고 답한 2번이 정답이다.

어휘 やめる 그만두다, 중지하다 | なかなか 꽤나, 상당히 | むずかしい 어렵다 | はいざら 재떨이

5ばん Track 1-4-05

女：旅行(りょこう)はいつ行(い)きますか。
男：1 先週(せんしゅう)行(い)けませんでした。
2 来週(らいしゅう)行(い)くつもりです。
3 北海道(ほっかいどう)へ行(い)きましょう。

5번

여 : 여행은 언제 갑니까?
남 : 1 지난주에 못 갔습니다.
2 다음 주에 갈 생각입니다.
3 홋카이도에 갑시다.

해설 의문사와 시제에 집중하자. 여행은 언제 가냐는 질문에 '다음 주에 갈 생각이다'라고 대답하는 2번이 정답이다.

어휘 行(い)ける 갈 수 있다, 行(い)く의 가능형 | ~つもり ~할 생각, 작정, 셈

6ばん Track 1-4-06

女：これでこの仕事(しごと)も終(お)わりですね。

男：1　はい、よくがんばりましたね。

2　はい、ぜひやりたいです。

3　いつ終(お)わるでしょうね。

6번

여 : 이것으로 이 일도 끝이군요.

남 : 1 네, 열심히 했어요.

2 네, 꼭 하고 싶습니다.

3 언제 끝날까요?

해설 「よくがんばりましたね」는 어떤 일이 끝났을 때 서로 격려하면서 주고받는 표현 중 하나이다. 「ぜひやりたいです」는 이제부터 일을 맡고 싶다는 의미이고, 「いつ終(お)わるでしょうね 언제 끝날까요?」는 아직 일이 끝나지 않고 진행 중이란 의미이다.

어휘 終(お)わり 끝 | がんばる 열심히 하다 | ぜひ 꼭, 부디 | やる 하다 | 終(お)わる 끝나다 | ~でしょう ①~일 것입니다(추측) ②~이죠?(확인)

memo

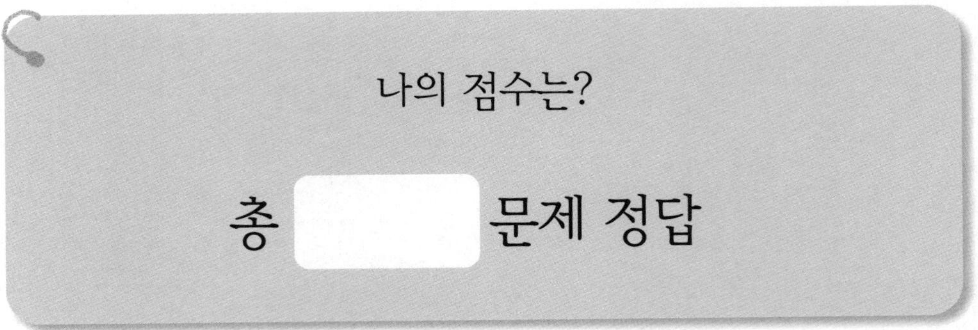

혹시 부족한 점수라도 실망하지 말고 해설을 보며 다시 확인하고 틀린 문제를 다시 풀어보세요. 실력이 점점 쌓여갈 것입니다.

JLPT N5 제2회 실전모의고사 정답

1교시 언어지식(문자·어휘)

문제 1	1	4	2	2	3	2	4	4	5	3	6	4	7	2
문제 2	8	1	9	3	10	4	11	3	12	1				
문제 3	13	1	14	1	15	1	16	4	17	1	18	3		
문제 4	19	1	20	3	21	3								

1교시 언어지식(문법)

문제 1	1	4	2	2	3	4	4	3	5	3	6	2	7	4	8	2	9	1
문제 2	10	3	11	3	12	1	13	1										
문제 3	14	3	15	3	16	2	17	4										

1교시 독해

문제 4	18	2	19	3
문제 5	20	2	21	4
문제 6	22	2		

2교시 청해

문제 1	1	3	2	4	3	2	4	2	5	4	6	2	7	3
문제 2	1	1	2	4	3	2	4	2	5	3	6	3		
문제 3	1	1	2	1	3	2	4	3	5	3				
문제 4	1	2	2	2	3	1	4	1	5	2	6	1		

2회 실전모의고사 정답

1교시 언어지식(문자·어휘)

문제1 ________친 단어는 히라가나로 어떻게 씁니까? 1 · 2 · 3 · 4에서 가장 좋은 것을 하나 고르세요.

1 ここから 海が みえます。
1 やま　2 にわ　3 かわ　4 うみ
여기에서 바다가 보입니다.

어휘 ここ 여기, 이곳 | ～から ~부터, ~에서 | 海(うみ) 바다 | 見(み)える 보이다 | 山(やま) 산 | 庭(にわ) 정원 | 川(かわ) 강

2 あさから 足が いたいです。
1 て　2 あし　3 あたま　4 め
아침부터 발이 아픕니다.

어휘 朝(あさ) 아침 | ～から ~부터, ~에서 | 足(あし) 발 | 痛(いた)い 아프다 | 手(て) 손 | 頭(あたま) 머리 | 目(め) 눈

3 ともだちと 食堂で ごはんを たべました。
1 しょくとう　2 しょくどう　3 しょくと　4 しょくど
친구와 식당에서 밥을 먹었습니다.

어휘 友(とも)だち 친구 | 食堂(しょくどう) 식당 | ご飯(はん) 밥 | 食(た)べる 먹다
✚ 食事(しょくじ) 식사

4 きのうは ビールを 三本も のみました。
1 さほん　2 さんほん　3 さんぽん　4 さんぼん
어제는 맥주를 3병이나 마셨습니다.

어휘 昨日(きのう) 어제 | 本(ほん) (필기도구, 꽃, 담배, 병 등)가늘고 긴 것을 세는 단위 | 飲(の)む 마시다
✚ 一本(いっぽん) 한 병 | 二本(にほん) 두 병 | 何本(なんぼん) 몇 병

5 この　みせは　ひとが　多いですね。
1　おおきい　2　あおい　3　おおい　4　あつい
이 가게는 사람이 많네요.

어휘 店(みせ) 가게 | 人(ひと) 사람 | 多(おお)い 많다 | 大(おお)きい 크다 | 青(あお)い 파랗다 | 暑(あつ)い 덥다

6 カフェで　コーヒーを　飲みます。
1　うみます　2　しみます　3　やすみます　4　のみます
카페에서 커피를 마십니다.

어휘 カフェ 카페 | コーヒー 커피 | 飲(の)む 마시다 | 産(う)む (아이, 새끼, 알을)낳다 | 染(し)みる 스며들다, 번지다 | 休(やす)む 쉬다
+ 飲(の)み物(もの) 음료수

7 らいねん、だいがくに　入ります。
1　あいります　2　はいります　3　おわります　4　かわります
내년에 대학에 들어갑니다.

어휘 来年(らいねん) 내년 | 大学(だいがく) 대학 | 入(はい)る 들어가다 | 終(お)わる 끝나다 | 変(か)わる 바뀌다
+ 入学(にゅうがく) 입학 | 入社(にゅうしゃ) 입사 | 入院(にゅういん) 입원

문제 2 ＿＿＿＿의 단어는 어떻게 씁니까? 1 · 2 · 3 · 4에서 가장 좋은 것을 하나 고르세요.

8 ねる　まえに　しゃわーを　あびます。
1　シャワー　2　ツャワー　3　シャウー　4　ツャウー
자기 전에 샤워를 합니다.

어휘 寝(ね)る 자다 | 前(まえ) 전 | シャワーを浴(あ)びる 샤워를 하다

9 ここから　みぎに　まがって　ください。

1 左　　2 下　　3 右　　4 力

여기에서 오른쪽으로 돌아주십시오.

어휘 右 오른쪽 | 曲がる 돌다 | 左 왼쪽 | 下 아래 | 力 힘

10 この　ふたつは　おなじ　サイズです。

1 回じ　　2 円じ　　3 口じ　　4 同じ

이 두 개는 똑같은 사이즈입니다.

어휘 同じだ 똑같다, 같다 | サイズ 사이즈 | 回 회, 횟수 | 円 엔 | 口 입

11 あしたは　もくようびですか。

1 火よう日　　2 水よう日　　3 木よう日　　4 金よう日

내일은 목요일입니까?

어휘 明日 내일 | 木よう日 목요일 | 火よう日 화요일 | 水よう日 수요일 | 金よう日 금요일

12 ふるい　かばんが　あります。

1 古い　　2 軽い　　3 安い　　4 多い

낡은 가방이 있습니다.

어휘 古い 낡다 | かばん 가방 | ある 있다 | 軽い 가볍다 | 安い 싸다 | 多い 많다

✚ 新しい 새롭다

문제 3 (　　　) 안에 무엇이 들어갑니까? 1 · 2 · 3 · 4에서 가장 좋은 것을 하나 고르세요.

13 (　　　) で　ほんを　かりました。

1 としょかん　　2 ぎんこう　　3 しょくどう　　4 びょういん

도서관에서 책을 빌렸습니다.

어휘 図書館 도서관 | 本 책 | 借りる 빌리다 | 銀行 은행 | 食堂 식당 | 病院 병원

14 A「すきな（　　　　）は　なんですか。」

B「りんごです。」

1　くだもの　　2　かいもの　　3　のみもの　　4　よみもの

A「좋아하는 과일은 무엇입니까?」

B「사과입니다.」

어휘 好きだ 좋아하다 | 果物 과일 | りんご 사과 | 買い物 쇼핑 | 飲み物 음료수 | 読み物 읽을 거리

15 たんじょうびの　プレゼントは　なにが（　　　　）ですか。

1　ほしい　　2　ちいさい　　3　ねむい　　4　もちたい

생일 선물은 무엇을 갖고 싶습니까?

어휘 誕生日 생일 | プレゼント 선물 | ほしい 갖고 싶다, 원하다 | 小さい 작다 | 眠い 졸리다 | 持つ 들다, 가지다 | ～たい ~고 싶다

16 （　　　　）は　なんじに　かえりましたか。

1　まいにち　　2　まいあさ　　3　きせつ　　4　ゆうべ

어젯밤은 몇 시에 귀가했습니까?

어휘 ゆうべ 어젯밤 | 帰る 돌아가다, 귀가하다 | 毎日 매일 | 毎朝 매일 아침 | 季節 계절

17 やまに（　　　　）のが　すきです。

1　のぼる　　2　でる　　3　ふる　　4　こまる

산에 오르는 것을 좋아합니다.

어휘 山 산 | 登る 오르다 | 好きだ 좋아하다 | 出る 나가다, 나오다 | 降る (눈이나 비가)내리다 | 困る 곤란하다

18 かのじょの　なまえを（　　　　）。

1　なれました　　2　はきました　　3　わすれました　　4　かかりました

그녀의 이름을 잊었습니다.

어휘 彼女 그녀 | 名前 이름 | 忘れる 잊다 | 慣れる 익숙해지다, 길들다 | 履く 신다, (하의를)입다 | 掛かる 걸리다

문제 4 ________의 문장과 대체로 같은 의미의 문장이 있습니다. 1 · 2 · 3 · 4에서 가장 좋은 것을 하나 고르세요.

19 かいしゃまで　くるまで　いきます。

1 かいしゃまで　じどうしゃで　いきます。
2 かいしゃまで　じてんしゃで　いきます。
3 かいしゃまで　ちかてつで　いきます。
4 かいしゃまで　でんしゃで　いきます。

회사까지 차로 갑니다.

1 회사까지 자동차로 갑니다.
2 회사까지 자전거로 갑니다.
3 회사까지 지하철로 갑니다.
4 회사까지 전철로 갑니다.

해설 「車(くるま)」의 유의어인 「自動車(じどうしゃ)」를 알고 있는가 하는 문제이다. 정답은 1번이다.

어휘 会社(かいしゃ) 회사 | 車(くるま) 차 | 自動車(じどうしゃ) 자동차 | 自転車(じてんしゃ) 자전거 | 地下鉄(ちかてつ) 지하철 | 電車(でんしゃ) 전철

20 へやの　でんきを　けしました。

1 へやを　ひろく　しました。
2 へやを　あかるく　しました。
3 へやを　くらく　しました。
4 へやを　せまく　しました。

방의 전깃불을 껐습니다.

1 방을 넓게 했습니다.
2 방을 밝게 했습니다.
3 방을 어둡게 했습니다.
4 방을 좁게 했습니다.

해설 방의 전깃불을 껐다는 것은 어둡게 한 것이므로 정답은 3번이다.

어휘 部屋(へや) 방 | 電気(でんき)を消(け)す 전기를 끄다, 전깃불을 끄다 | 暗(くら)い 어둡다 | 広(ひろ)い 넓다 | 明(あか)るい 밝다 | 狭(せま)い 좁다

21 <u>しごとが　いそがしく　ありません。</u>

1　しごとが　きれいです。

2　しごとが　げんきです。

3　しごとが　ひまです。

4　しごとが　ゆうめいです。

<u>일이 바쁘지 않습니다.</u>

1 일이 깨끗합니다.

2 일이 건강합니다.

3 일이 한가합니다.

4 일이 유명합니다.

해설 「忙(いそが)しい」는 '바쁘다'라는 뜻인데, 부정표현이 나와 '바쁘지 않습니다'란 뜻이 되므로 답은 3번이 된다.

어휘 仕事(しごと) 일 | 忙(いそが)しい 바쁘다 | きれいだ 깨끗하다, 예쁘다 | 元気(げんき)だ 건강하다 | ひまだ 한가하다 | 有名(ゆうめい)だ 유명하다

1교시 언어지식(문법)

문제 1 (　　　)에 무엇을 넣습니까? 1 · 2 · 3 · 4에서 가장 좋은 것을 하나 고르세요.

1 わたしは　福岡(ふくおか)（　　　）すんで　います。

1 で　　2 を　　3 へ　　4 に

저는 후쿠오카에 살고 있습니다.

문법포인트! ～に住(す)む : ~에 살다

어휘 福岡(ふくおか) 후쿠오카 | 住(す)む 살다, 거주하다 | ～で ~에서 | ～を ~을 | ～へ ~에(방향)

2 彼女(かのじょ)は　毎日(まいにち)　公園(こうえん)（　　　）はしります。

1 と　　2 を　　3 へ　　4 に

그녀는 매일 공원을 달립니다.

문법포인트! ～を走(はし)る : ~을 달리다

어휘 彼女(かのじょ) 그녀 | 毎日(まいにち) 매일 | 公園(こうえん) 공원 | 走(はし)る 달리다 | ～に ~에 | ～へ ~에(방향) | ～と ~와, ~과

3 アメリカは　日本(にほん)（　　　）ひろいです。

1 まで　　2 だけ　　3 しか　　4 より

미국은 일본보다 넓습니다.

문법포인트! ～より : ~보다

어휘 アメリカ 미국 | 日本(にほん) 일본 | 広(ひろ)い 넓다 | ～まで ~까지 | ～だけ ~만, ~뿐 | ～しか ~밖에

4 明日(あした)は　にちようび（　　　）休(やす)みます。

1 から　　2 なから　　3 だから　　4 のから

내일은 일요일이라서 쉽니다.

문법포인트! から : 이유나 원인을 나타내는데, 명사와 접속할 때는 「명사+だから」의 형태를 나타낸다.

어휘 明日(あした) 내일 | 日曜日(にちようび) 일요일 | 休(やす)む 쉬다

5 (　　　) へやで　べんきょう　したいです。

1 しずかさ　2 しずかで　3 しずかな　4 しずかだ

조용한 방에서 공부하고 싶습니다.

문법포인트! ⊘ な형용사+명사 → 어미 だ를 な로 바꾸고+명사
⊘ な형용사+동사 → 어미 だ를 に로 바꾸고+동사

어휘 静(しず)かだ 조용하다 | 部屋(へや) 방 | 勉強(べんきょう) 공부 | ～たい ~하고 싶다(희망)

6 (　　　) 時間(じかん)が　あります。いそがなくても　いいです。

1 もう　2 まだ　3 はやく　4 では

아직 시간이 있습니다. 서두르지 않아도 좋습니다.

문법포인트! ⊘ まだ : 아직 ⊘ もう : 이제, 이미 ⊘ はやく : 빨리, 일찍 ⊘ では : 그럼

어휘 時間(じかん) 시간 | ある 있다 | 急(いそ)ぐ 서두르다 | ない형+なくてもいい ~하지 않아도 좋다

7 今週(こんしゅう)は　ゆっくり (　　　) たいです。

1 休(やす)ま　2 休(やす)む　3 休(やす)め　4 休(やす)み

이번 주는 푹 쉬고 싶습니다.

문법포인트! ⊘ ます형+たい : ~하고 싶다 (희망 표현)

어휘 今週(こんしゅう) 이번 주 | ゆっくり 천천히, 푹 | 休(やす)む 쉬다

8 木村(きむら)さんは　白(しろ)い　スカートを (　　　) います。

1 きて　2 はいて
3 かけて　4 かぶって

기무라 씨는 흰 스커트를 입고 있습니다.

문법포인트! ⊘ 履(は)く : (하의 종류의 옷을)입다, (신발 등을)신다

어휘 白(しろ)い 희다 | スカート 스커트 | 着(き)る (상의를)입다 | かける 걸다 | かぶる 뒤집어쓰다

2회

9 A「あなたは　日本人(にほんじん)ですか。」

B「いいえ、(　　　　)。」

1　ちがいます　　2　そうですよ　　3　わかりません　　4　わすれました

A「당신은 일본인입니까?」

B「아니요, 아닙니다.」

문법포인트! ⊘ 違(ちが)います : 그렇지 않습니다 ⊘ そうですよ : 그렇습니다

⊘ わかりません : 모릅니다 ⊘ わすれました : 잊었습니다

어휘 日本人(にほんじん) 일본인 | 違(ちが)う 다르다, 틀리다 | そうだ 그렇다 | 分(わ)かる 알다, 이해하다 | 忘(わす)れる 잊다

문제 2 ＿＿★＿＿에 들어가는 것은 무엇입니까? 1 · 2 · 3 · 4에서 가장 좋은 것을 하나 고르세요.

10 つくえの ＿＿＿ ＿＿＿ ＿★＿ ＿＿＿ 2さつ　あります。

1　が　　2　上(うえ)　　3　本(ほん)　　4　に

책상 위에 책이 2권 있습니다.

정답문장 つくえの上(うえ)に本(ほん)が 2 さつあります。

문법포인트! ⊘ ～にある : (장소)~에 있다

어휘 つくえ 책상 | 上(うえ) 위 | 本(ほん) 책 | ～冊(さつ) ~권

11 何(なに) ＿＿＿ ＿＿＿ ＿★＿ ＿＿＿ 食(た)べたいですね。

1　が　　2　か　　3　もの　　4　あまい

뭔가 달콤한 것이 먹고 싶네요.

정답문장 何(なに)か甘(あま)いものが食(た)べたいですね。

문법포인트! ⊘ 의문사＋か : ~가 예 何(なに)か 무언가 誰(だれ)か 누군가 いつか 언젠가

어휘 何(なに)か 무언가 | 甘(あま)い 달다 | もの 것 | 食(た)べたい 먹고 싶다

12 会社(かいしゃ)の ＿＿＿ ＿＿＿ ＿★＿ ＿＿＿ が できました。

1 あたらしい　　2 に　　3 コンビニ　　4 近(ちか)く

회사 근처에 새 편의점이 생겼습니다.

정답문장 会社(かいしゃ)の近(ちか)くに新(あたら)しいコンビニができました。

문법포인트! ～ができる：~이 생기다

예 こどもができる 아이가 생기다　店(みせ)ができる 가게가 생기다

어휘 会社(かいしゃ) 회사 | 近(ちか)く 근처 | 新(あたら)しい 새롭다 | コンビニ 편의점 | できる 생기다

13 A「となりの　へやに　だれが　いましたか。」

B「となりの　へや ＿＿＿ ＿＿＿ ＿★＿ ＿＿＿ でした。」

1 しか　　2 いません　　3 には　　4 佐藤(さとう)さん

A「옆방에 누가 있었습니까?」

B「옆방에는 사토 씨밖에 없었습니다.」

정답문장 となりの部屋(へや)には佐藤(さとう)さんしかいませんでした。

문법포인트! ～しか：~밖에

어휘 となり 옆 | 部屋(へや) 방

2회

문제 3 [14] ~ [17] **에 무엇을 넣습니까? 문장의 의미를 생각하여 1 · 2 · 3 · 4에서 가장 좋은 것을 하나 고르세요.**

미국에서 공부하고 있는 고등학생이 '내 가족'이라는 글을 써서 클래스의 모든 사람 앞에서 읽었습니다.

> 제 가족을 소개하겠습니다. 저는 5인 가족입니다. 아버지와 어머니와 형과 여동생이 있습니다. 아버지는 은행원입니다. 항상 일이 바쁘다[14]고 합니다. 그래서[15] 귀가가 늦습니다. 어머니는 주부이고 자상합니다. 어머니의 요리는 전부 맛있습니다. 특히[16] 전골이 맛있습니다. 형은 올해 대학생이 되었습니다. 대학에서 일본 문화를 공부하고 있습니다. 형은 농구를 잘합니다. 어릴 때는 자주 저와 농구를 했습니다. 여동생은 중학생입니다. 여동생은 피아노를 잘 칩니다. 나중에 음악 선생님이 되고 싶다[17]고 합니다. 저는 지금 미국에 있기 때문에 가족을 만날 수 없습니다. 빨리 일본에 돌아가 가족을 만나고 싶습니다. 그리고 어머니의 요리도 먹고 싶습니다.

어휘 アメリカ 미국 | 勉強 공부 | 家族 가족 | 文章 문장 | 書く 쓰다 | 紹介 소개 | 兄 형, 오빠 | 妹 여동생 | 銀行員 은행원 | いつも 언제나 | 仕事 일 | 忙しい 바쁘다 | 帰り 귀가 | 遅い 늦다 | 主婦 주부 | 優しい 자상하다 | 全部 전부 | 特に 특히 | 今年 올해 | なる 되다 | 文化 문화 | 得意だ 자신 있다, 잘하다 | 子ども 어린이 | 中学生 중학생 | あとで 나중에 | 音楽 음악 | 会えない 만날 수 없다 | そして 그리고 | 食べたい 먹고 싶다

[14] 1 やさしい　2 かんたんだ　3 いそがしい　4 にぎやかだ

문법포인트! ⊘忙しい : 바쁘다 ⊘優しい : 자상하다 ⊘簡単だ : 간단하다 ⊘にぎやかだ : 번화하다, 번잡하다

해설 여기서는 아버지가 은행원으로 '일이 바쁘다'라는 표현이 적합하므로 정답은 3번이다.

[15] 1 それから　2 しかし　3 それで　4 でも

문법포인트! ⊘それで : 그래서 ⊘それから : 그리고, 그러고 나서
⊘しかし : 그러나 ⊘でも : 그렇지만, 하지만

해설 '일이 바쁘다', '그래서 귀가가 늦다'라는 문맥이 자연스러우므로 정답은 3번이다.

[16] 1 たぶん　2 とくに　3 もっと　4 たいてい

문법포인트! ⊘特に : 특히 ⊘たぶん : 아마 ⊘もっと : 더 ⊘たいてい : 대개, 대체로

해설 어머니의 요리 중에 '특히 전골이 맛있다'는 문맥이 자연스러우므로 정답은 2번이다.

17 1 のぼりたい　2 つくりたい　3 かきたい　4 なりたい

문법포인트!
⊘ なりたい : 되고 싶다 ⊘ 登(のぼ)りたい : (산이나 나무에)오르고 싶다
⊘ 作(つく)りたい : 만들고 싶다 ⊘ 書(か)きたい : 쓰고 싶다

해설 '(명사)가 되고 싶다'는 「명사+になりたい」의 형태이므로 정답은 4번이다.

1교시 독해

문제 4 다음 (1)~(2)의 글을 읽고 질문에 답하세요. 답은 1 · 2 · 3 · 4에서 가장 좋은 것을 하나 고르세요.

(1)

중국의 친구가 야마다 씨에게 편지를 썼습니다.

야마다 씨 안녕하십니까. 올해 저는 회사원이 되었습니다. 크지 않은 회사이지만 일은 즐겁습니다. 일이 끝나면 회사 친구와 영화를 보거나 밥을 먹거나 합니다. 일본에 있을 때도 야마다 씨와 자주 영화를 봤었죠. 야마다 씨를 만나고 싶습니다. 중국에 올 때는 연락해주 십시오.

27 일이 끝나고 이 사람은 무엇을 합니까?

1 회사 사람과 술을 마신다.
2 회사 사람과 식사를 합니다.
3 일본인 친구와 영화를 봅니다.
4 일본인 친구와 저녁밥을 먹습니다.

어휘 中国(ちゅうごく) 중국 | 手紙(てがみ) 편지 | 今年(ことし) 올해 | 会社員(かいしゃいん) 회사원 | 仕事(しごと) 일 | 楽(たの)しい 즐겁다 | 終(お)わる 끝나다 | 映画(えいが) 영화 | 連絡(れんらく) 연락

해설 일이 끝나면 회사 친구와 영화를 보거나 식사를 한다고 했으니 정답은 2번이다.

(2)

어제 등산을 갔습니다. 산 사진을 찍고 싶었기 때문입니다. 카메라는 아버지에게 빌렸습니다. 비싸고 좋은 카메라입니다. 산에는 새가 많이 있었습니다. 이 카메라로 새 사진과, 예쁜 꽃 사진을 많이 찍을 수 있었습니다. 또 가고 싶습니다.

19 이 문장에 대해 올바른 것은 어느 것입니까?

1 오늘 등산을 갔습니다.
2 어머니에게 카메라를 빌렸습니다.
3 새와 꽃 사진을 찍었습니다.
4 내일도 등산하러 가고 싶습니다.

어휘 昨日(きのう) 어제 | 山(やま)のぼり 등산 | 行(い)く 가다 | 山(やま) 산 | 写真(しゃしん) 사진 | 撮(と)る 찍다 | ～たい ~하고 싶다 | ～からです ~때문입니다 | カメラ 카메라 | お父(とう)さん 아버지 | ～から ~에게,~로부터 | 借(か)りる 빌리다 | 高(たか)い 비싸다 | いい 좋다 | ～には ~에는 | 鳥(とり) 새 | たくさん 많이 | いる 있다 | この 이 | ～で ~로(수단) | ～や ~랑, ~과 | きれいだ 예쁘다 | ～ことができる ~할 수가 있다

해설 어제 등산을 갔다고 했으니 1번은 오답. 카메라를 빌려준 사람은 아버지라고 했으니 2번도 오답이며, 또 가고 싶다고 했지 내일이라고 하지 않았으므로 4번도 오답이다. 「このカメラで鳥(とり)の写真(しゃしん)や、きれいな花(はな)の写真(しゃしん)をたくさん撮(と)ることができました 이 카메라로 새 사진과, 예쁜 꽃 사진을 많이 찍을 수 있었습니다」라고 했으므로 정답은 3번이 된다.

문제 5 다음 글을 읽고 질문에 답하세요. 답은 1 · 2 · 3 · 4에서 가장 좋은 것을 하나 고르세요.

저는 피아노 교실에 다니고 있습니다. 초등학생 때 시작했습니다. 교실에는 일주일에 2번, 화요일과 금요일에 갑니다. 음악대학에 가고 싶기 때문입니다. 교실은 집에서 버스로 20분 정도이므로, 조금 멉니다.

선생님은, 피아노를 아주 잘 칩니다. 항상 상냥하고, "정말 잘 치네요. 많이 연습했군요."라고 말합니다. 하지만 연습을 안 할 때는 조금 무섭습니다. 지난 주는 연습 시간이 없었습니다. 그래서 레슨 할 때 선생님이 "더 연습하지 않으면 안 됩니다. 열심히 합시다."라고 말했습니다. 저는 슬퍼서 버스에서 울었습니다.

다음 달, 피아노 발표회가 있습니다. 제가 칠 곡은 매우 어렵습니다. 그래서 집에서 매일 연습을 합니다. 많이 연습해서, 발표회 때는 잘 연주하고 싶습니다.

20 이 사람은 왜 피아노를 칩니까?

1 피아노 교실이 가까우니까
2 음악 대학에 가고 싶으니까
3 선생님이 상냥하니까
4 피아노 발표회가 있으니까

해설 본문에 피아노 교실에 다니는 이유로, 「音楽(おんがく)の大学(だいがく)に行(い)きたいからです 음악대학에 가고 싶기 때문입니다」라고 했으니 2번이 정답이 된다.

21 이 문장에 대해 올바른 것은 어느 것입니까?

1 이 사람은 중학생 때 피아노를 시작했습니다.
2 선생님은 피아노와 바이올린을 아주 잘합니다.
3 선생님은 언제나 상냥하고, 무섭지 않습니다.
4 이 사람은 피아노 발표회에서 어려운 곡을 연주합니다.

해설 피아노를 처음 시작한 것은 초등학생 때라고 했으니 1번은 오답이고, 피아노 선생님이 바이올린을 연주한다는 말은 없으므로 2번도 오답. 선생님은 항상 상냥한 분이지만 연습하지 않을 때는 조금 무섭다고 했으니 3번도 오답이다. 마지막 단락에서 발표회에서 「わたしがひく曲はとてもむずかしいです 제가 칠 곡은 매우 어렵습니다」라고 했으니 4번이 정답이다.

어휘 ピアノ教室 피아노 교실 | 通う 다니다 | 小学生 초등학생 | 時 때 | はじめる 시작하다 | 週に 일주일에 | 2回 2번 | かよう日 화요일 | きんよう日 금요일 | 行く 가다 | 音楽 음악 | 大学 대학 | ～たい ~하고 싶다 | ～からです ~때문입니다 | 家 집 | ～から ~에서 | バス 버스 | ～で ~로(수단) | 20分 20분 | ぐらい 정도 | 少し 조금 | 遠い 멀다 | 先生 선생님 | とても 아주, 매우 | 上手だ 잘한다 | いつも 항상, 언제나 | やさしい 상냥하다 | たくさん 많이 | れんしゅうする 연습하다 | 言う 말하다 | でも 하지만 | こわい 무섭다 | 先週 지난 주 | 時間 시간 | だから 그래서, 따라서 | レッスン 레슨 | もっと 더, 더욱 | ～なければなりません ~하지 않으면 안 됩니다 | がんばる 열심히 하다 | 悲しい 슬프다 | ～で ~에서 | 泣く 울다 | 来月 다음 달 | 発表会 발표회 | ひく 연주하다 | 曲 곡 | むずかしい 어렵다 | 毎日 매일 | 上手に 잘, 능숙하게

문제 6 **오른쪽 페이지를 보고 아래 질문에 답하세요. 답은 1 · 2 · 3 · 4에서 가장 좋은 것을 하나 고르세요.**

22 야마다 씨는, 초등학생 딸 1명과 친구 1명과 월요일에 온천에 가고 싶습니다. 돈은 전부 얼마 지불합니까?

1 2,300엔
2 2,500엔
3 2,800엔
4 3,000엔

해설 문제를 보면 성인 2명과 초등학생(어린이) 1명이 월요일, 즉 평일에 온천을 이용하려는 것을 알 수 있다. 성인의 평일 이용 요금은 1000엔이고 어린이는 500엔이므로, (1000엔×2)+500엔=2500엔이 답이 된다.

해바라기 온천 이용 안내

◆이용 시간

평일 : 10 : 00 ~ 21 : 00

토요일, 일요일, 공휴일 : 9 : 00 ~ 22 : 00

◆이용 안내

・수건은 갖고 와 주세요.
・샴푸는 있습니다.
・큰 소리로 말하면 안 됩니다.
・뛰거나 수영해서는 안 됩니다.
・사진을 찍으면 안 됩니다.

〈 요금 〉

	평일	토요일, 일요일, 공휴일
성인	1000엔	1100엔
어린이	500엔	600엔

어휘 小学生(しょうがくせい) 초등학생 | むすめ 딸 | 1人(ひとり) 1명 | 友(とも)だち 친구 | げつよう日(び) 월요일 | おんせん 온천 | 行(い)く 가다 | ～たいです ~하고 싶습니다 | お金(かね) 돈 | 全部(ぜんぶ)で 전부 | いくら 얼마 | はらう 지불하다 | ひまわり 해바라기 | りよう 이용 | あんない 안내 | じかん 시간 | 平日(へいじつ) 평일 | どよう日(び) 토요일 | にちよう日(び) 일요일 | 祝日(しゅくじつ) 공휴일 | タオル 수건 | 持(も)ってくる 갖고 오다 | ～てください ~해 주세요 | シャンプー 샴푸 | 大(おお)きな～ 큰~ | 声(こえ) 목소리 | ～で ~로 | 話(はな)す 말하다 | ～てはいけません ~하면 안 됩니다 | 走(はし)る 뛰다 | 泳(およ)ぐ 수영하다 | ～たりたりする ~하거나 ~하거나 하다 | 写真(しゃしん)を撮(と)る 사진을 찍다 | りょうきん 요금 | おとな 성인 | 子(こ)ども 어린이

 청해 

문제 1 **문제 1에서는 먼저 질문을 들으세요. 그리고 이야기를 듣고 문제지의 1~4 중에서 가장 좋은 것을 하나 고르세요.**

れい Track 2-1-00

女の人と男の人が話しています。男の人は何を買いますか。

女：今週の土曜日は吉田さんのたんじょう日ですが、プレゼントは何がいいでしょうか。
男：そうですね。何がいいか、よくわかりませんね。
女：吉田さん、よく音楽を聞くから、音楽のCDはどうでしょうか。
男：いいですね。じゃ、私はケーキをあげることにします。
女：あ、いいですね。みんなが食べられる大きいいちごのケーキはどうですか。
男：それもいいけど、彼、チーズが好きだと言っていたから、そっちの方がいいんじゃないでしょうか。
女：あ、そうですね。

男の人は何を買いますか。

1 チーズケーキ
2 いちごケーキ
3 チョコケーキ
4 生クリームケーキ

예

여자와 남자가 이야기하고 있습니다. 남자는 무엇을 삽니까?

여 : 이번 주 토요일은 요시다 씨의 생일입니다만, 선물은 무엇이 좋을까요?
남 : 글쎄요? 무엇이 좋을지 잘 모르겠네요.
여 : 요시다 씨, 자주 음악을 들으니까 음악 CD는 어떨까요?
남 : 좋네요. 그럼, 저는 케이크를 주는 것으로 하겠습니다.
여 : 아, 좋네요. 모두가 먹을 수 있는 큰 딸기 케이크는 어떨까요?
남 : 그것도 좋지만, 그는 치즈를 좋아한다고 했으니까, 그쪽이 좋지 않을까요?
여 : 아, 그러네요.

남자는 무엇을 삽니까?

1 치즈 케이크
2 딸기 케이크
3 초코 케이크
4 생크림 케이크

해설 여기서의 포인트는 모두가 먹을 수 있는 케이크가 아니라, 요시다 군이 좋아하는 맛의 케이크를 사는 것이다. 그는 치즈 맛을 좋아한다고 했으니 정답은 1번이 된다.

어휘 今週 이번 주 | 誕生日 생일 | 音楽 음악 | あげる (내가 남에게)주다 | 食べられる 먹을 수 있다 | いちご 딸기 | そっち 그쪽 | 方 쪽, 편

1ばん Track 2-1-01

男の人と女の人が話しています。女の人はこの後、何をしますか。

男：30分後に会議が始まりますが、準備はできましたか。

女：はい、資料は10部ずつコピーして机の上に置きました。

男：会議が長いから、水など、飲み物もお願いします。

女：はい、それももう準備してあります。

男：そうですか。ありがとうございます。あ、そうだ。プロジェクターもチェックしましたよね。

女：プロジェクター？

男：今度の会議はプロジェクターを使いますよ。

女：あ、そうですか。じゃ、確認します。

女の人はこの後、何をしますか。

3

1번

남자와 여자가 이야기하고 있습니다. 여자는 이 다음에 무엇을 합니까?

남 : 30분 후에 회의가 시작됩니다만, 준비는 되었습니까?

여 : 네, 자료는 10부씩 복사해서 책상 위에 두었습니다.

남 : 회의가 기니까, 물 등 음료도 부탁합니다.

여 : 네, 그것도 이미 준비되어 있습니다.

남 : 그래요? 감사합니다. 아, 맞다. 프로젝터도 확인했죠?

여 : 프로젝터요?

남 : 이번 회의는 프로젝터를 사용합니다.

여 : 아, 그렇습니까? 그럼, 확인하겠습니다.

여자는 이 다음에 무엇을 합니까?

해설 회의에 필요한 다른 준비는 모두 해두었는데, 회의에 프로젝터를 사용한다는 말에 여자가 확인하겠다고 했으므로 정답은 3번이다.

어휘 後 후, 다음 | 会議 회의 | 始まる 시작되다 | 準備 준비 | できる 되다, 이루어지다 | 資料 자료 | ～ずつ ~씩 | 机 책상 | 置く 놓다, 두다 | 長い 길다 | 飲み物 음료수 | お願いする 부탁하다 | 今度 이번, 다음번 | 使う 사용하다 | 確認 확인

2ばん Track 2-1-02

男の人と女の人が話しています。旅行は何日間、行きますか。

男：今度の夏休みの旅行は、どこへ行きましょうか。
女：そうですね。夏休みは火曜日から日曜日まででしたよね。
男：はい、そうです。6日間です。
女：タイとかベトナムはどうですか。火曜日の午後、出発して日曜日の午前中に帰りましょう。
男：いいんですが、日曜日だと疲れるから、その前の日に帰りませんか。
女：あ、その方がいいでしょうか。はい、わかりました。

旅行は何日間、行きますか。

4

2018年 8月

日	月	火	水	木	金	土
29	30	31	1	2	3	4
5	6	⑦	8	9	10	⑪
12	13	14	15	16	17	18
19	22	21	22	23	24	25
26	27	28	29	30	31	1
2	3	4	5	6	7	8

2번

남자와 여자가 이야기하고 있습니다. 여행은 며칠 동안 갑니까?

남 : 이번 여름 휴가 여행은 어디로 갈까요?
여 : 글쎄요. 여름 휴가는 화요일부터 일요일까지였죠?
남 : 네. 그렇습니다. 6일간입니다.
여 : 태국이나 베트남은 어때요? 화요일 오후 출발해서 일요일 오전 중에 돌아옵시다.
남 : 괜찮지만, 일요일이라면 피곤하니까 그 전날에 돌아오지 않을래요?
여 : 아, 그러는 편이 좋을까요? 네, 알겠습니다.

여행은 며칠 동안 갑니까?

해설 원래 휴가는 화요일부터 일요일까지 6일간이지만, 휴가 기간 내내 여행을 하면 피곤하니까 하루 전날에 돌아오자고 했으므로 화요일부터 토요일까지 5일간이 된다. 그러므로 정답은 4번이다.

어휘 今度 이번, 다음번 | 夏休み 여름 방학(휴가) | 午後 오후 | 出発 출발 | 帰る 돌아오다, 돌아가다 | 疲れる 피곤하다 | 前の日 전날

3ばん Track 2-1-03

男の人と女の人が話しています。女の人はこれからどうしますか。

男：どの映画を見ましょうか。
女：そうですね。３時からの映画はどうですか。
男：いいですね。私も見たいと思っていました。
女：じゃ、この映画にしましょう。
男：映画を見ながら、何か食べますか。
女：サンドウィッチとポップコーンがありますね。ポップコーンはどうですか。
男：いいですね。そしたら、ぼくは、トイレに行ってからチケットを買ってきますから、田中さんはポップコーンを買ってきてくれますか。
女：わかりました。

女の人はこれからどうしますか。

1 映画の前にサンドウィッチを食べます
2 映画の前にポップコーンを買います
3 映画の前にトイレに行きます
4 映画の前にチケットを買います

3번

남자와 여자가 이야기하고 있습니다. 여자는 이제부터 어떻게 합니까?

남 : 어느 영화를 볼까요?
여 : 글쎄요. 3시부터 하는 영화는 어때요?
남 : 좋아요. 저도 보고 싶었습니다.
여 : 그럼, 이 영화로 합시다.
남 : 영화를 보면서, 뭔가 먹을까요?
여 : 샌드위치와 팝콘이 있네요. 팝콘은 어때요?
남 : 좋습니다. 그럼, 나는 화장실에 갔다 와서 표를 사 올 테니, 다나카 씨는 팝콘을 사와 주겠어요?
여 : 알겠습니다.

여자는 이제부터 어떻게 합니까?

1 영화 보기 전에 샌드위치를 먹습니다
2 영화 보기 전에 팝콘을 삽니다
3 영화 보기 전에 화장실에 갑니다
4 영화 보기 전에 표를 삽니다

해설 대화 끝부분에서「ぼくは､トイレに行ってからチケットを買ってきますから、田中さんはポップコーンを買ってきてくれますか 나는 화장실에 갔다 와서 표를 사 올 테니, 다나카 씨는 팝콘을 사와 주겠어요?」라고 했고 여자는 알겠다고 했으니, 여자는 영화보기 전에 팝콘을 사와야 한다. 정답은 2번이다.

어휘 どの 어느 | 映画 영화 | 見る 보다 | そうですね 글쎄요 | 3時から 3시부터 | どうですか 어때요? | いいですね 좋아요, 좋지요 | ～も ~도 | 見る 보다 | ～たいと思う ~하고 싶다고 생각하다 | じゃ 그럼 | この 이 | ～を見ながら ~을 보면서 | 何か 무언가 | 食べる 먹다 | サンドウィッチ 샌드위치 | ～と ~와 | ポップコーン 팝콘 | そしたら 그럼 | ぼく 나, 저(남자) | トイレ 화장실 | 行く 가다 | ～てから ~하고 나서 | チケット 표 | 買ってくる 사 오다 | ～から ~니까 | ～てくれる ~해 주다 | ～前に ~전에

4ばん Track 2-1-04

女の人と男の人が話しています。男の人は今からどこに行きますか。

女：石川さん、どこか出かけますか。
男：ちょっと本を借りたいと思って、図書館に行きます。
女：そうですか。あのう、すみませんが、コンビニで、パンと牛乳を買ってきてもらえますか。
男：いいですよ。じゃ、図書館に行って午後には戻りますから、そのとき買ってきます。
女：実は今、忙しくてお昼食べに行く時間がないんです。本当にすみません。
男：そうですか。わかりました。じゃ、今、行きますね。

男の人は今からどこに行きますか。

2

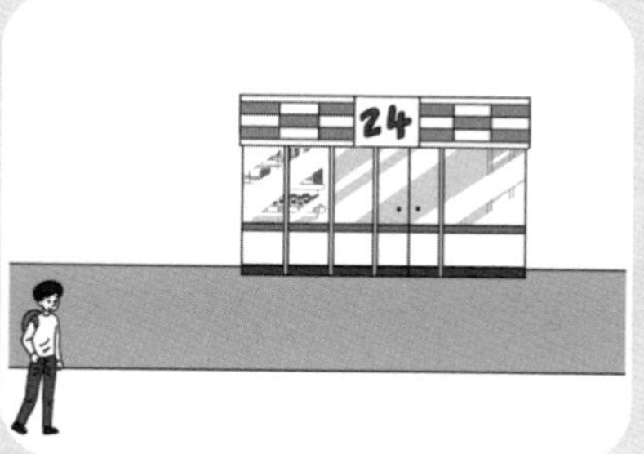

4번

여자와 남자가 이야기하고 있습니다. 남자는 지금부터 어디에 갑니까?

여 : 이시카와 씨, 어딘가 외출하세요?
남 : 책을 좀 빌리고 싶어서 도서관에 갑니다.
여 : 그래요? 저, 미안한데요, 편의점에서 빵과 우유를 사다 줄 수 있을까요?
남 : 좋아요. 그럼, 도서관에 갔다가 오후에는 돌아오니까 그때 사 오겠습니다.
여 : 사실 지금 바빠서 점심 먹으러 갈 시간이 없어요. 정말 죄송합니다.
남 : 그래요? 알았습니다. 그럼, 지금 갈게요.

남자는 지금부터 어디로 갑니까?

해설 빵과 우유를 사다 달라는 여자의 부탁에 남자는 도서관에 갔다가 돌아오는 오후에 사 오겠다고 했으나, 여자가 지금 바빠서 점심 먹으러 갈 시간이 없다고 하자 남자가 지금 바로 사다주겠다고 하는 상황이므로 정답은 2번이 된다.

어휘 借りる 빌리다 | 図書館 도서관 | 牛乳 우유 | お昼 점심 | 戻る 돌아오다

5ばん Track 2-1-05

女の人と男の人が話しています。二人はどのコースに行くことにしましたか。

女：明日のランニングコースはどうしましょうか。

男：そうですね。先週は、海のコースを走ったので、今週は山のコースはどうですか。

女：山ですか…。大変じゃないですか。

男：そうですね。でも、いい運動になりますよ。

女：うーん、川の近くにあるコースはどうですか。

男：そこは、いつも人が多くて…。じゃ、一番近い公園に行きましょうか。

女：そうですね。そうしましょう。

二人はどのコースに行くことにしましたか。

1 海のランニングコース
2 山のランニングコース
3 川のランニングコース
4 公園のランニングコース

5번

여자와 남자가 이야기하고 있습니다. 두 사람은 어느 코스에 가기로 했습니까?

여 : 내일 러닝 코스는 어떻게 할까요?

남 : 글쎄요. 지난 주는 바다 코스를 달렸으니, 이번 주는 산 코스는 어때요?

여 : 산말입니까…. 힘들지 않을까요?

남 : 글쎄요. 하지만, 좋은 운동이 되어요.

여 : 음, 강 근처에 있는 코스는 어때요?

남 : 거기는, 항상 사람이 많아서…. 그러면, 가장 가까운 공원에 갈까요?

여 : 그렇네요. 그렇게 합시다.

두 사람은 어느 코스에 가기로 했습니까?

1 바다 러닝 코스
2 산 러닝 코스
3 강 러닝 코스
4 공원 러닝 코스

해설 여러 가지 코스가 나왔으니 주의해서 잘 들어야 한다. 처음에 남자가 산 코스를 추천했으나 여자는 힘들다며 강 코스를 권했다. 남자는 강 코스가 사람이 많다며 공원 코스를 제안했고 여자도 그러자고 했으므로 정답은 4번이다.

어휘 明日 내일 | ランニングコース 런닝 코스 | 先週 지난주 | 海 바다 | 走る 달리다 | ～ので ~때문에, ~이니 | 今週 이번 주 | 山 산 | 大変だ 힘들다 | ～じゃないですか ~하지 않습니까? | でも 하지만 | 運動 운동 | ～になる ~이 되다 | 川 강 | 近く 근처 | そこ 거기 | いつも 항상 | 人 사람 | 多い 많다 | そしたら 그렇다면 | 一番 가장 | 近い 가깝다 | 公園 공원

6ばん Track 2-1-06

旅行会社の人とお客さんが話しています。お客さんはどのチケットを買いますか。

男：あの、来週北海道に行きたいんですが、飛行機のチケットはありますか。

女：すみません、来週はもう席がありません。新幹線や、バス、それから船はまだ席がありますが、いかがですか。

男：船は怖いですね…。新幹線では時間がどのくらいかかりますか。

女：４時間くらいかかります。

男：バスはどうですか。

女：バスは新幹線よりも安いですが、時間がもっとかかります。

男：そうですか。じゃ、高いですけど、このチケットにします。

お客さんはどのチケットを買いますか。

1　飛行機のチケット
2　新幹線のチケット
3　バスのチケット
4　船のチケット

6번

여행 회사 사람과 손님이 이야기하고 있습니다. 손님은 어느 표를 삽니까?

남 : 저기, 다음 주에 홋카이도에 가고 싶습니다만, 비행기 표는 있습니까?

여 : 죄송합니다, 다음 주는 이제 자리가 없습니다. 신칸센이나, 버스, 그리고 배는 아직 자리가 있습니다만, 어떠신가요?

남 : 배는 무서워요…. 신칸센으로는 시간이 어느 정도 걸립니까?

여 : 4시간 정도 걸립니다.

남 : 버스는 어떤가요?

여 : 버스는 신칸센보다도 쌉니다만, 시간이 더 걸립니다.

남 : 그렇습니까? 그럼 비싸지만, 이 표로 하겠습니다.

손님은 어느 표를 삽니까?

1 비행기 표
2 신칸센 표
3 버스 표
4 배 표

2회

해설 손님은 홋카이도에 비행기로 가려고 했으나, 자리가 없다고 했으므로 1번은 오답. 배는 무서워서 싫다고 했고, 버스보다 비싸지만 더 빨리 가는 신칸센을 사기로 했으니, 정답은 2번이다.

어휘 来週 다음 주 | 北海道 홋카이도 | 行く 가다 | ～たい ~하고 싶다 | 飛行機 비행기 | もう 이제, 이미, 벌써 | 席 자리 | 新幹線 신칸센 | バス 버스 | 船 배 | まだ 아직 | いかがですか 어떠신가요?, どうですか의 정중어 | 怖い 무섭다 | どのくらい 어느 정도 | かかる 걸리다 | ～よりも ~보다도 | 安い 싸다 | 高い 비싸다

7ばん Track 2-1-07

レストランで店の人とお客さんが話しています。店の人はこの後、何を持ってきますか。

女：お待たせしました。アイスコーヒーとチーズケーキです。

男：あれ？チーズケーキは注文していないんですが…。

女：あ、すみません。チョコレートケーキでしたか。

男：いいえ、いちごのアイスクリームを注文しました。

女：それでは、すぐにお持ちします。

男：それから、お水もお願いします。

女：わかりました。

店の人はこの後、何を持ってきますか。

1　アイスコーヒーとチョコレートケーキ

2　アイスコーヒーといちごのアイスクリーム

3　お水といちごのアイスクリーム

4　お水とチョコレートケーキ

7번

레스토랑에서 가게 사람과 손님이 이야기하고 있습니다. 점원은 이후, 무엇을 가지고 옵니까?

여 : 오래 기다리셨습니다. 아이스 커피와 치즈 케이크입니다.

남 : 어라? 치즈 케이크는 주문하지 않았습니다만….

여 : 아, 죄송합니다. 초코 케이크였나요?

남 : 아니요, 딸기 아이스크림을 주문했습니다.

여 : 그럼, 바로 가져오겠습니다.

남 : 그리고, 물도 부탁합니다.

여 : 알겠습니다.

점원은 이후, 무엇을 가지고 옵니까?

1 아이스 커피와 초코 케이크

2 아이스 커피와 딸기 아이스크림

3 물과 딸기 아이스크림

4 물과 초코 케이크

해설 점원이 가장 처음에 가지고 온 것은 아이스 커피와 치즈 케이크인데, 남자는 치즈케이크를 주문하지 않고 딸기 아이스크림을 주문했다고 했다. 그러자 점원이 바로 가지고 오겠다고 했으며 남자는 추가로 물을 요청했으므로 정답은 3번이다.

어휘 お待たせしました 오래 기다리셨습니다 | アイスコーヒー 아이스 커피 | チーズケーキ 치즈 케이크 | 注文する 주문하다 | チョコレートケーキ 초코 케이크 | いちご 딸기 | アイスクリーム 아이스크림 | お持ちします 가져오겠습니다 | お水 물

문제 2 문제 2에서는 먼저 질문을 들으세요. 그리고 이야기를 듣고 문제지의 1~4 중에서 가장 좋은 것을 하나 고르세요.

れい Track 2-2-00

男の人と女の人が話しています。男の人はどうしてあくびをしますか。

男：ふぁー。(あくびの音)
女：村松さん、よくあくびをしていますね。疲れているんですか。
男：最近、眠れなくて。
女：え？何かあるんですか。
男：先月、子供が生まれたじゃないですか。夜になると、よく泣くんですよ。
女：あ、それで。

男の人はどうしてあくびをしますか。

1 仕事が大変だから
2 夜になったから
3 子どもに泣かれたから
4 子どもが生まれたから

예

남자와 여자가 이야기하고 있습니다. 남자는 왜 하품을 합니까?

남 : 하아~. (하품 소리)
여 : 무라마쓰 씨 자주 하품을 하네요. 피곤하세요?
남 : 최근 잠을 못 자서.
여 : 네? 무슨 일 있나요?
남 : 지난달 아이가 태어났잖아요. 밤이 되면 자주 울어서요.
여 : 아, 그래서.

남자는 왜 하품을 합니까?

1 일이 힘들기 때문에
2 밤이 되었기 때문에
3 아이가 울었기 때문에
4 아이가 태어났기 때문에

해설 남자는 지난달 태어난 아이가 밤에 자주 울어 잠을 못 잤다고 했으므로 정답은 3번이다. 「泣かれる」는 「泣く」의 수동형으로 '피해'의 뜻으로 사용되었음에 주의하자.

어휘 あくびをする 하품을 하다 | 疲れる 피곤하다 | 最近 최근 | 眠る 잠들다 | 先月 지난달 | 生まれる 태어나다 | 夜になる 밤이 되다 | 泣く 울다 | 仕事 일 | 大変だ 힘들다, 큰일이다

1ばん Track 2-2-01

男の人と女の人が話しています。女の人はどこが痛いですか。

男：どうしましたか。
女：すみません、薬がほしいんですが。
男：風邪ですか。
女：よくわかりませんが、頭が痛くて、体が熱いです。
男：お腹やのどはどうですか。
女：お腹は痛くありません。のども大丈夫です。
男：じゃ、この薬を飲んでください。すぐよくなりますよ。

女の人はどこが痛いですか。

1 頭
2 体
3 お腹
4 のど

1번

남자와 여자가 이야기하고 있습니다. 여자는 어디가 아픕니까?

남 : 왜 그러세요?
여 : 죄송합니다, 약이 필요합니다만.
남 : 감기예요?
여 : 잘 모르겠습니다만, 머리가 아프고, 몸이 뜨겁습니다.
남 : 배나 목은 어때요?
여 : 배는 아프지 않습니다. 목도 괜찮아요.
남 : 그러면, 이 약을 먹으세요. 곧 좋아집니다.

여자는 어디가 아픕니까?

1 머리
2 몸
3 배
4 목

해설 「頭が痛くて、体が熱いです 머리가 아프고 몸이 뜨겁습니다」라고 했으며, 배와 목은 아프지 않다고 했다. 따라서 정답은 1번이 된다.

어휘 薬 약 | ～がほしい ~이 필요하다, ~을 원하다 | 風邪 감기 | 頭 머리 | 体 몸 | 熱い 뜨겁다 | お腹 배 | のど 목 | 大丈夫だ 괜찮다 | 薬を飲む 약을 먹다 | ～てください ~해 주세요 | すぐ 곧, 바로 | よくなる 좋아지다

2ばん Track 2-2-02

女の人と男の人が話しています。二人は、どうしてプレゼントをスイーツにしましたか。

女：もうそろそろ年末だし、お世話になった方にプレゼントを贈りましょうか。

男：そうですね。会社の先輩や大学の先生に贈りましょう。

女：だったら、40代から50代の男性ですよね。お酒とかこのビールセットはどうですか。

男：う〜ん、もっと家族みんなで楽しめるものはないでしょうか。

女：だったらこのスイーツはどうですか。

男：うん、これなら、奥さんとかお子さんも喜びそうですね。

二人は、どうしてプレゼントをスイーツにしましたか。

1　40代から50代の男性だから
2　会社の先輩が喜ぶから
3　大学の先輩は甘いものが好きだから
4　家族みんなが喜ぶから

2번

여자와 남자가 이야기하고 있습니다. 두 사람은 왜 선물을 양과자로 했습니까?

여 : 이제 슬슬 연말이고, 신세를 진 분께 선물을 보낼까요?

남 : 그러네요. 회사 선배나 대학 선생님께 보냅시다.

여 : 그렇다면 40대에서 50대 남성이죠? 술이라든지 이 맥주 세트는 어떨까요?

남 : 음~, 좀 더 가족 모두가 즐길 수 있는 것은 없을까요?

여 : 그렇다면 이 양과자는 어때요?

남 : 응, 이거라면, 부인이나 아이도 기뻐할 것 같네요.

두 사람은 왜 선물을 양과자로 했습니까?

1 40대에서 50대 남성이기 때문에
2 회사의 선배가 기뻐하기 때문에
3 대학의 선배는 단것을 좋아하기 때문에
4 가족 모두가 기뻐하기 때문에

해설 「家族みんなで楽しめるもの 가족 모두가 즐길 수 있는 것」가 좋겠다고 했으므로 정답은 4번이다.

어휘 スイーツ 양과자(초콜릿, 푸딩, 케이크, 과자 등과 같이 단 것) | そろそろ 슬슬 | 年末 연말 | お世話になる 신세를 지다 | 方 분 | 贈る 선물하다, 보내다 | ～代 ~대 | 男性 남성 | もっと 더 | 楽しめる 즐길 수 있다, 즐거움을 주다 | だったら 그렇다면 | 奥さん (남의)아내, 부인 | お子さん (남의)자녀 | 喜ぶ 기뻐하다

3ばん Track 2-2-03

女の人と男の人が話しています。男の人はどうして飲み会に行きませんでしたか。

女：昨日はどうして飲み会に来なかったんですか。 みんな、待ちましたよ。

男：ごめんなさい。最近、仕事が忙しくて、残業が多いんです。

女：そうですか。大変ですね。

男：それに、昨日は体の調子も悪くて…。

女：仕事が多いから、疲れたんじゃないでしょうか。

男：はい。そうみたいですね。

男の人はどうして飲み会に行きませんでしたか。

1 会議があったから

2 体の具合が悪かったから

3 お酒がきらいだから

4 ほかの飲み会があったから

3번

여자와 남자가 이야기하고 있습니다. 남자는 왜 술자리에 가지 않았습니까?

여 : 어제는 왜 회식에 안 왔어요? 모두 기다렸어요.

남 : 미안해요. 최근 일이 바빠서 야근이 많아요.

여 : 그런가요. 힘들겠네요.

남 : 게다가 어제는 몸 상태도 안 좋아서….

여 : 일이 많아 피곤했던 게 아닐까요?

남 : 네. 그런 거 같아요.

남자는 왜 술자리에 가지 않았습니까?

1 회의가 있었기 때문에

2 몸 상태가 나빴기 때문에

3 술을 싫어하기 때문에

4 다른 술자리가 있었기 때문에

해설 「昨日は体の調子も悪くて 어제는 몸 상태도 안 좋아서」라고 했으므로 정답은 2번이다.

어휘 飲み会 술자리 | 残業 야근 | 多い 많다 | 大変だ 힘들다, 큰일이다 | 体の調子が悪い 몸 상태가 안 좋다 | 具合 상태

4ばん Track 2-2-04

男の人と女の人が話しています。女の人はどうして朝ごはんを食べませんでしたか。

男：高木さん、おはよう。

女：あ、吉村さん、おはよう。はあ…。

男：どうしましたか。

女：今日はいつもより遅く起きて、朝ごはんを食べる時間がなかったんです。電車も人が多くて疲れました。

男：それは、大変でしたね。あ、ぼくパンを買ったんですが、一つあげましょうか。

女：え？いいんですか。

男：はい、どうぞ。食べて、仕事がんばりましょう。

女の人は、どうして朝ごはんを食べませんでしたか。

1　お腹が空いていなかったから
2　いつもより遅く起きたから
3　電車に人が多かったから
4　パンを買えなかったから

4번

남자와 여자가 이야기하고 있습니다. 여자는 왜 아침밥을 먹지 않았습니까?

남 : 다카기 씨, 안녕하세요.

여 : 아, 요시무라 씨, 안녕하세요. 하아….

남 : 왜 그러세요?

여 : 오늘은 평소보다 늦게 일어나서, 아침밥을 먹을 시간이 없었어요. 전철도 사람이 많아서 피곤해요.

남 : 그거 힘들었네요. 아, 나 빵을 사왔는데, 한 개 줄까요?

여 : 아? 괜찮아요?

남 : 네, 여기요. 먹고, 일 열심히 합시다.

여자는 왜 아침밥을 먹지 않았습니까?

1 배가 고프지 않았으니까
2 평소보다 늦게 일어났으니까
3 전철에 사람이 많았으니까
4 빵을 살 수 없었으니까

해설 여자가 아침밥을 먹지 않은 이유에 대해, 「今日はいつもより遅く起きて、朝ごはんを食べる時間がなかったんです 오늘은 평소보다 늦게 일어나서, 아침밥을 먹을 시간이 없었어요」라고 했다. 따라서 2번이 정답이다.

어휘 朝ごはん 아침밥 | 食べる 먹다 | いつもより 평소보다 | 遅い 늦다 | 起きる 일어나다 | 電車 전철 | 多い 많다 | 疲れる 피곤하다 | 大変だ 힘들다, 큰일이다 | パン 빵 | 買う 사다 | 一つ 한 개, 하나 | あげる 주다 | どうぞ 여기요(상대에게 권유) | 仕事 일 | がんばる 열심히 하다 | お腹が空く 배가 고프다

5ばん Track 2-2-05

女の人と男の人が話しています。男の人がこの会社に入りたい理由は何ですか。

女：高橋さんは、どこの会社に入りたいですか。
男：私は、この会社に入りたいです。
女：この会社は、たくさんのビジネスをやっていますが、どんな所に入りたいですか。
男：私は、新しい食べ物を研究するところがいいです。
女：あ、そうですか。どうしてですか。
男：私は食べ物が好きで、いろいろ新しいものを食べてみたいんです。何を作れば人々が喜ぶか、知りたいからです。

男の人がこの会社に入りたい理由は何ですか。

1 おいしい料理をたくさん食べたいから
2 この会社はいろいろなビジネスがあるから
3 人々が喜ぶ料理を作ってみたいから
4 新しいビジネスを研究したいから

5번

여자와 남자가 이야기하고 있습니다. 남자가 이 회사에 들어가고 싶은 이유는 무엇입니까?

여 : 다카하시 씨는 어디 회사에 들어가고 싶어요?
남 : 저는 이 회사에 들어가고 싶습니다.
여 : 이 회사는 많은 사업을 하고 있습니다만, 어떤 곳에 들어가고 싶나요?
남 : 저는 새로운 음식을 연구하는 곳이 좋습니다.
여 : 아, 그래요? 왜요?
남 : 저는 음식을 좋아하고, 여러 가지 새로운 것을 먹어보고 싶거든요. 무엇을 만들면 사람들이 기뻐할지 알고 싶어서요.

남자가 이 회사에 들어가고 싶은 이유는 무엇입니까?

1 맛있는 요리를 많이 먹고 싶으니까
2 이 회사는 다양한 비즈니스가 있으니까
3 사람들이 기뻐하는 요리를 만들어보고 싶으니까
4 새로운 비즈니스를 연구하고 싶으니까

해설 남자는 먹는 것을 좋아하고 어떤 요리를 만들면 사람들이 기뻐하는지 알고 싶은데, 이 회사에는 새로운 음식을 연구하는 부서가 있기 때문에 이 회사에 들어가고 싶다고 한 것이므로 정답은 3번이다.

어휘 理由 이유 | ビジネス 비즈니스 | やる 하다 | 新しい 새롭다 | 研究 연구 | 喜ぶ 기뻐하다

6ばん Track 2-2-06

男の人と女の人が話しています。女の人はどうして忙しいですか。

男：山本さん、授業の後は、何をしますか。
女：デパートに行って、買い物をしようと思っています。
男：デパートですか。いいですね。何を買いますか。
女：明日、母の誕生日なので、プレゼントを買おうと思っています。それから、私が料理やケーキも作りますから、スーパーにも行かなければなりません。
男：そうですか。忙しいですね。

女の人はどうして忙しいですか。

1 山本さんとケーキを作るから
2 デパートでお母さんに会うから
3 デパートやスーパーに買い物に行くから
4 デパートへケーキを買いに行くから

6번

남자와 여자가 이야기하고 있습니다. 여자는 왜 바쁩니까?

남 : 야마모토 씨, 수업 후에는 무엇을 합니까?
여 : 백화점에 가서, 쇼핑하려고 합니다.
남 : 백화점입니까? 좋겠네요. 무엇을 삽니까?
여 : 내일, 어머니 생일이라 선물을 사려고 합니다. 그리고 제가 요리나 케이크도 만들어야 하니까, 슈퍼에도 가지 않으면 안 됩니다.
남 : 그러세요? 바쁘군요.

여자는 왜 바쁩니까?

1 야마모토 씨와 케이크를 만드니까
2 백화점에서 어머니와 만나니까
3 백화점이랑 슈퍼에 쇼핑하러 가니까
4 백화점에 케이크를 사러 가니까

해설 남자가 여자보고 바쁘다고 한 이유는, 우선 어머니 생일 선물을 사러 백화점에 간다고 했는데, 선물을 사고 나서, 이번에는 요리와 케이크를 만들 재료를 사러 슈퍼에 가야 한다고 했기 때문이다. 따라서 3번이 정답이다.

어휘 授業 수업 | デパート 백화점 | 買い物 쇼핑 | ～ようと思っています ~하려고 합니다 | 買う 사다 | 明日 내일 | 母 (나의) 어머니 | 誕生日 생일 | プレゼント 선물 | 料理 요리 | ケーキ 케이크 | 作る 만들다

문제 3 **문제 3에서는 그림을 보면서 질문을 들어주세요. →(화살표)가 가리키는 사람은 뭐라고 말합니까? 1~3 중에서 가장 좋은 것을 하나 고르세요.**

れい Track 2-3-00

ご飯を食べた後であいさつをします。何と言いますか。

女：1　ご飯をおいしく食べました。

2　ごちそうさまでした。

3　おかえりなさい。

예

밥을 먹은 후에 인사를 합니다. 뭐라고 말합니까?

여 : 1 밥을 맛있게 먹었습니다.

2 잘 먹었습니다.

3 잘 다녀오셨나요?

해설 밥을 먹기 전에는「いただきます」, 밥을 먹은 후에는「ごちそうさまでした」라고 인사한다.

어휘 あいさつ 인사 | おいしく 맛있게

1ばん Track 2-3-01

先輩と1年ぶりに会いました。何と言いますか。

男：1　お久しぶりですね。

2　1年ですね。

3　ここで会いましたね。

1번

선배와 1년 만에 만났습니다. 뭐라고 말합니까?

남 : 1 오랜만이네요.

2 1년이네요.

3 여기서 만났네요.

해설 선배와 1년 만에 만나서 '오래간만입니다'라고 인사를 하는 장면이므로 1번이 정답이다.

어휘 先輩 선배 | ～ぶり (시간의 경과를 나타내는)~만에 | 久しぶり 오래간만, 오랜만

2ばん Track 2-3-02

友だちと映画を見に行きたいです。友だちに何と言いますか。

女：1　映画を見に行きませんか。

2　映画を見に行ってください。

3　映画を見に行ってきます。

2번

친구와 영화를 보러 가고 싶습니다. 친구에게 뭐라고 말합니까?

여 : 1 영화를 보러 가지 않겠습니까?

2 영화를 보러 가 주세요.

3 영화를 보러 다녀오겠습니다.

해설 어떤 동작을 함께 하자고 말할 때는,「～ませんか ~하지 않겠습니까?」를 사용하여 의사 표현을 하는데, 이 표현 앞에「いっしょに 함께, 같이」가 오면 더 정확하다. 2번은 상대에게 혼자 가라는 의미이고, 3번은 같이 가자는 말이 아니라 나 혼자 다녀오겠다는 뜻이 된다.

어휘 友だち 친구 | 映画 영화 | 見る 보다 | ます형+に行く ~하러 가다 | ～たい ~하고싶다 | ～てください ~해 주세요 | 行ってきます 다녀오겠습니다

3ばん Track 2-3-03

寝る前にあいさつをします。何と言いますか。

女：1　おかえりなさい。
　　2　おやすみなさい。
　　3　こんばんは。

3번

자기 전에 인사를 합니다. 뭐라고 말합니까?

여 : 1 잘 다녀왔어요?
　　2 안녕히 주무세요.
　　3 안녕하세요.

해설 비교적 출제빈도가 높으므로 다양한 인사말을 숙지해 두어야 한다. 자기 전에 사용하는 인사말은 2번이며, 1번은 외출했다 돌아온 사람에게 하는 말이고, 3번은 저녁에 만났을 때 하는 인사말이다.

어휘 寝る 자다 | ～前に ~전에 | おかえりなさい 잘 다녀왔어요? | おやすみなさい 안녕히 주무세요 | こんばんは 안녕하세요(저녁인사)

4ばん Track 2-3-04

会社で新しい人に会いました。何と言いますか。

男：1　おはようございます。
　　2　どういたしまして。
　　3　はじめまして。

4번

회사에서 새로운 사람을 만났습니다. 뭐라고 말합니까?

남 : 1 안녕하세요.
　　2 천만에요.
　　3 처음 뵙겠습니다.

해설 일본인은 처음 만난 사람에게 3번「はじめまして 처음 뵙겠습니다」라고 인사를 한다. 1번은 아침에 만났을 때 사용하는 인사말이며, 2번은 상대가 감사표시를 했을 때 하는 인사말이다.

어휘 会社 회사 | 新しい 새롭다 | 人 사람 | ～に会う ~을 만나다 | おはようございます 안녕하세요(아침 인사) | どういたしまして 천만에요 | はじめまして 처음 뵙겠습니다

5ばん Track 2-3-05

友達のはさみを使いたいです。何と言いますか。

男：1　このはさみ、返してもいいですか。
　　2　このはさみ、貸してもいいですか。
　　3　このはさみ、借りてもいいですか。

5번

친구의 가위를 쓰고 싶습니다. 뭐라고 말합니까?

남 : 1 이 가위, 돌려줘도 되나요?
　　2 이 가위, 빌려줘도 되나요?
　　3 이 가위, 빌려도 되나요?

해설 「返す 돌려주다」, 「貸す 빌려주다」, 「借りる 빌리다」를 잘 구분하자. 1번은 '내가 너에게 돌려줘도 돼?'라는 의미이며, 2번은 '내가 너에게 빌려줘도 돼?'라는 의미이고, 3번은 '내가 너에게 빌려도 돼?'라는 의미이므로 정답은 3번이다.

어휘 友達 친구 | はさみ 가위 | 使う 사용하다, 쓰다 | 返す (빌린 것을)돌려주다 | 貸す 빌려주다 | 借りる 빌리다

문제 4 문제 4는 그림 등이 없습니다. 문장을 듣고 1~3 중에서 가장 좋은 것을 하나 고르세요.

れい Track 2-4-00

女：ごめんなさい。待ちましたか。

男：1　いいえ、僕も今来たばかりなんです。

2　いいえ、待ちませんでした。

3　はい、たくさん待ちました。

예

여 : 미안해요, 기다렸나요?

남 : 1 아니요, 저도 방금 막 왔습니다.

2 아니요, 기다리지 않았습니다.

3 네, 많이 기다렸습니다.

해설 여자는 자신 때문에 기다린 것을 사과하고 있으므로, 그에 대한 대답으로는 1번이 가장 적당하다. 2번은 대답으로는 어색하며, 3번의 경우는 우리말로 하면 '많이 기다렸다'이지만, 정도를 나타내므로「たくさん」은 적합하지 않다.

어휘 ごめんなさい 미안합니다, 죄송합니다(잘못이나 무례를 사과하는 말) | ~たばかりだ ~한지 얼마 안 되다

1ばん Track 2-4-01

男：会議室に誰かいますか。

女：1　いいえ、誰かいません。

2　いいえ、誰もいません。

3　はい、誰がいます。

1번

남 : 회의실에 누군가 있습니까?

여 : 1 아니요, 누군가 없습니다.

2 아니요, 아무도 없습니다.

3 네, 누가 있습니다.

해설 '회의실에 누군가 있습니까?'라는 질문에 '아니요, 아무도 없습니다'라고 대답한 2번이 정답이다.

어휘 会議室 회의실 | 誰 누구

2ばん Track 2-4-02

女：昼ごはんは何にしますか。

男：1　カレーライスが好きです。

2　ラーメンにします。

3　ハンバーガーはおいしいです。

2번

여 : 점심은 무엇으로 하겠습니까?

남 : 1 카레라이스를 좋아합니다.

2 라면으로 하겠습니다.

3 햄버거는 맛있습니다.

해설 '점심으로 무엇을 먹을 것이냐고 묻고 있으므로,「~にする ~으로 하다」를 사용하여 라면을 선택하고 있는 2번이 정답이다.

어휘 昼ごはん 점심(밥) | カレーライス 카레라이스 | ~が好きだ ~을 좋아하다 | ラーメン 라면 | ハンバーガー 햄버거 | おいしい 맛있다

3ばん Track 2-4-03

女：田中さんの趣味は何ですか。

男：1　私は自転車に乗るのが好きです。

2　趣味もありません。

3　何でもありません。

3번

여 : 다나카 씨의 취미는 무엇입니까?

남 : 1 나는 자전거 타는 것을 좋아합니다.

2 취미도 없습니다.

3 아무것도 아닙니다.

해설 취미가 무엇이냐는 질문에 '자전거 타는 것을 좋아한다'고 대답한 1번이 정답이다.

어휘 趣味 취미 | 自転車に乗る 자전거를 타다

4ばん Track 2-4-04

男：旅行はどうでしたか。

女：1　とても楽しかったです。

2　あまり、高くなかったです。

3　ちょっとうるさかったです。

4번

남 : 여행은 어땠습니까?

여 : 1 매우 즐거웠습니다.

2 별로 비싸지 않았습니다.

3 조금 시끄러웠습니다.

해설 질문은 여행에 대한 감상을 묻고 있으므로, 「とても楽しかったです 매우 즐거웠습니다」라고 한 1번이 정답이다.

어휘 旅行 여행 | どうでしたか 어땠습니까? | とても 매우 | 楽しい 즐겁다 | あまり～ない 별로 ~지 않다 | 高い ①비싸다 ②높다 | ちょっと 조금, 약간 | うるさい 시끄럽다

5ばん Track 2-4-05

男：このパソコン、使ってもいいですか。

女：1　はい、もう使いました。

2　すみません、今から使います。

3　まだ使っていないんですが…。

5번

남 : 이 컴퓨터, 사용해도 됩니까?

여 : 1 네, 이미 사용했습니다.

2 죄송합니다, 지금부터 사용합니다.

3 아직 사용하고 있지 않습니다만….

해설 상대에게 컴퓨터를 사용해도 되냐고 허락을 구하고 있으므로, 이제부터 자신이 사용하겠다고 답한 2번이 정답이다. 1번과 3번은 컴퓨터를 사용했는지 물었을 때 할 수 있는 대답이므로 오답이다.

어휘 この 이 | パソコン 컴퓨터 | 使う 사용하다 | ～てもいいですか ~해도 됩니까? | もう 이미, 벌써 | 今から 지금부터 | ～んです ~겁니다 | まだ 아직 | ～ていない ~하고 있지 않다

6ばん Track 2-4-06

男：風邪ですか。

女：1 はい、きのうから。

2 はい、今日は風が強いですね。

3 はい、吹いていますね。

6번

남 : 감기입니까?

여 : 1 네, 어제부터.

2 네, 오늘은 바람이 강하네요.

3 네, 불고 있네요.

해설 「風邪 감기」와 「風 바람」에 주의하자. '감기에 걸렸냐'라는 질문에 '어제부터'라고 대답한 1번이 정답이다.

어휘 風邪 감기 | 風が強い 바람이 세다 | 吹く (바람 등이)불다

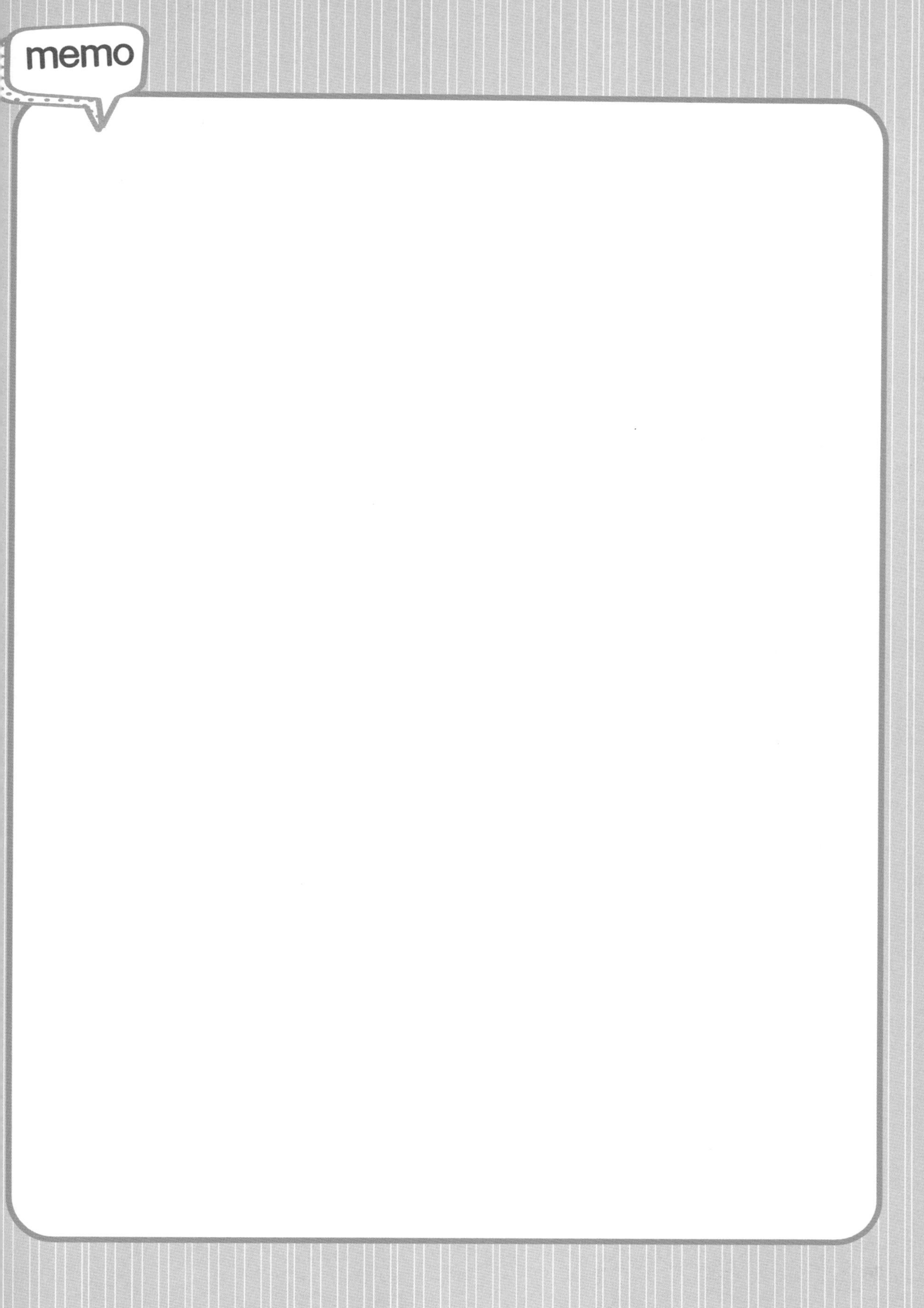
memo

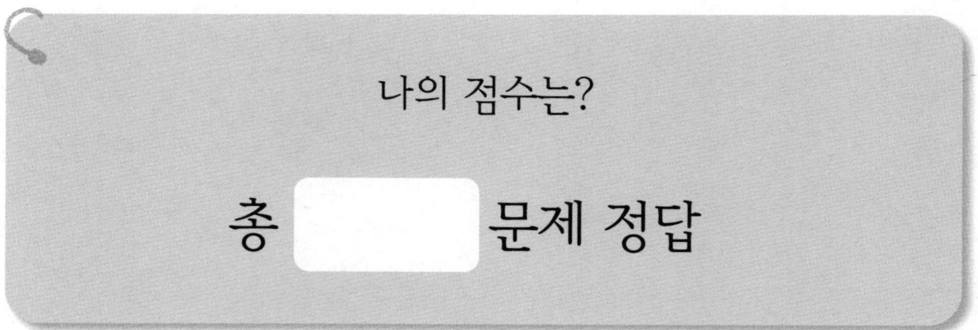

혹시 부족한 점수라도 실망하지 말고 해설을 보며 다시 확인하고 틀린 문제를 다시 풀어보세요. 실력이 점점 쌓여갈 것입니다.

JLPT N4 제1회 실전모의고사 정답

1교시 언어지식(문자·어휘)

문제 1 1 2　2 1　3 4　4 1　5 2　6 3　7 4

문제 2 8 4　9 4　10 2　11 4　12 3

문제 3 13 4　14 2　15 1　16 3　17 2　18 1　19 4　20 3

문제 4 21 4　22 4　23 4　24 2

문제 5 25 4　26 3　27 3　28 1

1교시 언어지식(문법)

문제 1 1 2　2 1　3 2　4 2　5 2　6 3　7 3　8 1　9 2
10 2　11 1　12 3　13 4

문제 2 14 3　15 2　16 4　17 1

문제 3 18 4　19 2　20 1　21 4

1교시 독해

문제 4 22 4　23 3　24 3

문제 5 25 2　26 3　27 4

문제 6 28 2　29 4

2교시 청해

문제 1 1 4　2 4　3 3　4 2　5 4　6 2　7 1　8 4

문제 2 1 3　2 4　3 4　4 4　5 2　6 2　7 1

문제 3 1 1　2 1　3 2　4 3　5 3

문제 4 1 3　2 1　3 1　4 2　5 3　6 3　7 2　8 1

1회 실전모의고사 정답

1교시 언어지식(문자·어휘)

문제1 ________의 단어는 히라가나로 어떻게 씁니까? 1 · 2 · 3 · 4에서 가장 좋은 것을 하나 고르세요.

1　あつい　ものを　冷蔵庫に　いれるのは　よく　ありません。

1 れいぞうこう　2 れいぞうこ　3 れいじょうこう　4 れいじょうこ

뜨거운 것을 냉장고에 넣는 것은 좋지 않습니다.

어휘 熱い 뜨겁다 | 冷蔵庫 냉장고 | 入れる 넣다

2　まだ　仕事が　残って　います。

1 のこって　2 あまって　3 あらって　4 うたって

아직 일이 남아 있습니다.

어휘 まだ 아직 | 仕事 일 | 残る 남다 | 余る 남다(이미 필요한 부분을 다 채우고 잉여로 남은 경우 사용) | 洗う 씻다 | 歌う 노래하다

3　にほん　ぜんこく　りょうきんは　無料です。

1 ぶりょ　2 むりょ　3 ぶりょう　4 むりょう

일본 전국 요금은 무료입니다.

어휘 全国 전국 | 料金 요금 | 無料 무료
✚ 有料 유료

4　うちの　クラスには　音楽が　とくいな　ひとが　おおいです。

1 おんがく　2 おんかく　3 ほんがく　4 ぼんかく

우리 반에는 음악을 잘하는 사람이 많습니다.

어휘 うち 우리 | クラス 클래스, 반 | 音楽 음악 | 得意だ 잘하다, 자신 있다 | 多い 많다
✚ 美術 미술

5　せんげつ　机と　いすを　買いました。

1　おなか　　2　つくえ　　3　あたま　　4　ふとん

지난달 책상과 의자를 샀습니다.

어휘　先月 지난달 | 机 책상 | 椅子 의자 | 買う 사다 | お腹 배 | 頭 머리 | 布団 이불

6　となりの　部屋には　だれも　いません。

1　ぶおく　　2　ふおく　　3　へや　　4　べや

옆방에는 아무도 없습니다.

어휘　隣 옆 | 部屋 방 | 誰 누구

7　たなかさん、のみものは　何に　するか　決めましたか。

1　さめました　　2　しめました　　3　のめました　　4　きめました

다나카 씨, 음료수는 무엇으로 할지 정했습니까?

어휘　飲み物 음료수 | 決める 정하다

✚ 食べ物 먹을 것 | 決まる 결정되다 | 閉める 닫다

문제 2　______의 단어는 어떻게 씁니까? 1 · 2 · 3 · 4에서 가장 좋은 것을 하나 고르세요.

8　わたしは　びじゅつかんに　いくのが　すきです。

1　図書館　　2　大使館　　3　博物館　　4　美術館

나는 미술관에 가는 것을 좋아합니다.

어휘　美術館 미술관 | 図書館 도서관 | 大使館 대사관 | 博物館 박물관

9　この　へやは　でんきが　きえて　いて　くらいです。

1　青い　　2　晴い　　3　昔い　　4　暗い

이 방은 전기가 꺼져 있어서 어둡습니다.

어휘　部屋 방 | 電気 전기 | 消える 꺼지다, 사라지다 | 暗い 어둡다 | 青い 파랗다

10 きのう あねと けんかを しました。

1 兄　2 姉　3 妹　4 弟

어제 누나(언니)와 싸움을 했습니다.

어휘 姉(あね) 누나, 언니 | けんかをする 싸움을 하다 | 兄(あに) 형, 오빠 | 妹(いもうと) 여동생 | 弟(おとうと) 남동생

11 こちらに かいしゃの じゅうしょを おかきください。

1 往書　2 住処　3 往所　4 住所

이쪽에 회사의 주소를 적어 주십시오.

어휘 住所(じゅうしょ) 주소 | お+ます형+ください 존경의 의뢰(~해 주십시오)
✚ 住宅(じゅうたく) 주택 | 住民(じゅうみん) 주민 | お住(す)まい 사시는 곳, 집, 주거지

12 じてんしゃに のって こうえんまで いきました。

1 地転車　2 地輪車　3 自転車　4 自輪車

자전거를 타고 공원까지 갔습니다.

어휘 自転車(じてんしゃ) 자전거 | 公園(こうえん) 공원
✚ 自信(じしん) 자신 | 自分(じぶん) 자신

문제 3 (　　　)에 무엇을 넣습니까? 1 · 2 · 3 · 4에서 가장 좋은 것을 하나 고르세요.

13 わたしの いちばん すきな テレビ (　　　) は、ニュースです。

1 えいが　2 おんがく　3 ざっし　4 ばんぐみ

제가 가장 좋아하는 텔레비전 프로그램은 뉴스입니다.

어휘 番組(ばんぐみ) (텔레비전, 라디오 등의)프로그램 | 映画(えいが) 영화 | 音楽(おんがく) 음악 | 雑誌(ざっし) 잡지

14 この くつは (　　　) いいですね。

1 はきやすい　2 はきやすくて　3 きやすい　4 きやすくて

이 구두는 신기 편해서 좋네요.

어휘 靴(くつ) 구두, 신발 | 履(は)く (하의) 입다, 신다 | ます형+やすい ~하기 쉽다, 좋다 | 着(き)る (몸 전체 또는 상반신의 옷을)입다

15 ははに　おいしい　りょうりを　つくって（　　　）。

1　もらいました　　2　くれました　　3　くださいました　　4　やりました

엄마에게 맛있는 요리를 만들어 받았습니다.(엄마가 맛있는 요리를 만들어 주었습니다.)

어휘 母(はは) 엄마 | ～てもらう ~해 받다 | くれる (상대방이 나에게) 주다 | くださる (상대방이 나에게) 주시다 | やる 손 아랫 사람, 동/식물에게 주다

16 日本(にほん)に　いる　あいだに（　　　）ふじさんに　のぼって　みたいです。

1　ちゃんと　　2　まだ　　3　ぜひ　　4　たぶん

일본에 있는 동안에 꼭 후지산에 올라보고 싶습니다.

어휘 ぜひ ～たい 꼭 ~하고 싶다 | 登(のぼ)る 등산하다 | ちゃんと 확실히, 분명히 | まだ 아직 | たぶん 아마

✚ ぜひ ～てください 꼭 ~해주세요

17 先生(せんせい)、この　しりょうを（　　　）いただけませんか。

1　かりして　　2　かして　　3　さして　　4　みえて

선생님, 이 자료를 빌려주시지 않겠습니까?

어휘 資料(しりょう) 자료 | ～ていただけませんか ~해주시지 않겠습니까?

✚「貸(か)す 빌려주다」와「借(か)りる 빌리다」 혼동 주의

18 子(こ)どもの　ころ、「あぶないから（　　　）で　あそぶな！」と、よく　おやに　いわれました。

1　マッチ　　2　パソコン　　3　カメラ　　4　スマホ

어렸을 때 '위험하니 성냥으로 놀지 마!'라고, 자주 부모님께 들었습니다.

어휘 ころ 경, 쯤, 때 | 危(あぶ)ない 위험하다 | マッチ 성냥 | 遊(あそ)ぶ 놀다 | 동사기본형＋な ~하지 마(금지 표현) | 言(い)われる 일컬어지다, 듣다 | スマホ 스마트폰

19 バスを　まって　いますが（　　　）きません。

1　とても　　2　いくら　　3　どんなに　　4　なかなか

버스를 기다리고 있습니다만, 좀처럼 안 옵니다.

어휘 なかなか ① 꽤+긍정형 ② 좀처럼+ 부정형 | とても 매우 | いくら ① 얼마 ② 아무리 ~해도 | どんなに 얼마나, 아무리

20 きょうしつに かさを（　　　）きました。

1 おぼえて　　2 かんがえて　　3 わすれて　　4 くらべて

교실에 우산을 깜박 잊고 왔습니다.

어휘 教室(きょうしつ) 교실 | 傘(かさ) 우산 | 忘(わす)れる 잊다, 깜박하다 | 覚(おぼ)える 외우다, 기억하다 | 考(かんが)える 생각하다 | 比(くら)べる 비교하다

문제 4 ＿＿＿＿의 문장과 대체로 같은 의미의 문장이 있습니다. 1 · 2 · 3 · 4에서 가장 좋은 것을 하나 고르세요.

21 ここは　やおやです。

1 ここで　テレビが　かえます。

2 ここで　さかなが　かえます。

3 ここで　ふくが　かえます。

4 ここで　やさいが　かえます。

이곳은 채소 가게입니다.

1 이곳에서 텔레비전을 살 수 있습니다.

2 이곳에서 생선을 살 수 있습니다.

3 이곳에서 옷을 살 수 있습니다.

4 이곳에서 채소를 살 수 있습니다.

해설 「八百屋(やおや) 채소 가게」에서는 채소를 살 수 있으므로 정답은 4번이다.

어휘 八百屋(やおや) 채소 가게 | 野菜(やさい) 채소 | 買(か)える 살 수 있다(가능형) | 魚(さかな) 생선 | 服(ふく) 옷

22 あめは　やんで　います。

1 あめが　また　ふります。

2 いまから　あめが　ふります。

3 いまも　あめは　ふって　います。

4 あめは　ふって　いません。

비는 그쳐 있습니다.

1 비가 또 내립니다.

2 지금부터 비가 내립니다.

3 지금도 비는 내리고 있습니다.

4 비는 내리고 있지 않습니다.

해설 비가 그쳐 있다는 것은 '이제는 내리고 있지 않다'라는 의미이므로 정답은 4번이다.

어휘 止(や)む (비, 눈, 바람 등이) 그치다, 멎다 | また 또

23 わたしは　ちいさい　じが　みえません。

1 わたしは　せが　たかいです。

2 わたしは　てが　おおきいです。

3 わたしは　あたまが　いいです。

4 わたしは　めが　わるいです。

저는 작은 글씨가 안 보입니다.

1 저는 키가 큽니다.

2 저는 손이 큽니다.

3 저는 머리가 좋습니다.

4 저는 눈이 나쁩니다.

해설 작은 글씨가 안 보인다는 것은 보기 중에서 '눈이 나쁘다'라는 의미에 해당되므로 정답은 4번이다.

어휘 字(じ) 글씨, 글자 | 見(み)える 보이다 | 背(せ)が高(たか)い 키가 크다 | 手(て) 손 | 頭(あたま) 머리 | 目(め) 눈 | 悪(わる)い 나쁘다

24 きむらさんの　くつは　よごれて　います。

1 きむらさんの　くつは　きれいです。

2 きむらさんの　くつは　きたないです。

3 きむらさんの　くつは　つよいです。

4 きむらさんの　くつは　よわいです。

기무라 씨의 구두는 더러워져 있습니다.

1 기무라 씨의 구두는 깨끗합니다.

2 기무라 씨의 구두는 더럽습니다.

3 기무라 씨의 구두는 강합니다.

4 기무라 씨의 구두는 약합니다.

해설 '더럽혀져 있다는 것은 '더럽다'의 의미이므로 정답은 2번이다.

어휘 汚(よご)れる 더러워지다 | 汚(きたな)い 더럽다 | 強(つよ)い 강하다 | 弱(よわ)い 약하다

문제 5 다음 단어의 사용법으로 가장 적당한 것을 1・2・3・4에서 하나 고르세요.

25 まにあう 늦지 않다, 제시간에 대다

1 ちこくして テストに まにあいました。
2 むりを して からだを まにあって しまいました。
3 にほんの せいかつにも もう まにあいました。
4 いまから いけば じゅぎょうに まにあいます。

1 지각해서 시험에 늦지 않았습니다.
2 무리해서 몸을 늦지 않아버렸습니다.
3 일본 생활에도 이미 늦지 않았습니다.
4 지금부터 가면 수업에 늦지 않습니다.

해설 1번은「テストが受けられませんでした 시험을 보지 못했습니다」, 2번은「体を壊してしましました 건강을 해쳐버렸습니다」, 3번은「慣れました 익숙해졌습니다」로 수정하는 것이 자연스럽다.

어휘 遅刻 지각 | 無理 무리 | 体 몸 | 生活 생활 | 授業 수업

26 にる 닮다

1 この パソコンは にて もう つかえません。
2 せんせいに たんじょうびの プレゼントを にました。
3 わたしは ちちにも ははにも にて いません。
4 かれの じてんしゃは わたしのと にると とても かるかったです。

1 이 컴퓨터는 닮아서 이제 사용할 수 없습니다.
2 선생님께 생일 선물을 닮았습니다.
3 나는 아빠도 엄마도 안 닮았습니다.
4 그의 자전거는 나의 것과 닮으면 매우 가벼웠습니다.

해설 1번은「壊れる 고장나다」, 2번은 선생님께 생일선물을 받았으면「いただきました 받았습니다」, 드렸다면「差し上げました 드렸습니다」, 4번은「比べる 비교하다」로 수정하는 것이 자연스럽다.

어휘 似る 닮다 | もう 이제, 이미, 벌써 | 壊れる 고장나다, 망가지다 | 使う 사용하다 | 誕生日 생일 | プレゼント 선물 | 自転車 자전거 | 比べる 비교하다 | 軽い 가볍다

27 けしき 경치

1 かれは けしきが とても いそがしいようです。

2 すみません、ふく けしきは なんがいですか。

3 この やまからの けしきは ほんとうに すばらしいです。

4 ほかの ひとの けしきも よく きいて ください。

1 그는 경치가 매우 바쁜 것 같습니다.

2 실례합니다, 옷 경치는 몇 층입니까?

3 이 산에서의 경치는 정말로 멋있습니다.

4 다른 사람의 경치도 잘 들어주세요.

해설 1번은 「仕事(しごと) 일」, 2번은 「売り場(うりば) 매장」, 4번은 「意見(いけん) 의견」으로 수정하는 것이 자연스럽다.

어휘 服(ふく) 옷 | 何階(なんがい) 몇 층 | ほかの人 다른 사람

28 きびしい 엄하다

1 わたしの ちちは じかんに きびしい ひとです。

2 この くすりは とても きびしいですね。

3 あかちゃんが ねて いるので、きびしく して ください。

4 こどもは きびしい プールで およがないで ください。

1 저의 아버지는 시간에 엄격한 사람입니다.

2 이 약은 매우 엄하네요.

3 아기가 자고 있으니 엄하게 해주세요.

4 어린이는 엄한 수영장에서 헤엄치지 마세요.

해설 2번은 「苦(にが)い 쓰다」, 3번은 「静(しず)かだ 조용하다」, 4번은 「深(ふか)い 깊다」로 수정하는 것이 자연스럽다.

어휘 厳(きび)しい 엄하다, 혹독하다 | 薬(くすり) 약 | 苦(にが)い 쓰다 | 赤(あか)ちゃん 아기 | 泳(およ)ぐ 수영하다, 헤엄치다

1교시 언어지식(문법)

문제 1 (　　　)에 무엇을 넣습니까? 1・2・3・4에서 가장 좋은 것을 하나 고르세요.

1　昨日　はじめて　カレーを　作って　みましたが、2時間（　　）かかりました。

1　で　　2　も　　3　を　　4　に

어제 처음으로 카레를 만들어 보았습니다만, 2시간이나 걸렸습니다.

문법포인트! ～時間(じかん)もかかる : '~시간이나 걸리다' 어떤 일을 할 때 걸린 시간을 강조하는 표현

어휘 はじめて 처음으로 | カレー 카레 | 作(つく)る 만들다 | かかる 걸리다

2　この　単語(たんご)は　きのう　おぼえた（　　）なのに、もう　わすれて　しまいました。

1　ばかり　　2　しか　　3　こと　　4　から

이 단어는 어제 막 외웠는데 벌써 잊어버렸습니다.

문법포인트! 동사た형+たばかりだ : 막 ~했다

예 今着(いまつ)いたばかりです。지금 막 도착했습니다.

어휘 単語(たんご) 단어 | 覚(おぼ)える 외우다, 암기하다 | 忘(わす)れる 잊다

3　A「あの　映画(えいが)、もう　見(み)ましたか。」

B「いいえ、忙(いそが)しくて　私(わたし)は　まだ（　　）。」

1　見ません　　2　見て　いません　　3　見たいです　　4　見て　います

A「저 영화, 이미 봤습니까?」

B「아니요, 바빠서 저는 아직 못 봤습니다.」

문법포인트! 「もう～ましたか 벌써 ~했습니까?」라는 질문에는 「まだ～ていません 아직 ~못했습니다」와 같이 대답하는 패턴을 암기해 두자.

어휘 もう 이제, 이미, 벌써 | 忙(いそが)しい 바쁘다 | まだ 아직

4　来年(らいねん)から　海外(かいがい)で　はたらく（　　）なりました。

1　ものに　　2　ことに　　3　そうに　　4　だけに

내년부터 해외에서 근무하게 되었습니다.

문법포인트! ～ことになる(する) : ~하기로 되다(하다)

어휘 海外(かいがい) 해외 | 働(はたら)く 일하다, 근무하다

5 子どもが ねて いる（　　）家事を 終わらせなければ なりません。

1 あいだ　　2 あいだに　　3 まで　　4 までに

아이가 자고 있는 사이에 집안일을 끝마쳐야 합니다.

문법포인트!

✓ あいだ：~동안, 내내 예 夏休みのあいだ、ずっと国に帰っていました。여름 방학 동안(내내), 줄곧(계속) 고향에 돌아가 있었습니다. (여름 방학 내내 고향에 있었음. 계속 연결, 쭉)

✓ あいだに：~동안에, 사이에 예 夏休みのあいだに、北海道に行ってみたいです。여름 방학 동안에 홋카이도에 가보고 싶습니다. (여름 방학 동안에 홋카이도에 한 번 다녀오면 됨. 그 사이, 동안에 어떤 일이 행해짐)

어휘 家事 집안일 | 終わらせる 끝내다, 마치다

6 テーブル うえに メニューが おいて（　　）。

1 あいます　　2 なります　　3 あります　　4 います

테이블 위에 메뉴(판)이 놓여져 있습니다.

문법포인트!

✓「置く」는 '~을(를) 놓다, 두다'라는 의미의 타동사이므로「置いてあります」가 맞는 표현이다.

✓ 타동사의 상태 표현：타동사て형+てある

✓ 자동사의 상태 표현：자동사て형+ている

어휘 メニュー 메뉴(판) | 置く 놓다, 두다

7 わたしは ゆうべ、あかちゃんに（　　）ぜんぜん ねむれませんでした。

1 ないて　　2 なかせられて　　3 なかれて　　4 なかせて

나는 어젯밤, 아기가 울어대서 전혀 잠을 자지 못했습니다.

문법포인트!

✓「あかちゃんに泣かれて」를 직역하면 '아기에게 울어댐을 당해서'가 되겠지만, 우리말에 이런 표현은 없다. 이는 피해(迷惑)의 수동태 표현이다. 쉽게 말해 그 일 때문에 자신에게 어떤 형태로든 '피해, 손해 등이 발생했다'는 의미로 쓰인다.

예 雨に降られました。비를 맞았습니다.

父に死なれました。아버지가 돌아가셨습니다.

友だちに来られて、勉強できませんでした。친구가 와서 공부를 못했습니다.

어휘 ゆうべ 어젯밤 | あかちゃん 아기 | ぜんぜん 전혀 | 眠る 자다

8 A「さいきん、子どもが　ご飯を　（　　　）こまって　いますよ。」
B「それは　しんぱいですね。」

1 たべなくて　　2 たべないで　　3 たべないでも　　4 たべなくても

A「요즘, 아이가 밥을 안 먹어서 애먹고 있어요.」
B「그거 걱정이네요.」

문법포인트!
- ～なくて : ~하지 않아서 (이유)
  예 朝ご飯を食べなくて、お腹すいています。아침을 안 먹어서, 배가 고픕니다.
- ～ないで : ~하지 않고 (나열)
  예 朝ご飯を食べないで、学校へ行きました。아침을 안 먹고, 학교에 갔습니다.

어휘 最近 최근 | 困る 곤란하다, 난처하다 | 心配 걱정

9 この　へんは　夜に　なると　（　　　）すぎて、ちょっと　こわいです。

1 しずかで　　2 しずか　　3 しずかに　　4 しずかな

이 근처는 밤이 되면 너무 조용해서 좀 무섭습니다.

문법포인트!
- 형용사 어간+すぎる : 너무(지나치게) ~하다

어휘 このへん 이 근처 | 怖い 무섭다

10 きゅうに　雨が　降って　きたので、友だちが　わたしに　かさを　かして（　　　）。

1 もらいました　　2 くれました　　3 あげました　　4 やりました

갑자기 비가 내리기 시작해서, 친구가 저에게 우산을 빌려주었습니다.

문법포인트!
- 友達がかさを貸してくれました。친구가 우산을 빌려주었습니다.
  友達にかさを貸してもらいました。친구에게 우산을 빌려 받았습니다.
  위의 두 문장은 표현의 차이는 있지만 두 문장의 결과는 완전히 같다. 주고받기 동사 문제는 조사가 결정적인 역할을 할 때가 많다.

어휘 雨 비 | 降る 내리다 | 傘 우산 | 貸す 빌려주다

11 これからは　遅れない　（　　　）して　ください。

1 ように　　2 ものに　　3 だけに　　4 ばかりに

앞으로는 늦지 않도록 해 주세요.

문법포인트!
- ～ようにしてください : ~하도록 해 주세요
  예 宿題は金曜日までに出すようにしてください。숙제는 금요일까지 제출하도록 해 주세요.

어휘 これから 앞으로 | 遅れる 늦다

12 先週 貸した 本、(　　　)。

1 借りても いいですか
2 借りて もらえます
3 返して もらえませんか
4 貸しては いけません

지난주 빌려준 책, 돌려받을 수 없습니까? (돌려줄 수 없을까요?)

문법포인트! ⊘ ~てもいいです : ~해도 좋습니다
⊘ ~てもらえますか(ませんか) : ~해 줄 수 있을까요? (없을까요?)
⊘ ~てはいけません : ~해서는 안 됩니다.

어휘 貸す 빌려주다 | 借りる 빌리다 | 返す 돌려주다

13 田中 部長は いつ (　　　)。

1 お戻りに なりません
2 お戻りいたします
3 お戻りします
4 お戻りに なりますか

다나카 부장님은 언제 돌아오시나요?

문법포인트! ⊘ お+ます형+になる : 존경어, ~하시다
⊘ お+ます형+する : 겸양어, ~해 드리다
예 お使いになる 사용하시다 お作りになる 만드시다 お聞きになる 들으시다

어휘 部長 부장 | 戻る 돌아오다(가다)

문제 2 ＿＿★＿＿에 들어가는 것은 무엇입니까? 1・2・3・4에서 가장 좋은 것을 하나 고르세요.

14 天気が いいから、どこ ＿＿＿ ＿＿＿ ★ ＿＿＿ 行きたいですね。

1 か
2 でも
3 に
4 旅行

날씨가 좋으니까 어딘가 여행이라도 가고 싶네요.

정답문장 天気がいいから、どこか旅行にでも行きたいですね。

문법포인트! ⊘「～に行く ~에 가다」에「～でも ~라도」를 붙여서「～にでも行く ~에라도 가다」가 됨에 주의한다.

어휘 天気 날씨 | どこか 어딘가 | 旅行に行く 여행을 가다

15 こんなに くもって いるから、午後(ごご) ＿＿＿ ＿＿＿ ＿★＿ ＿＿＿ しれません。

1 から　2 雨(あめ)が　3 降(ふ)るかも　4 は

이렇게 흐려져 있으니까 오후부터는 비가 내릴지도 모릅니다.

정답문장 こんなにくもっているから、午後(ごご)からは雨(あめ)が降(ふ)るかもしれません。

문법포인트! ~かもしれません : ~지도 모릅니다

어휘 こんなに 이렇게 | 曇(くも)る 흐리다 | 午後(ごご) 오후 | 雨(あめ)が降(ふ)る 비가 내리다

16 ＿＿＿ ＿＿＿ ＿★＿ ＿＿＿ が あがりません。

1 がんばって　2 せいせき　3 いくら　4 も

아무리 열심히 해도 성적이 오르지 않습니다.

정답문장 いくらがんばってもせいせきがあがりません。

문법포인트! いくら~ても : 아무리 ~해도

예 いくら待(ま)っても彼女(かのじょ)は来(き)ません。 아무리 기다려도 그녀는 오지 않습니다.

어휘 がんばる 분발하다, 노력하다 | 成績(せいせき) 성적

17 A「この 仕事(しごと)は ＿＿＿ ＿＿＿ ＿★＿ ＿＿＿ そうな 気(き)が しますね。」

B「ええ、わたしも そんな 気(き)が します。」

1 うまく　2 いき　3 なく　4 なんと

A「이 일은 왠지 잘될 것 같은 느낌이 드네요.」

B「네, 저도 그런 느낌이 들어요.」

정답문장 この仕事(しごと)はなんとなくうまくいきそうな気(き)がしますね。

문법포인트! うまくいく : (공부, 사업, 연애, 논문 등이)잘되다

예 すべてがうまくいっています。 모든 것이 잘되고 있습니다.

어휘 なんとなく 왠지, 어쩐지 | 気(き)がする 느낌(기분, 생각)이 들다

문제 3 [18] ~ [21] 에 무엇을 넣습니까? 문장의 의미를 생각하여 1 · 2 · 3 · 4에서 가장 좋은 것을 하나 고르세요.

'후쿠오카 너무 좋아'

지난달, 아버지의 일 관계로[18] 도쿄에서 후쿠오카로 이사 왔습니다. 도쿄는 일본에서 가장 큰 도시입니다만, 후쿠오카도 큰 도시입니다. 일본에서 5번째로 크다고 일컬어지고[19] 있습니다.

도쿄의 여름은 매우 덥습니다만, 후쿠오카의 여름은 더 덥다고 해서, 더위에 약한 저는 좀 걱정하고 있습니다. 하지만 기대하는 것도 있습니다. 후쿠오카는 여름 축제로 유명하다고 엄마가 가르쳐준 것입니다. 저는 축제를 매우 좋아해서 벌써 여름이 기대가 됩니다.

또한[20], 후쿠오카에는 맛있는 것도 많다고 들었습니다. 특히 하카타 라면이 맛있다고 들어서, 이사 온 다음 날, 하카타 라면을 먹으러 갔습니다. 후쿠오카에서 가장 유명한 라면 가게를 조사하여 가족 모두 다 같이 갔습니다만, 정말 맛있었습니다.

새 학교에서 친구가 생길지 불안했습니다만, 금방 많은 친구가 생겼습니다. 그리고 선생님들도 모두 자상하고 친절합니다. 지금은 학교에 가는 게 매우 즐겁습니다.

이사하기 전에는 조금 걱정하고 있었습니다만, 지금은 후쿠오카라는[21] 도시가 매우 좋아졌습니다.

어휘 大好(だいす)きだ 매우 좋아하다 | 関係(かんけい) 관계 | 引(ひ)っ越(こ)す 이사하다 | 都市(とし) 도시 | 目(め) ~째 | 5番目(ばんめ) 5번째 | 暑(あつ)さ 더위 | 弱(よわ)い 약하다 | 心配(しんぱい)だ 걱정이다 | 期待(きたい) 기대 | 夏祭(なつまつ)り 여름 축제 | 教(おし)える 가르치다 | 楽(たの)しみ 즐거움, 고대함, 기다려짐 | 特(とく)に 특히 | 次(つぎ)の日(ひ) 다음 날 | 調(しら)べる 조사하다 | 友(とも)だちができる 친구가 생기다 | 不安(ふあん) 불안

[18] 1 も 2 に 3 と 4 で

문법포인트! ⊘で : ~로 ⊘も : ~도 ⊘に : ~에 ⊘と : ~와

해설 「で」의 용법 문제로 이유를 나타낼 때 사용한다. 아버지의 일, 즉 직장 관계로(때문에) 이사했다는 것이므로 4번이 정답이다.

[19] 1 言(い)わせて 2 言(い)われて 3 言(い)わせられて 4 言(い)って おいて

문법포인트! ⊘言(い)われて : 일컬어지고 ⊘言(い)わせて : 말 시키고
⊘言(い)わせられて : 말하게 시킴을 당하고 ⊘言(い)っておいて : 말해두고

해설 「言(い)われている 일컬어지고 있다」는 일본어에서 세간의 평가 등을 표현할 때 아주 흔히 쓰이는 표현이므로 2번이 정답이다.

20 1 また 2 しかし 3 それで 4 すると

문법포인트! ⊘また : 또한 ⊘しかし : 그러나 ⊘それで : 그래서 ⊘すると : 그러자

해설 앞 문장에서 후쿠오카의 여름 축제가 기대된다고 했고, 뒤에서는 후쿠오카에는 맛있는 먹거리도 많다고 들었다고 했다. 따라서 좋은 일이 추가되는 것이므로, 「また」를 써야 한다.

21 1 のところ 2 とか 3 への 4 という

문법포인트! ⊘という : ~라는 ⊘のところ : ~의 부분 ⊘とか : ~라든가 ⊘への : ~로 가는

해설 '후쿠오카라는 도시가 너무 좋아졌다'라는 내용이 와야 하므로 4번이 정답이다.

1교시 독해

문제 4 다음 (1)~(3)의 글을 읽고 질문에 답하세요. 답은 1 · 2 · 3 · 4에서 가장 좋은 것을 하나 고르세요.

(1)

야마다 씨는 매일 밤 밥을 먹은 후 공원을 달리고 있었습니다. 다이어트를 위해서입니다. 하지만 점점 귀찮아져서 최근에는 달리고 있지 않습니다. 저녁을 먹은 후에는 매우 졸려지기 때문입니다. 그래서 옷을 갈아입거나 밖으로 나가는 것이 귀찮아져 버렸습니다. 그것을 친구에게 말했더니, 친구가 좋은 방법을 가르쳐 주었습니다. 친구들은 옷을 갈아입고 레스토랑에서 저녁을 먹는 게 어때? 라고 말했습니다. 그러면 밥을 먹은 후 바로 달리러 갈 수 있습니다. 야마다 씨는 '그렇구나'라고 생각했습니다. 야마다 씨는, 오랜만에 달리고 싶어졌기 때문에 내일 달린다고 합니다.

22 이 문장의 내용으로 올바른 것은 어떤 것입니까?

1 야마다 씨는 매일 아침 공원을 달리고 있습니다.
2 야마다 씨의 친구는 다이어트를 하고 있습니다.
3 야마다 씨는 친구와 함께 저녁을 먹습니다.
4 야마다 씨는 내일, 달리려고 생각하고 있습니다.

어휘 毎晩(まいばん) 매일 밤 | ~たあと ~한 후 | ため 때문, 위함 | でも 그렇지만, 하지만 | だんだん 점점 | 面倒(めんどう)だ 귀찮다 | 最近(さいきん) 최근 | 眠(ねむ)い 졸리다 | それで 그래서 | 服(ふく)を着(き)がえる 옷을 갈아입다 | 外(そと)に出(で)る 밖에 나가다 | ~たら ① ~하면 ② ~하자, 했더니 | 方法(ほうほう) 방법 | そうすると 그렇게 하면 | すぐ 바로, 곧 | ~に行(い)く ~하러 가다 | ~ことができる ~하는 것이 가능하다, 할 수 있다 | なるほど (상대방의 말을 받아서 자신도 같은 의견임을 나타냄) 확실히, 정말로 | ~と思(おも)う ~라고 생각하다 | 久(ひさ)しぶりに 오랜만에 | 보통형+そうだ ~라고 한다

해설 야마다 씨는 본인의 다이어트를 위해서 매일 밤을 달리고 있었고, 친구와 함께 저녁을 먹는다는 내용은 본문에 없다. 친구의 조언을 듣고 오랜만에 달리고 싶다는 생각이 들어서 내일 달린다고 했으니 정답은 4번이다.

(2)

이것은 같은 반의 마사오 군으로부터 시즈마 군에게 전달된 메일입니다.

시즈마 군
안녕하세요.
어제 학급회에서 올해 봄 소풍 일정과 장소가 결정되어서 알려드립니다.

일정 : 4월 6일 (금)
장소 : 싱글벙글 동물원

출발 시각은 아침 9시입니다만, 출발 15분 전까지는 학교에 와주세요. 싱글벙글 동물원까지 버스를 타고 갑니다. 도시락과 간식, 음료수를 가지고 와주세요. 그리고 동물원 입장료도 가지고 와주세요. 입장료는 700엔입니다만, 초등학생은 절반이 된다고 합니다.

시즈마 군은 아직 감기가 낫지 않았습니까? 모두 시즈마 군과 함께 소풍 가고 싶다고 합니다. 빨리 감기가 나으면 좋겠네요.

그럼, 이만.

마사오

23 시즈마 군은 소풍 날 어떻게 하면 됩니까?

1 도시락, 음료수 등과 입장료 350엔을 가지고 9시 15분까지 학교에 갑니다.
2 도시락, 음료수 등과 입장료는 지참하지 않고 9시 15분까지 학교에 갑니다.
3 도시락, 음료수 등과 입장료 350엔을 가지고 8시 45분까지 학교에 갑니다.
4 도시락, 음료수 등과 입장료는 지참하지 않고 8시 45분까지 학교에 갑니다.

어휘 届く(とどく) 전달되다, 도달하다 | 学級会(がっきゅうかい) 학급회 | 遠足(えんそく) 소풍 | 日程(にってい) 일정 | 場所(ばしょ) 장소 | 決(き)まる 결정되다 | お知(し)らせします 알려드립니다 | 動物園(どうぶつえん) 동물원 | 出発(しゅっぱつ) 출발 | 弁当(べんとう) 도시락 | おやつ 간식 | 飲(の)み物(もの) 음료수 | それから 그리고, 그러고 나서 | 入場料(にゅうじょうりょう) 입장료 | 半分(はんぶん) 절반 | 風邪(かぜ)が治(なお)る 감기가 낫다

해설 소풍 가는 날 도시락, 간식, 음료수를 챙겨오고, 동물원 입장료도 가지고 오라고 했다. 입장료는 원래 700엔이지만 초등학생은 절반이 된다고 했으니 350엔을 가지고, 9시 15분 전, 즉 8시 45분까지 가면 되므로 정답은 3번이다.

(3)

지난달에 아들과 함께 비행기를 탔습니다. 아이는 아직 1살입니다. 아들은 처음으로 비행기를 타기 때문에 저는 매우 걱정이었습니다. 아들이 시끄럽게 할지도 모르고, 오래 못 앉을지도 몰라서, 정말 걱정이었습니다. 가장 걱정했던 것은 비행기 안에서 아이가 계속 울지도 모른다는 것이었습니다. 그 때문에, 장난감이나 과자를 많이 준비해 갔습니다. 하지만 그것들은 필요 없었습니다. 왜냐하면 옆에 앉아 있었던 여성이 아들과 함께 놀아주고, 매우 친절하게 해 주었기 때문입니다. 아들은 매우 즐거운 듯이 앉아 있었습니다. 정말 감사한 마음으로 가득했습니다.

24 이 사람이 가장 걱정했던 일은 무엇입니까?

1 옆사람이 시끄럽게 하는 것.
2 아들이 장난감을 가지고 놀지 않는 것.
3 아들이 비행기에서 우는 것.
4 옆사람이 친절하지 않은 것.

어휘 息子(むすこ) 아들 | まだ 아직 | 歳(さい) 세 | 初(はじ)めて (경험상)처음으로 | うるさい 시끄럽다 | ～かもしれない ~일지도 모른다 | 泣(な)く 울다 | ます형+続(つづ)ける ~하기를 계속하다 | ～という ~라고 하다, ~라고 하는 | そのため 그 때문에 | おもちゃ 장난감 | お菓子(かし) 과자 | 準備(じゅんび) 준비 | それら 그것들 | 必要(ひつよう)だ 필요하다 | なぜなら 왜냐하면 | となり 옆 | 座(すわ)る 앉다 | 女(おんな)の人(ひと) 여자 | ～てくれる (남이 나에게)~해 주다 | そうに ~처럼, 듯이 | 感謝(かんしゃ) 감사 | 気持(きも)ち 마음, 심정 | いっぱいになる 가득해 지다

해설 본문 안에 '가장 걱정했던 것은 비행기 안에서 아이가 계속 울지도 모른다는 것이었습니다'라고 되어 있으니 정답은 3번이다.

문제 5 다음 글을 읽고 질문에 답하세요. 답은 1 · 2 · 3 · 4에서 가장 좋은 것을 하나 고르세요.

저는 대학생 때부터 혼자 살고 있습니다. 청소는 좋아하지 않지만 요리는 좋아하기 때문에 밥은 집에서 해 먹도록 하고 있습니다.

지금은 회사원입니다만, 항상 6시에 일이 끝나기 때문에 밥은 집에서 먹습니다. 그러나 오늘은 밤늦게까지 일을 했기 때문에 저녁밥을 만들 기운이 없었습니다. 그래서 회사에서 돌아올 때 편의점에 가서 인스턴트 카레를 샀습니다. 인스턴트 식품은 그다지 몸에 좋은 음식이 아니라고들 하지만, 매우 편하게 만들 수 있기 때문에 최근에는 자주 먹게 되었습니다. 피곤해 있을 때나 요리하는 것이 귀찮을 때는 ①인스턴트 식품이 최고입니다.

인스턴트 카레를 만드는 방법은 정말 간단합니다. 먼저 물을 끓입니다. 물이 끓으면 카레가 든 봉지를 뜨거운 물 속에 넣고 5분 정도 기다립니다. 그 사이에 밥을 접시에 담습니다. 5분 지나면 카레 봉지를 뜨거운 물에서 꺼내어 밥에 뿌리면 완성입니다.

5분은 짧은 시간이라고 생각하지만, 배고플 때 기다리는 것은 ②정말 힘듭니다. 하지만 매우 간단하고 맛있습니다. 여러분도 오늘은 인스턴트 카레를 먹는 게 어때요?

[25] 이 사람은 인스턴트 식품을 언제 샀습니까?

1 회사가 일찍 끝났을 때
2 밥을 지을 기운이 없었을 때
3 집 근처 편의점에 갔을 때
4 밤 늦게까지 깨어 있었을 때

해설 보통은 일이 6시에 끝나서 집에 와서 저녁을 먹지만, 오늘은 야근을 해서 밥을 지을 기운이 없어서 회사에서 돌아오는 길에 편의점에서 카레를 샀다고 했으니 정답은 2번이다.

[26] ①인스턴트 식품이 최고입니다라고 되어 있는데, 왜입니까?

1 편의점에서 살 수 있기 때문입니다.
2 밤 늦게 먹을 수 있기 때문입니다.
3 간단히 만들 수 있기 때문입니다.
4 만드는 방법이 어렵고 귀찮기 때문입니다.

해설 피곤하거나 요리 만드는 것이 귀찮을 때는 간단히 먹을 수 있는 인스턴트 식품이 최고라는 의미이므로 정답은 3번이다.

[27] ②정말 힘들어요라고 되어 있는데, 무엇이 힘듭니까?

1 뜨거운 물을 끓이는 것.
2 인스턴트 카레를 만드는 것.
3 배가 고픈 것.
4 짧은 시간을 기다리는 것.

해설 배고플 때는 짧은 시간이라도 기다리는 것이 힘들다는 의미이므로 4번이 정답이다. 배고픈 것이 정말 힘들다는 것이 아니므로 3번은 오답이다.

어휘 ～ようにする ~하도록 하다 | 仕事が終わる 일이 끝나다 | しかし 그러나 | 夜遅く 밤늦게 | だから 그러니까 | インスタント食品 인스턴트 식품 | 体 몸 | 食べ物 먹을 것, 음식 | 言われる 일컬어지다, 言う의 수동형 | 楽だ 편하다 | ～ようになる ~하게 되다 | 疲れる 피곤하다 | 面倒だ 귀찮다 | 作り方 만드는 법 | まず 먼저, 우선 | お湯を沸かす 물을 끓이다 | お湯が沸く 물이 끓다 | 袋 봉투, 봉지 | その間 그 사이 | 皿 접시 | 過ぎる 지나다 | かける 걸다, 걸치다, 얹다, 뿌리다 | 完成 완성 | 短い 짧다 | ～と思う ~라고 생각하다 | お腹がすく 배가 고프다 | 大変だ 큰일이다, 힘들다

문제 6 **오른쪽 페이지의 안내문을 보고 아래 질문에 답하세요. 답은 1 · 2 · 3 · 4에서 가장 좋은 것을 하나 고르세요.**

28 여름 세일에서 스포츠용품을 사고 싶은 사람은 어떻게 하면 됩니까?

1 8월 18일 밤부터 도쿄백화점 앞에 줄을 서는 것이 좋습니다.

2 8월 19일 오후 3시에 도쿄백화점에 가면 됩니다.

3 8월 20일 아침 일찍부터 인터넷으로 사면 됩니다.

4 8월 21일 오후 6시에 쿠폰으로 사면 됩니다.

해설 세일은 8월 19일(월)부터 8월 21일(수)까지이며, 시간은 오전 10시부터 오후 5시까지이므로 이 기준에 적합한 것은 2번뿐이다. 인터넷으로는 세일을 하지 않는다고 했으니 3번을 정답으로 고르지 않도록 주의한다.

29 이 안내문의 내용과 맞는 것은 어느 것입니까?

1 여름 세일은 도쿄 백화점의 모든 매장에서 실시됩니다.

2 여름 세일을 가고 싶은 사람은 8월 말에 가는 게 좋습니다.

3 여름 세일에서는 10,000엔 이상 사야만 합니다.

4 여름 세일에서는 테니스 라켓을 아주 싸게 살 수 있습니다.

해설 이 안내문은 스포츠용품에 한해서 세일하는 것을 알리고 있고, 기간이 8월 21일까지이므로 8월 말에 가면 안 된다. 이번 세일에서 1만엔 이상을 사야 하는 의무는 없고, 테니스 라켓은 70% 할인이므로 정답은 4번이다.

도쿄백화점 스포츠용품 매장 여름 세일 안내문

항상 방문해 주셔서 정말 감사합니다. 오늘은 여름 세일을 알려드리겠습니다.

도쿄백화점 3층 스포츠용품 매장에서는 8월 19일(월)부터 8월 21일(수)까지 3일간 여름 세일을 실시합니다. 시간은 오전 10시부터 오후 5시까지입니다. 기간 중에는 다양한 상품을 30%에서 70%의 할인된 가격으로 살 수 있습니다. (세일 상품이 아닌 것도 있습니다.) 또한, 10,000엔 이상 사신 분들께는 저희 백화점 500엔 쿠폰을 드립니다. 여러분의 방문을 기다리고 있겠습니다.

≪스포츠 용품 할인≫

야구 용품	35% 할인 (야구공은 10% 할인입니다.)
축구 용품	30% 할인 (축구공은 할인이 아닙니다.)
테니스 용품	50% 할인 (라켓은 70% 할인입니다.)
러닝 슈즈	40% 할인

※이외에도 많은 상품들이 준비하고 있습니다.

※인터넷에서는 세일은 실시하고 있지 않습니다.

어휘 並ぶ 진열되다, 줄 서다 | 内容 내용 | 合う 맞다 | 全部 전부 | 売り場 매장 | 末 말 | 安く 싸게 | 用品 용품 | お知らせ 알림 | 来店 내점(가게나 점포로 옴) | いただく 받다,「もらう」의 겸양어 | まことに 참으로, 대단히 | 本日 오늘 | ~(さ)せていただく (상대방이 허락하거나 은혜를 입어서) 내가 ~하(겠)다의 의미(공손한 표현) | 階 층 | 3日間 3일간 | 行う 거행하다, 행하다 | 期間中 기간 중 | いろいろな 여러 가지의 | 商品 상품 | 割引 할인 | 値段 가격 | また 또한 | 以上 이상 | 方 분 | 当デパート 당 백화점(본 백화점) | クーポンを差し上げる 쿠폰을 드리다 | お+ます형+する ~해 드리다(겸양어) | おる「いる」의 겸양어 | 野球 야구 | この他 이 외 | 準備 준비

2교시 청해 

문제 1 **문제 1에서는 먼저 질문을 들으세요. 그리고 이야기를 듣고 문제지의 1~4 중에서 가장 좋은 것을 하나 고르세요.**

れい Track 1-1-00

お母さんと息子が話しています。息子はどんな服を着ればいいですか。

女：ひとし、明日、お父さんの上司の家族との食事の約束、忘れてないよね。服とかちゃんと着ていかなきゃだめだよ。

男：え、暑いのにそんなのも気をつけなきゃいけないの。半そでと半ズボンにするよ。

女：だめよ。ちゃんとした食事会だから。

男：じゃ、ドレスコードでもあるの？

女：ホテルでの食事だから、ショートパンツだけは止めたほうがいいよ。

男：わかったよ。でも暑いのはいやだから、上は半そでにするよ。

息子はどんな服を着ればいいですか。

1　長そでのシャツと半ズボン
2　半そでのシャツと半ズボン
3　半そでのシャツと長いズボン
4　長そでのシャツと長いズボン

예

엄마와 아들이 이야기하고 있습니다. 아들은 어떤 옷을 입으면 됩니까?

여 : 히토시, 내일 아버지의 상사 가족과의 식사 약속 잊지 않았지? 옷이라든가 제대로 입고 가지 않으면 안 돼.

남 : 에~, 더운데 그런 것도 주의하지 않으면 안 되는 거야? 반소매와 반바지로 할 거야.

여 : 안 돼. 제대로 된 식사 모임이니까.

남 : 그럼, 드레스 코드라도 있는 거야?

여 : 호텔에서의 식사라서 반바지만은 안 입는 게 좋아.

남 : 알았어. 하지만 더운 것은 싫으니까, 상의는 반소매로 할래.

아들은 어떤 옷을 입으면 됩니까?

1 긴소매 셔츠와 반바지
2 반소매 셔츠와 반바지
3 반소매 셔츠와 긴바지
4 긴소매 셔츠와 긴바지

해설 아들은 반소매와 반바지를 입겠다고 했지만, 엄마는 제대로 된 식사 모임이므로 반바지만은 피하는 것이 좋다고 했다. 따라서 반소매와 긴바지 차림인 3번이 정답이다.

어휘 息子 아들 | 服 옷 | 上司 상사 | 忘れる 잊다 | ちゃんと 제대로 | 気をつける 조심하다, 주의하다 | 半そで 반소매 | 半ズボン 반바지 | だめだ 안 되다, 소용없다 | 食事会 식사 모임 | 止める 그만두다, 중지하다 | ~なさい ~하거라, ~해라 | でも 그렇지만, 하지만 | いやだ 싫다 | 長そで 긴소매

1ばん Track 1-1-01

くだもの屋で、男の人と女の人が話しています。女の人は何をいくつ買いますか。

男：いらっしゃいませ。

女：りんご３個とみかん５個ください。

男：はい、りんご３個とみかん５個ですね。

女：全部でいくらですか。

男：全部で1,000円です。りんごが１個多いセットのものを買っても同じ値段ですが…。

女：あ、そうですか。じゃあ、それにします。

女の人は何をいくつ買いますか。

4

1번

과일 가게에서 남자와 여자가 이야기하고 있습니다. 여자는 무엇을 몇 개 삽니까?

남 : 어서 오세요.

여 : 사과 3개와 귤 5개 주세요.

남 : 네, 사과 3개와 귤 5개지요.

여 : 다해서 얼마예요?

남 : 다해서 천 엔입니다. 사과가 1개 많은 세트를 사셔도 같은 가격입니다만….

여 : 아, 그래요. 그럼, 그걸로 할게요.

여자는 무엇을 몇 개 삽니까?

해설 처음에 여자가 말한 사과 3개와 귤 5개는 쉽게 알아들을 것이다. 하지만 마지막 부분에서 남자가 사과가 1개 많은 세트도 가격이 같다고 해서 여자는 그 세트를 달라고 했기 때문에 사과를 하나 더 사게 되는 것이므로 정답은 4번이다.

어휘 くだもの屋 과일 가게 | ～個 ~개 | 全部で 전부해서 | 同じだ 같다 | 値段 가격

2ばん Track 1-1-02

男の人と女の人が話しています。女の人は何を持っていきますか。

男：吉田さん、来週のホームパーティー楽しみですね。

女：そうですね。田中さんは何を持っていくか、もう決まっていますか。

男：ぼくは、ビールやワインなどのお酒を買って持っていこうと思っていますよ。吉田さんは。

女：私は、まだ決まっていなくて…。デザートはどうですか。家の近くに有名なケーキ屋さんがあるんですよ。

男：あ、それは、木村さんが持っていくそうですよ。ポテトチップスやチョコレートのお菓子は山本さんが持ってくるそうですし…。あ、みんなで遊べそうなカードゲームはどうですか。

女：いいですね。じゃ、そうします。

女の人は何を持っていきますか。

1　ビールやワインなどのお酒
2　有名なお店のケーキ
3　チョコレートなどのお菓子
4　みんなで遊べるカードゲーム

2번

남자와 여자가 이야기하고 있습니다. 여자는 무엇을 가지고 갑니까?

남 : 요시다 씨, 다음 주 홈 파티 기대되네요.

여 : 그렇네요. 다나카 씨는 무엇을 가지고 갈지, 이미 정해져 있나요?

남 : 저는 맥주나 와인 등의 술을 사 가려고 생각하고 있어요. 요시다 씨는요?

여 : 저는, 아직 결정되지 않아서…. 디저트는 어때요? 집 근처에 유명한 케이크 가게가 있거든요.

남 : 아, 그건 기무라 씨가 가지고 간다고 해요. 감자 칩이나 초콜릿 과자는 야마모토 씨가 가져온다고 하고…. 아, 다 같이 놀 수 있을 것 같은 카드 게임은 어때요?

여 : 좋네요. 그럼 그렇게 할게요.

여자는 무엇을 가지고 갑니까?

1 맥주나 와인 등의 술
2 유명한 가게의 케이크
3 초콜릿 등의 과자
4 모두가 놀 수 있는 카드 게임

해설 술 종류는 다나카 씨가, 디저트는 기무라 씨, 과자는 야마모토 씨가 가지고 가서 본문에 나와 있는 여자인 요시다 씨는 카드 게임을 가지고 가면 된다. 정답은 4번이다.

어휘 楽しみ 즐거움, 고대함, 기다려짐 | 決まる 결정되다 | 近く 가까운 곳, 근처 | ケーキ屋さん 케이크 가게 | 보통형+そうだ ~라고 한다 | ます형+そうだ ~처럼 보이다, ~일 것 같다 | そう 그렇게

3ばん Track 1-1-03

男の人と女の人が話しています。女の人はこれからどうしますか。

男：吉村さん、休みは何をしますか。

女：家族で北海道の温泉に行くつもりです。山田さんは？

男：ぼくは友だちと釣りに行こうと思っています。飛行機のチケットはとりましたか。

女：それが、まだなんです。温泉は予約したんですが…。

男：早くしたほうがいいですよ！そういえば、さくら航空の割引が明日までだったはずです。

女：え？そうなんですか！知りませんでした。

男：電話をしてみたらどうですか。ホームページよりは早く予約できるかもしれませんよ。

女：そうしてみます！ありがとうございます。

女の人はこれからどうしますか。

1 友だちと釣りにいく約束をします
2 温泉の予約をします
3 さくら航空に電話をします
4 さくら航空のホームページを見ます

3번

남자와 여자가 이야기하고 있습니다. 여자는 이제부터 어떻게 합니까?

남 : 요시무라 씨, 휴가 때 무엇을 합니까?

여 : 가족끼리 홋카이도의 온천에 갈 생각입니다. 야마다 씨는요?

남 : 저는 친구와 낚시를 가려고 생각하고 있습니다. 비행기 티켓은 예약했나요?

여 : 그게, 아직입니다. 온천은 예약했습니다만….

남 : 빨리 하는 편이 좋아요! 그러고 보니 사쿠라 항공의 할인이 내일까지였을 겁니다.

여 : 네? 그래요? 몰랐습니다.

남 : 전화를 해보는 게 어때요? 홈페이지보다는 빨리 예약할 수 있을지도 몰라요.

여 : 그렇게 해볼게요! 감사합니다.

여자는 이제부터 어떻게 합니까?

1 친구와 낚시하러 갈 약속을 합니다
2 온천 예약을 합니다
3 사쿠라 항공에 전화를 합니다
4 사쿠라 항공 홈페이지를 봅니다

해설 남자는 사쿠라 항공의 할인이 내일까지라서 전화를 해 보라고 했고, 여자는 알았다고 했으니 정답은 3번이다. 홈페이지보다는 빨리 예약할 수 있을지도 모른다고 했으니 4번이 아님에 주의한다.

어휘 これから 앞으로, 이제부터 | どう 어떻게 | 温泉 온천 | 釣り 낚시 | 飛行機 비행기 | チケットを取る 티켓을 예약하다 | 予約 예약 | そういえば 그러고보니 | 航空 항공 | 割引 할인 | はず (당연히, 마땅히) ~일 터

4ばん Track 1-1-04

男の人と女の人が電話で話しています。男の人は何に乗って行きますか。

(電話の着信音)

男：もしもし、山口さん、すみません。約束の時間に遅れそうなので電話しました。

女：あら、どうしましたか。何かありましたか。

男：会議が予定時間より遅く終わったんです。

女：あ、そうですか。

男：本当にすみません。今からタクシーに乗っていきます。

女：でも、今の時間はとても車がこむ時間ですよ。バスやタクシーはやめた方がいいと思います。

男：あ、電車の方がいいですか。タクシーの方が絶対はやいと思いましたが…。

男の人は何に乗って行きますか。

2

4번

남자와 여자가 전화로 이야기하고 있습니다. 남자는 무엇을 타고 갑니까?

(전화 착신음)

남 : 여보세요 야마구치 씨, 미안해요. 약속 시간에 늦을 것 같아서 전화했어요.

여 : 어머 왜 그러세요. 무슨 일 있었어요?

남 : 회의가 예정 시간보다 늦게 끝났어요.

여 : 아, 그래요.

남 : 정말 미안해요. 지금부터 택시 타고 가겠습니다.

여 : 근데 지금 시간은 몹시 차가 막힐 시간이에요. 버스나 택시는 안 타는 게 좋을 듯해요.

남 : 아, 전철 쪽이 좋을까요? 택시 쪽이 틀림없이 빠를 거라고 생각했습니다만….

남자는 무엇을 타고 갑니까?

해설 약속 시간에 늦어 택시를 타려 했으나, 여자가 지금은 차가 막히는 시간이니 버스나 택시는 타지 말라고 해서 전철을 타기로 했으므로 정답은 2번이다.

어휘 遅れる 늦다 | 予定 예정 | 車がこむ 차가 막히다 | 止める 그만두다, 중지하다 | 絶対 (부사적으로 사용) 절대, 무슨 일이 있어도

5ばん Track 1-1-05

女の人と男の人が話しています。二人は何を買いに行きますか。

女：来週のキャンプ、晴れるといいね。
男：そうだね。必要なものは全部あるよね？
女：うん。テントでしょ。それから、いす、テーブル、肉やジュースはキャンプ場で買えるみたいだから、持っていかなくていいし。
男：お皿とかフライパンとかは？
女：それも、キャンプ場にあるよ。あっ！バーベキューをするための手袋買うのを忘れてた。それからお酒も買っていかなきゃ！
男：じゃ、明日、近くのスーパーに買いに行こう。

二人は何を買いに行きますか。

4

5번

여자와 남자가 이야기하고 있습니다. 두 사람은 무엇을 사러 갑니까?

여 : 다음 주 캠프, (날씨가) 맑았으면 좋겠네.
남 : 그러네. 필요한 것은 전부 있지?
여 : 응. 텐트는 있고, 그리고 의자, 테이블, 고기나 주스는 캠핑장에서 살 수 있는 것 같으니 가져가지 않아도 되고.
남 : 접시나 프라이팬은?
여 : 그것도 캠핑장에 있어. 앗! 바비큐를 하기 위한 장갑 사는 것을 깜빡했네. 그리고 술도 사 가야겠다!
남 : 그러면 내일 근처 슈퍼에 사러 가자.

두 사람은 무엇을 사러 갑니까?

해설 1번은 이미 있고, 2번은 캠핑장에서 살 수 있고, 3번도 캠핑장에 있으니 4번만 근처 마트에 가서 가기로 하므로 정답은 4번이다.

어휘 晴れる 맑다, 개다 | キャンプ場 캠핑장 | ～みたいだ ~인 것 같다 | ため 때문, 위함 | 手袋 장갑 | それから 그 다음에, 그리고 | ～なきゃ「～なければならない ~하지 않으면 안 된다」의 회화체

6ばん Track 1-1-06

男の人と女の人が話しています。女の人はどのクラスに参加しますか。

男：山本さん、来週のお菓子作り、楽しみですね。どのクラスに参加しますか。

女：私は、クッキーは作ったことがあるので、ケーキを作るクラスにしようと思っています。田中さんは？

男：ぼくは、ドーナツを作るクラスにすることにしました。初めての人でも簡単に作れるそうです。

女：いいですね。私も簡単なクラスにしようかな。

男：プリンを作るクラスもあるそうですよ。ドーナツよりは難しいですが、ケーキよりは簡単に作れると思います。

女：うーん、プリンはあまり好きじゃないので、やっぱり最初に決めたこのクラスにします。

女の人はどのクラスに参加しますか。

1　クッキーを作るクラス
2　ケーキを作るクラス
3　ドーナツを作るクラス
4　プリンを作るクラス

6번

남자와 여자가 이야기하고 있습니다. 여자는 어느 반에 참가합니까?

남 : 야마모토 씨, 다음 주 과자 만들기 기대되네요. 어느 반에 참가하나요?

여 : 저는 쿠키는 만든 적이 있기 때문에 케이크를 만드는 반으로 하려고 합니다. 다나카 씨는요?

남 : 저는 도넛을 만드는 클래스로 하기로 했습니다. 처음 하는 사람도 간단히 만들 수 있다고 해요.

여 : 좋네요. 나도 간단한 반으로 할까?

남 : 푸딩을 만드는 클래스도 있다고 해요. 도넛보다는 어렵지만 케이크보다는 쉽게(간단히) 만들 수 있다고 생각해요.

여 : 음, 푸딩은 별로 좋아하지 않기 때문에 역시 처음에 정한 이 클래스로 하겠습니다.

여자는 어느 반에 참가하나요?

1 쿠키를 만드는 클래스
2 케이크를 만드는 클래스
3 도넛을 만드는 클래스
4 푸딩을 만드는 클래스

해설 남자는 도넛을 만드는 클래스로 여자는 케이크를 만드는 클래스로 정했다. 여자는 남자를 따라서 간단히 만들 수 있는 반으로 할까 생각도 했지만, 역시 처음에 정한 곳으로 하겠다고 했으니 정답은 2번이다.

어휘 お菓子作り 과자 만들기 | 参加 참가 | 楽しみ 즐거움, 고대함, 기다려짐 | 初めて (경험상의)처음 | 最初 최초 | 決める 결정하다

7ばん Track 1-1-07

女の人と男の人が話しています。男の人はこれからどうしますか。

女：あの、田村さん、大丈夫ですか。顔色がよくないですよ。
男：今朝から頭が痛くて…。
女：かぜかもしれませんね。薬は飲みましたか。
男：う～ん、薬はあまり飲みたくないんですよ。少し休めばよくなるでしょう。
女：薬が飲みたくないなら、早く病院に行った方がいいですよ。さっきより顔色が悪いですよ。薬買ってきてあげましょうか。
男：いや、薬はいいです。やっぱり行ってきます。

男の人はこれからどうしますか。

1 病院へ行きます
2 薬を飲みます
3 少し休みます
4 薬を買いに行きます

7번

여자와 남자가 이야기하고 있습니다. 남자는 이제부터 어떻게 합니까?

여 : 저기요, 다무라 씨, 괜찮아요? 안색이 좋지 않아요.
남 : 오늘 아침부터 머리가 아파서….
여 : 감기일지도 모르겠네요. 약은 먹었어요?
남 : 아니요, 약은 별로 먹고 싶지 않아요. 조금 쉬면 괜찮아질 거예요.
여 : 약을 먹고 싶지 않다면, 빨리 병원에 가는 게 좋겠어요. 아까보다 안색이 나빠요. 약 사다 줄까요?
남 : 아니요, 약은 됐습니다. 역시 다녀오겠습니다.

남자는 이제부터 어떻게 합니까?

1 병원에 갑니다
2 약을 먹습니다
3 잠시 쉽니다
4 약을 사러 갑니다

해설 「薬はいいです」는 '약이 좋다'는 말이 아니라 '됐다'는 거절의 뜻이다. 약은 먹기 싫다고 하며, 결국 병원에 가기로 했으므로 정답은 1번이다.

어휘 顔色がよくない 안색이 좋지 않다 | 今朝 오늘 아침 | 頭が痛い 머리가 아프다 | ～かもしれません ~일지도 모릅니다 | 薬を飲む 약을 먹다 | あまり～ない 별로 ~하지 않다 | 休む 쉬다 | さっきより 아까보다, 방금 전보다

8ばん Track 1-1-08

ホテルでガイドさんが話しています。お客さんは明日、何時にどこに集まらなければなりませんか。

女：みなさん、それでは明日のスケジュールについてお知らせいたします。明日の朝、9時50分までにホテルのロビーにお集まりください。今日は9時半に駐車場でしたが、明日は9時50分に駐車場ではなくて、ホテルのロビーです。ホテルのロビーなので、お間違えのないようにお願いいたします。明日はまず、景福宮へ行きます。景福宮はホテルのすぐそばなので歩いていきます。それから12時から昼ごはんを食べますが、メニューはビビンバです。昼ごはんのあとは……。

お客さんは明日、何時にどこに集まらなければなりませんか。

1　9時半に駐車場
2　9時半にホテルのロビー
3　9時50分に駐車場
4　9時50分にホテルのロビー

8번

호텔에서 가이드가 이야기하고 있습니다. 손님은 내일, 몇 시에 어디에 모여야 합니까?

여 : 여러분, 그럼 내일 일정에 관해 알려드리겠습니다. 내일 아침, 9시 50분까지 호텔 로비에 모여주세요. 오늘은 9시 반에 주차장이었습니다만, 내일은 9시 50분에 주차장이 아니라, 호텔 로비입니다. 호텔 로비이니, 착오 없으시기 바랍니다. 내일은 우선 경복궁에 갑니다. 경복궁은 호텔 바로 옆이므로 걸어서 갑니다. 그리고 12시부터 점심을 먹겠습니다만, 메뉴는 비빔밥입니다. 점심 식사 후에는…….

손님은 내일, 몇 시에 어디에 모여야 합니까?

1 9시 반에 주차장
2 9시 반에 호텔 로비
3 9시 50분에 주차장
4 9시 50분에 호텔 로비

해설 오늘 집합 시간은 9시 반이었으나 내일은 9시 50분이라고 했고, 장소도 주차장이 아닌 호텔 로비라고 했으므로 정답은 4번이다.

어휘 スケジュール 일정, 스케줄 | 知らせる 알리다 | ロビー 로비 | 集まる 모이다 | 駐車場 주차장 | お間違えのないように 착오 없으시도록, 틀리시지 않도록 | すぐそば 바로 옆 | 歩く 걷다

문제 2 문제 2에서는 먼저 질문을 들으세요. 그 후 문제지를 보세요. 읽을 시간이 있습니다. 그리고 이야기를 듣고 문제지의 1~4 중에서 가장 좋은 것을 하나 고르세요.

れい Track 1-2-00

男の人と女の人が話しています。男の人はどうしてコートを買いませんか。

女：お客様、こちらのコートはいかがでしょうか。
男：うん…、デザインはいいけど、色がちょっとね…。
女：すみません、今、この色しかないんです。
男：ぼく、黒はあまり好きじゃないんですよ。しかたないですね。
女：すみません。

男の人はどうしてコートを買いませんか。

1 デザインが気に入らないから
2 色が気に入らないから
3 値段が高いから
4 お金がないから

예

남자와 여자가 이야기하고 있습니다. 남자는 왜 코트를 사지 않습니까?

여 : 손님, 이쪽 코트는 어떠십니까?
남 : 음…, 디자인은 괜찮은데, 색깔이 좀….
여 : 죄송합니다, 지금 이 색깔밖에 없습니다.
남 : 난 검정은 별로 좋아하지 않아요. 어쩔 수 없네요.
여 : 죄송합니다.

남자는 왜 코트를 사지 않습니까?

1 디자인이 마음에 안 들어서
2 색이 마음에 안 들어서
3 값이 비싸서
4 돈이 없어서

해설 「ちょっとね」로 끝나면 '별로이다, 마음에 안 든다'는 의미이다. 남자는 코트의 디자인은 마음에 드는데 색깔이 마음에 들지 않는다고 했으므로 정답은 2번이다.

어휘 いかが 어떻게, 어떠함 | いかがでしょうか 어떠신가요? | 色 색 | ～しかない ~밖에 없다 | しかた(が)ない 어쩔 수 없다 | 気に入る 마음에 들다 | 値段 가격, 값

1ばん Track 1-2-01

女の人と男の人が話しています。男の人が図書館へ行く理由は何ですか。

女：田村さん、そのかばん、重そうですけど、何が入ってるんですか。

男：本です。図書館で借りたんですけど、重くて…。

女：そんなにたくさん借りられるんですか。

男：はい、大学の図書館は10冊まで借りられるんですよ。でも期間が短くて全然読めなかったんです。

女：じゃ、また同じ本を借りるんですか。

男：それが、すぐ借りることができなくて、1か月待たなければならないんです。

女：そうですか。それなら少しずつ借りたほうがよさそうですね。

男の人が図書館へ行く理由は何ですか。

1　たくさん本を借りたいから
2　好きな本を読みたいから
3　借りていた本を返したいから
4　待っていた本を借りに行きたいから

1번

여자와 남자가 이야기하고 있습니다. 남자가 도서관에 가는 이유는 무엇입니까?

여 : 다무라 씨, 그 가방, 무거워 보입니다만, 무엇이 들어 있습니까?

남 : 책입니다. 도서관에서 빌렸는데 무거워서….

여 : 그렇게 많이 빌릴 수 있나요?

남 : 네, 대학 도서관은 10권까지 빌릴 수 있거든요. 하지만 기간이 짧아서 전혀 읽을 수가 없었어요.

여 : 그럼 또 같은 책을 빌리는 건가요?

남 : 그게 바로 빌릴 수가 없어서 한 달을 기다려야 해요.

여 : 그렇습니까? 그렇다면 조금씩 빌리는 편이 좋을 것 같네요.

남자가 도서관에 가는 이유는 무엇입니까?

1 많은 책을 빌리고 싶으니까
2 좋아하는 책을 읽고 싶으니까
3 빌렸던 책을 돌려주고 싶으니까
4 기다리고 있던 책을 빌리러 가고 싶으니까

해설 남자가 기간이 짧아서 읽을 수 없었다고 한 것으로 보아 대학 도서관에서 빌린 책을 반납하러 가는 것이므로 정답은 3번이다.

어휘 **理由** 이유 | **い형용사 어간+そうだ** ~처럼 보이다, ~일 것 같다 | **～けど** ~이지만, 하지만 | **そんなに** 그렇게 | **借りる** 빌리다 | **冊** 권(책을 세는 단위) | **でも** 그렇지만, 하지만 | **期間** 기간 | **短い** 짧다 | **全然** 전혀 | **同じだ** 같다 | **それなら** 그렇다면 | **～ずつ** ~씩 | **よさそうだ** 좋아 보이다, 좋을 것 같다 | **返す** 되돌리다, 반납하다

2ばん Track 1-2-02

社長と女の人が会社で話しています。女の人はどうして食事会へ行きませんか。

女：社長、今日の午後のスケジュールですが、6時にニコニコ会社の社長と食事会があります。

男：あ、そうだったよね。青山君もいっしょに行かないか。

女：すみません、私は、今日はちょっと…。

男：どうしたんだ。体の具合でも悪いのか。

女：いいえ、実は今日、いなかから母と祖母が来るんです。

男：お母さんとおばあさんが？ どうして？

女：最近、祖母の体調が悪いので、仕事が終わったらいっしょに大きい病院へ行こうと思っているんです。

男：あ、そう？ それは大変だね。

女：すみません。

女の人はどうして食事会へ行きませんか。

1　体の具合が悪いから
2　おかあさんと食事をするから
3　いなかへ帰るから
4　おばあさんと病院へ行くから

2번

사장과 여자가 회사에서 이야기하고 있습니다. 여자는 왜 식사 모임에 가지 않습니까?

여 : 사장님, 오늘 오후 일정입니다만, 6시에 싱글벙글 회사 사장님과 식사 모임이 있습니다.

남 : 아, 그랬었지. 아오야마 군도 같이 안 가겠나?

여 : 죄송합니다, 저는 오늘은 좀….

남 : 왜 그래? 몸 상태가 안 좋은 건가?

여 : 아니에요, 실은 오늘 고향에서 어머니와 할머니가 오세요.

남 : 어머니와 할머니께서? 왜?

여 : 요즘 할머니 몸 상태가 나빠서 일이 끝나면 같이 큰 병원에 가보려고요.

남 : 아, 그래? 그거 큰일이군.

여 : 죄송합니다.

여자는 왜 식사 모임에 가지 않습니까?

1 몸 상태가 나빠서
2 어머니와 식사를 해서
3 고향에 돌아가서
4 할머니와 병원에 가서

해설 할머니를 모시고 병원에 가야 하기 때문에 식사 모임을 거절한 것이므로 정답은 4번이다.

어휘 午後 오후 | 食事会 식사 모임 | 体の具合が悪い 몸 상태가 나쁘다, 몸이 좋지 않다 | 実は 실은 | いなか ①시골 ②고향 | 祖母 할머니 | 最近 요즘 | 体調が悪い 몸 상태(건강)가 나쁘다

3ばん Track 1-2-03

男の人と女の人が話しています。男の人はどうしてコーヒーを買えませんでしたか。

男：はあ、疲れた。

女：どうしたんですか。何かあったんですか。

男：それが、今日の朝、カフェに行ったんですけど、コーヒーが買えなかったんです。

女：え？休みだったんですか。

男：いいえ、カフェは開いていたので、コーヒーを注文して買おうとしたら、財布がなくて…。

女：え？どこかに落としたんですか。

男：それが、母から電話があって、家の玄関に置いてあったそうです。朝から本当にびっくりして、疲れました。

女：そうでしたか。それは大変でしたね。

男の人はどうしてコーヒーを買えませんでしたか。

1　カフェが休みだったから

2　財布にお金がなかったから

3　財布を落としてしまったから

4　財布を家に忘れたから

3번

남자와 여자가 이야기하고 있습니다. 남자는 왜 커피를 사지 못했습니까?

남 : 하, 피곤하다.

여 : 무슨 일이에요? 뭔가 있었어요?

남 : 그게 오늘 아침에 카페에 갔었는데 커피를 못 샀어요.

여 : 네? 휴일이었나요?

남 : 아니요, 카페는 열려 있어서 커피를 주문해서 사려고 했는데, 지갑이 없어서….

여 : 어? 어딘가에 떨어뜨린 거예요?

남 : 그게 어머니로부터 전화가 왔는데 집 현관에 놓여 있었다고 해요. 아침부터 정말 깜짝 놀라서 지쳤어요.

여 : 그랬습니까? 그거 힘들었겠네요.

남자는 왜 커피를 사지 못했나요?

1 카페가 쉬는 날이었으니까

2 지갑에 돈이 없었으니까

3 지갑을 잃어버렸으니까

4 지갑을 집에 잊고 왔으니까

해설　포인트는 남자가 피곤한 이유가 지갑을 떨어뜨려서(잃어버려서)가 아니라, 집에 두고 온 것을 모르고 당황한 것이므로 정답이 4번임에 주의한다.

어휘　疲れる 피곤하다, 지치다 | どうしたんですか 무슨 일이에요? 왜 그래요? | 開いている 열려 있다 | 注文 주문 | 財布 지갑 | 落とす 떨어뜨리다 | 玄関 현관 | 置く 놓다, 두다 | びっくりする 깜짝 놀라다 | 大変だ 힘들다, 큰일이다 | 忘れる 잊다

4ばん Track 1-2-04

男の人と女の人が話しています。女の人はどうして引っ越しをしますか。

男：木村さん、来月引っ越しするんですか。

女：そうなんです。学校までは遠いんですが、駅やコンビニも近くて、便利だったのでちょっと残念です。

男：どうして引っ越しするんですか。

女：それが、先月となりの部屋に大学生が引っ越してきたんですが、犬を飼ってるんです。

男：犬がうるさいんですか。

女：それはまだ大丈夫なんですが、毎晩友だちと話す声が聞こえてくるので、うるさくて全然眠れないんです。

男：そうでしたか。

女の人はどうして引っ越しをしますか。

1　学校まで遠いから
2　駅やコンビニが近くにないから
3　となりの部屋に犬がいるから
4　となりの部屋が毎晩うるさいから

4번

남자와 여자가 이야기하고 있습니다. 여자는 왜 이사를 합니까?

남 : 기무라 씨, 다음 달에 이사할 건가요?

여 : 그렇습니다. 학교까지는 멀지만, 역이나 편의점도 가깝고 편리했기 때문에 조금 아쉽습니다.

남 : 왜 이사하는 건가요?

여 : 그게 지난달에 옆방에 대학생이 이사 왔는데 강아지를 키우고 있어요.

남 : 개가 시끄럽나요?

여 : 그건 아직 괜찮지만, 매일 밤 친구와 이야기하는 소리가 들려오기 때문에 시끄러워서 전혀 잠을 잘 수가 없어요.

남 : 그랬습니까?

여자는 왜 이사를 합니까?

1 학교까지 머니까
2 역이나 편의점이 근처에 없으니까
3 옆방에 강아지가 있으니까
4 옆방이 매일 밤 시끄러우니까

해설 이사를 하는 직접적인 이유는 강아지 소리 때문이 아니라, 매일 밤 친구와 이야기를 하는 소리가 들려와서 이므로 정답은 4번이다..

어휘 **どうして** 왜, 어째서 | **引っ越しをする** 이사를 하다 | **残念だ** 안타깝다, 유감이다 | **となり** 이웃, 옆 | **飼う** 키우다, 사육하다 | **うるさい** 시끄럽다 | **大丈夫だ** 괜찮다 | **声が聞こえる** 목소리가 들리다 | **全然** 전혀 | **眠る** 잠들다 | **近く** 가까운 곳, 근처

5ばん Track 1-2-05

教室で先生が話しています。明日雨が降ったら、生徒たちは何時までに学校に行かなければなりませんか。

女：明日はみんなが楽しみにしている運動会ですね。明日は９時半までに学校へ来てください。運動会は10時から５時までです。ところで、雨が降ったら、運動会は中止になります。朝起きて、雨が降っていたら、いつものように９時までに学校へ来てください。明日は先生や友達と一緒に楽しみましょう。

明日雨が降ったら、生徒たちは何時までに学校に行かなければなりませんか。

1　5時
2　9時
3　9時半
4　10時

5번

교실에서 선생님이 이야기하고 있습니다. 내일 비가 오면 학생들은 몇 시까지 학교에 가야합니까?

여 : 내일은 모두가 기대하고 있는 운동회지요. 내일은 9시 반까지 학교에 와주세요. 운동회는 10시부터 5시까지입니다. 그런데 비가 오면 운동회는 중지가 됩니다. 아침에 일어나서 비가 오고 있으면, 여느 때처럼 9시까지 학교에 와주세요. 내일은 선생님이나 친구와 함께 즐깁시다.

내일 비가 오면 학생들은 몇 시까지 학교에 가야합니까?

1 5시
2 9시
3 9시 반
4 10시

해설 내일 운동회를 정상적으로 진행한다면 9시 반까지 오면 되고, 아침에 일어났는데 비가 오고 있으면 평소대로 9시까지 오라는 내용이므로 정답은 2번이다.

어휘 生徒 학생 | 楽しみにする 기대하다, 고대하다 | 運動会 운동회 | ところで 그런데 | 中止 중지 | いつものように 평소처럼, 여느 때처럼 | 楽しむ 즐기다, 고대하다

6ばん Track 1-2-06

男の人と女の人が話しています。女の人はどうして髪を短く切りましたか。

男：あれ？さきさん、髪、切ったんですか。短くなりましたね。

女：そうなんです。美容師の友だちに切ってもらったんですが、どうですか。

男：とても似合ってますよ。でも、どうして切ったんですか。

女：ずっと髪が長かったので、気分を変えようと思って。洗うのが楽になりました。

男：いいですね。

女：それに、朝準備する時間もあまりかからないので、切ってよかったです。

女の人はどうして髪を短く切りましたか。

1　友だちが美容師だから
2　気分を変えたかったから
3　洗うのが面倒だったから
4　準備に時間がかかっていたから

6번

남자와 여자가 이야기하고 있습니다. 여자는 왜 머리를 짧게 잘랐습니까?

남 : 어? 사키 씨 머리 잘랐어요? 짧아졌네요.

여 : 그래요. 미용사인 친구가 잘라 주었는데, 어때요?

남 : 너무 잘 어울려요. 그런데 왜 잘랐어요?

여 : 계속 머리가 길었기 때문에, 기분을 바꾸려고요. 머리 감는 게 편해졌어요.

남 : 좋네요.

여 : 게다가 아침에 준비하는 시간도 별로 걸리지 않기 때문에 잘라서 다행이에요.

여자는 왜 머리를 짧게 잘랐습니까?

1 친구가 미용사니까
2 기분을 바꾸고 싶었으니까
3 머리 감는 것이 귀찮았으니까
4 준비에 시간이 걸리고 있으니까

해설 머리를 자른 직접적인 원인은 기분 전환이다. 머리 감는 것인 편해졌다거나 아침 준비하는 시간이 짧아진 것은 그로 인한 장점을 말한 것이지 그것이 원인이 아님에 주의한다. 정답은 2번이다.

어휘 どうして 왜 | 髪を切る 머리를 자르다 | 短い 짧다 | 美容師 미용사 | 似合う 어울리다 | ずっと 계속 | 気分を変える 기분을 바꾸다 | 楽だ 편하다 | それに 게다가 | 準備する 준비하다 | かかる (시간이나 비용이) 걸리다 | 面倒だ 귀찮다

7ばん Track 1-2-07

男の学生と女の学生が話しています。男の学生はどうしてバイトがやめられませんか。

女：来週から試験だよね。どうしよう…、ぜんぜん勉強してない～。

男：ぼくもだよ、最近、バイトで忙しくて、勉強する時間がないんだ。

女：バイト？ あ、青木君、今コンビニでバイトやってるんだよね？ 今度の試験、成績悪かったら卒業できないよ。

男：うん、知ってる。先生から聞いた。

女：で、バイトどうする？ バイトで勉強する時間ないんでしょ？

男：それがさ、バイトやめたいけど、やめられないんだ。

女：え～？ どうして？ やっぱりお金が必要だから？

男：ううん、それもあるけど、それよりぼくがやめたら、他にやる人が誰もいないんだ。

女：あ、そう…。こまったね。

男の学生はどうしてバイトがやめられませんか。

1 他にやってくれる人がいないから
2 お金が必要だから
3 コンビニのバイトが好きだから
4 バイトをやめたら卒業できないから

7번

남학생과 여학생이 이야기하고 있습니다. 남학생은 왜 아르바이트를 그만두지 못합니까?

여 : 다음 주부터 시험이지. 어떡하지…, 전혀 공부 안 했어~.

남 : 나도 그래, 요즘 아르바이트 때문에 바빠서 공부할 시간이 없어.

여 : 아르바이트? 아, 아오키 군 지금 편의점에서 아르바이트하고 있지? 이번 시험, 성적 나쁘면 졸업 못 해.

남 : 응, 알고 있어. 선생님한테 들었어.

여 : 그럼, 아르바이트 어떻게 할 거야? 아르바이트 때문에 공부할 시간 없잖아?

남 : 그게 말이야, 아르바이트 그만두고 싶은데, 그만둘 수 없어.

여 : 에~? 왜? 역시 돈이 필요해서?

남 : 아니, 그것도 있지만, 그것보다 내가 그만두면, 나 말고 할 사람이 아무도 없어.

여 : 아, 그래…. 곤란하네.

남학생은 왜 아르바이트를 그만두지 못합니까?

1 자기 말고 해줄 사람이 없어서
2 돈이 필요해서
3 편의점 아르바이트가 좋아서
4 아르바이트를 그만두면 졸업할 수 없어서

해설 「他にやる人が誰もいない 나 말고 할 사람이 아무도 없다」가 아르바이트를 그만두지 못하는 이유이다. 달리 할 사람이 없다 보니 그만두지 못하는 것이기 때문에 정답은 1번이다.

어휘 どうしよう 어쩌지, 어떻게 하지? | 全然 전혀 | 今度 이번, 다음번 | 試験 시험 | 成績 성적 | 卒業 졸업 | で 그래서(それで의 줄임말) | 辞める 그만두다, 사직하다 | やっぱり 역시 | 他に 달리, 그 밖에 | 困る 곤란하다

문제 3 **문제 3에서는 그림을 보면서 질문을 들으세요. →(화살표)가 가리키는 사람은 뭐라고 말합니까? 1~3 중에서 가장 좋은 것을 하나 고르세요.**

れい Track 1-3-00

友だちにプレゼントをもらいました。何と言いますか。

男：1　おひさしぶり。
　　2　ありがとう。
　　3　元気だった？

예

친구에게 선물을 받았습니다. 뭐라고 말합니까?

남 : 1 오래간만이야.
　　2 고마워.
　　3 잘 지냈어?

해설 무언가를 받으면 답례 표현을 하는 것이 적절하므로 정답은 2번이다.

어휘 プレゼント 선물 | もらう 받다

1ばん Track 1-3-01

道で困っている人がいます。何と言いますか。

女：1　ご案内しましょうか。
　　2　ご連絡しましょうか。
　　3　ご相談しましょうか。

1번

길에서 곤란해하는 사람이 있습니다. 뭐라고 말합니까?

여 : 1 안내해 드릴까요?
　　2 연락드릴까요?
　　3 상담해 드릴까요?

해설 길을 헤매고 있는 사람이므로 정답은 1번이다.

어휘 困る 곤란하다 | 何と 뭐라고 | 案内 안내 | 連絡 연락 | 相談 상담 | ご＋한자어＋する ~해 드리다(겸양어)

2ばん Track 1-3-02

夜中に友だちから電話がかかってきました。友だちに何と言いますか。

男：1　どうしたの？
　　2　おそかったね。
　　3　ゆっくり休んでね。

2번

한밤중에 친구로부터 전화가 걸려왔습니다. 친구에게 뭐라고 말합니까?

남 : 1 무슨 일이야?
　　2 늦었구나.
　　3 푹 쉬어.

해설 밤중에 전화가 걸려왔을 때 할 수 있는 말로 가장 자연스러운 것은 1번이다.

어휘 夜中 (한)밤중 | 遅い 늦다

3ばん Track 1-3-03

先輩のパソコンを使いたいです。何と言いますか。

女：1　パソコンを借りていただけませんか。

2　パソコンを貸していただきたいのですが。

3　パソコンを返してもらえませんか。

3번

선배의 컴퓨터를 사용하고 싶습니다. 뭐라고 말합니까?

여 : 1 컴퓨터를 빌려 받을 수 없을까요?

2 컴퓨터를 빌려 주셨으면 합니다만.

3 컴퓨터를 돌려줄 수 없을까요?

해설 「~てもらう(いただく)」는 내가 상대방의 행동을 받는다는 의미이다. 바꿔 말하면 상대방이 나에게 해 주는 것이다. 따라서 「貸す (상대방이 나에게)빌려주다」라는 행동은 내가 받는 것이므로 「借りる (내가 상대방에게)빌리다」라는 동사가 나오면 오답이 된다. 정답은 2번이다.

어휘 借りる (내가 남에게)빌리다 | 貸す (남이 나에게)빌려주다 | 返す 돌려주다, 반납하다

4ばん Track 1-3-04

他の人より先に帰ることになりました。何と言いますか。

男：1　ただいま。

2　ごちそうさまでした。

3　お先に失礼します。

4번

다른 사람보다 먼저 돌아가게 되었습니다. 뭐라고 말합니까?

남 : 1 다녀왔습니다.

2 잘 먹었습니다.

3 먼저 실례하겠습니다.

해설 「お先に失礼します」는 먼저 자리를 뜰 때 쓰는 인사말이므로 정답은 3번이다.

어휘 他の人 다른 사람 | 先に 먼저

5ばん Track 1-3-05

友だちが風邪を引いています。何と言いますか。

女：1　運動したほうがいいよ。

2　薬は飲まないほうがいいよ。

3　ゆっくり休んだほうがいいよ。

5번

친구가 감기에 걸렸습니다. 뭐라고 말합니까?

여 : 1 운동하는 편이 좋아.

2 약은 먹지 않는 편이 좋아.

3 푹 쉬는 편이 좋아.

해설 「~たほうがいい」는 상대방에게 조언할 때 사용하는 표현이다. 감기에 걸려있는 친구에게 해 줄 말로 가장 자연스러운 것은 3번이다.

어휘 風邪を引く 감기에 걸리다 | 薬を飲む 약을 먹다

문제 4 **문제 4에서는 그림 등이 없습니다. 먼저 문장을 들으세요. 그리고 그 대답을 듣고 1~3 중에서 가장 좋은 것을 하나 고르세요.**

れい Track 1-4-00

男：今日のお昼はなににする？

女：1　なんでもいいわよ。

2　今日はどこへも行かないよ。

3　昼からお酒はちょっと…。

예

남 : 오늘 점심은 뭘로 하지?

여 : 1 아무거나 괜찮아.

2 오늘은 아무 데도 안 갈 거야.

3 낮부터 술은 좀….

해설 점심 메뉴 선택에 대한 대답이다. 점심에 뭘 먹냐는 질문에 아무거나 괜찮다고 대답한 1번이 정답이다.

어휘 お昼 점심(밥) | 何でも 뭐든, 뭐라도 | 昼 낮

1ばん Track 1-4-01

男：今日は早いですね。

女：1　あまり時間がないんですよ。

2　もっと早く来てください。

3　ええ、今日は朝から会議です。

1번

남 : 오늘은 일찍 나가시네요.

여 : 1 별로 시간이 없어요.

2 좀 더 일찍 와주세요.

3 네, 오늘은 아침부터 회의입니다.

해설 이른 시간에 나가는 것에 대한 이유를 대답한 3번이 정답이다.

어휘 もっと 더 | 会議 회의

2ばん Track 1-4-02

男：荷物、何時にお届けしましょうか。

女：1　6時にお願いします。

2　6時まで家にいません。

3　6時までにお送りします。

2번

남 : 짐, 몇 시에 배달해 드릴까요?

여 : 1 6시에 부탁드립니다.

2 6시까지 집에 없습니다.

3 6시까지는 보내드리겠습니다.

해설 몇 시에 짐을 배달해 주냐는 질문에 6시에 배송해 달라는 의미이므로 정답은 1번이다.

어휘 荷物 짐 | 届ける 물건을 가져가서 상대방에게 건네다, 배달하다 | お＋ます형＋する ~해 드리다(겸양어) | 送る 보내다

3ばん Track 1-4-03

男：このお弁当、まだあたたかいですね。

女：1　はい、さっき作ったばかりなんです。

2　はい、今から作るところなんです。

3　はい、今作っているところなんです。

3번

남 : 이 도시락, 아직 따뜻하네요.

여 : 1 네, 아까 막 만들었어요.

2 네, 지금부터 만들려는 참입니다.

3 네, 지금 만들고 있는 중입니다.

문법포인트!
- ~たばかりだ : ~한 지 얼마 안 되다
- ~ているところだ : ~하고 있는 중이다
- 동사기본형+ところだ : (지금부터) 하려는 참이다
- ~たところだ : 막 ~을 끝낸 참이다

해설 좀 전에 막 만들어서 도시락이 아직 따뜻한 것이므로 정답은 1번이다.

어휘 お弁当 도시락 | あたたかい 따뜻하다 | さっき 좀 전, 아까

4ばん Track 1-4-04

女：注文したメニューがまだなんですが。

男：1　すみません、もう一度作ります。

2　すみません、今確認いたします。

3　すみません、まだ来ないと思います。

4번

여 : 주문한 메뉴가 아직입니다만.

남 : 1 죄송합니다, 한 번 더 만들겠습니다.

2 죄송합니다, 지금 확인하겠습니다.

3 죄송합니다, 아직 안 온다고 생각합니다.

해설 주문한 메뉴가 아직 안 나왔다는 말에 지금 확인해 보겠다는 2번이 정답이다.

어휘 注文 주문 | まだ 아직 | もう一度 한 번 더 | 確認 확인 | いたす ~해 드리다, [する]의 겸양어

5ばん Track 1-4-05

男：山本部長をお願いしたいのですが。

女：1　お待たせいたしました。

2　ここで、お待ちします。

3　少々お待ちください。

5번

남 : 야마모토 부장을 부탁드리고 싶습니다만.

여 : 1 오래 기다리셨습니다.

2 여기서 기다리겠습니다.

3 잠시만 기다려주십시오.

해설 전화 상의 대화로 야마모토 부장과 통화하고 싶다, 또는 바꿔 달라는 말에 잠시만 기다려 달라고 대응하는 3번이 정답이다.

어휘 部長 부장 | お+ます형+する ~해 드리다(겸양어) | お待たせいたしました 많이(오래) 기다리셨습니다 | 少々 잠시만 | お+ます형+ください ~해 주십시오(공손한 의뢰)

1회

6ばん Track 1-4-06

女：ここでは、おタバコはご遠慮(えんりょ)ください。
男：1　あ、ここがいいですね。
2　あ、もうおなかいっぱいです。
3　あ、ここ禁煙(きんえん)ですか。

6번

여 : 여기에서는 담배는 삼가해주세요.
남 : 1 아, 여기가 좋겠군요.
2 아, 이미 배 부릅니다.
3 아, 여기 금연입니까?

해설 「遠慮(えんりょ)する」를 알아들으면 이곳이 금연 구역이란 것을 알아차릴 수 있다. 담배를 삼가 달라는 말에 이곳이 금연 구역이냐고 묻는 3번이 정답이다.

어휘 遠慮(えんりょ)する 삼가다 | 禁煙(きんえん) 금연

7ばん Track 1-4-07

男：あ、もうこんな時間(じかん)ですか、そろそろ失礼(しつれい)します。
女：1　もうおそくなりましたね。
2　まだ、いいじゃありませんか。
3　それじゃ、お先(さき)に失礼(しつれい)します。

7번

남 : 아, 벌써 이런 시간인가요, 슬슬 실례하겠습니다.
여 : 1 이미 늦어졌군요.
2 아직 괜찮지 않아요?
3 그럼, 먼저 실례하겠습니다.

해설 남의 집을 방문했다가 돌아가려 할 때 나눌 수 있는 대화이다. 슬슬 돌아가야겠다는 손님의 말에 좀 더 놀다 가라고 대답한 2번이 정답이다.

어휘 そろそろ 슬슬 | お先(さき)に 먼저

8ばん Track 1-4-08

女：あれ、びしょびしょですね。
男：1　ええ、かさ持(も)っていなくて…。
2　ええ、朝(あさ)から何(なに)も食(た)べてなくて…。
3　ええ、何(なに)も知(し)らなくて…。

8번

여 : 어머, 흠뻑 젖었네요.
남 : 1 네, 우산을 가지고 있지 않아서….
2 네, 아침부터 아무것도 안 먹어서….
3 네, 아무것도 몰라서….

해설 「びしょびしょ」를 알아들었으면 바로 풀 수 있는 문제이다. 남자는 비가 오는데 우산이 없어 흠뻑 젖은 것이므로 1번이 정답이다.

어휘 びしょびしょ (비, 물, 땀 등에)흠뻑 젖은 모습

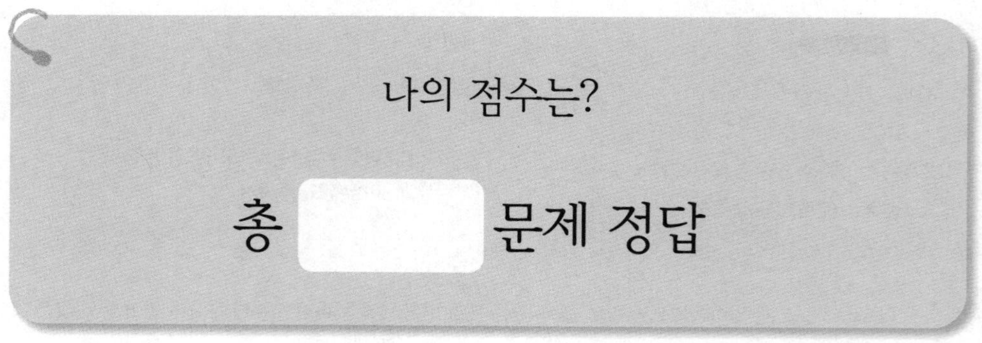

혹시 부족한 점수라도 실망하지 말고 해설을 보며 다시 확인하고 틀린 문제를 다시 풀어보세요. 실력이 점점 쌓여갈 것입니다.

JLPT N4 제2회 실전모의고사 정답

1교시 언어지식(문자·어휘)

문제 1	1	2	2	4	3	3	4	4	5	4	6	2	7	2						
문제 2	8	3	9	3	10	3	11	4	12	2										
문제 3	13	3	14	4	15	2	16	4	17	1	18	1	19	4	20	2				
문제 4	21	3	22	1	23	1	24	2												
문제 5	25	3	26	4	27	4	28	3												

1교시 언어지식(문법)

문제 1	1	4	2	4	3	1	4	3	5	1	6	1	7	4	8	1	9	3
	10	4	11	1	12	3	13	2										
문제 2	14	1	15	2	16	1	17	1										
문제 3	18	4	19	4	20	2	21	3										

1교시 독해

문제 4	22	2	23	4	24	4
문제 5	25	2	26	3	27	4
문제 6	28	2	29	4		

2교시 청해

문제 1	1	1	2	3	3	4	4	4	5	3	6	3	7	3	8	3
문제 2	1	3	2	1	3	2	4	3	5	2	6	2	7	4		
문제 3	1	2	2	1	3	3	4	3	5	1						
문제 4	1	3	2	2	3	2	4	3	5	1	6	3	7	1	8	1

2회 실전모의고사 정답

1교시 언어지식(문자·어휘)

문제1 ＿＿＿＿의 단어는 히라가나로 어떻게 씁니까? 1 · 2 · 3 · 4에서 가장 좋은 것을 하나 고르세요.

1 かいぎに　たくさんの　ひとが　集まりました。

1 あらまりました　2 あつまりました　3 あいまりました　4 あやまりました

회의에 많은 사람이 모였습니다.

어휘 会議(かいぎ) 회의 | 集(あつ)まる 모이다 | 謝(あやま)る 사과하다
✚ 集合(しゅうごう) 집합

2 わたしは　地図を　よむのが　へたです。

1 じと　2 ちど　3 じず　4 ちず

저는 지도를 읽는 것이 서투릅니다.(지도를 잘 못 봅니다.)

어휘 地図(ちず) 지도 | 読(よ)む 읽다 | 下手(へた)だ 서투르다
✚ 地下鉄(ちかてつ) 지하철

3 あたらしい　いえは　台所を　ひろく　したいです。

1 たいどころ　2 たいところ　3 だいどころ　4 だいところ

새 집은 부엌을 넓게 하고 싶습니다.

어휘 新(あたら)しい 새롭다, 새 것이다 | 台所(だいどころ) 부엌 | 広(ひろ)い 넓다 | ます형+たい ~하고 싶다

4 わたしは　おさけに　弱いです。

1 つよい　2 ねむい　3 あかい　4 よわい

나는 술에 약합니다.

어휘 お酒(さけ) 술 | 弱(よわ)い 약하다 | 強(つよ)い 강하다 | 眠(ねむ)い 졸리다 | 赤(あか)い 빨갛다

5 世界で　いちばん　ながい　かわは、ナイル川(がわ)です。

1 ぜけん　2 せけん　3 ぜかい　4 せかい

세계에서 가장 긴 강은 나일강입니다.

어휘 世界(せかい) 세계 | 一番(いちばん) 제일, 가장 | 長(なが)い 길다 | 川(かわ) 강

6 いろいろ　経験した　ほうが　いいですよ。

1 けいげん　2 けいけん　3 けいがん　4 けいかん

여러 가지 경험하는 편이 좋습니다.

어휘 いろいろ 여러 가지 | 経験(けいけん) 경험 | ～たほうがいい ~하는 편이 좋다

7 あには　ぎんこうで　働いて　います。

1 うごいて　2 はたらいて　3 いそいて　4 つづいて

형은 은행에서 일하고 있습니다.

어휘 兄(あに) 형, 오빠 | 銀行(ぎんこう) 은행 | 働(はたら)く 일하다 | 動(うご)く 움직이다 | 続(つづ)く 계속되다

✚「働(はたら)く 일하다」와「動(うご)く 움직이다」 혼동 주의

문제 2 ________의 단어는 어떻게 씁니까? 1・2・3・4에서 가장 좋은 것을 하나 고르세요.

8 すみません。この　あかい　ペンを　かりても　いいですか。

1 昔りても　2 猫りても　3 借りても　4 惜りても

죄송합니다. 이 빨간 펜을 빌려도 될까요?

어휘 赤(あか)い 빨갛다 | 借(か)りる 빌리다 | 昔(むかし) 옛날 | 猫(ねこ) 고양이 | 惜(お)しい 아쉽다

✚ 貸(か)す 빌려주다 | 返(かえ)す 돌려주다

9 これは　とても　むずかしい　かんじですね。

1　莫字　　2　草字　　3　漢字　　4　英字

이것은 매우 어려운 한자네요.

어휘 難しい 어렵다 | 漢字 한자

10 ゆうがたから　雨が　降り出した。

1　夕形　　2　夜形　　3　夕方　　4　夜方

저녁부터 비가 내리기 시작했다.

어휘 夕方 저녁 | 降り出す 내리기 시작하다

11 この　ボタンを　おすと、ドアが　ひらきます。

1　探す　　2　指す　　3　推す　　4　押す

이 버튼을 누르면 문이 열립니다.

어휘 ボタン 버튼 | 押す 누르다 | 開く 열리다 | 探す 찾다 | 指す 가리키다 | 推す 추천하다

12 1時間　いないに　戻ります。

1　以外　　2　以内　　3　以上　　4　以下

1시간 이내에 돌아오겠습니다.

어휘 以内 이내 | 戻る 돌아오다 | 以外 이외 | 以上 이상 | 以下 이하

문제 3 (　　　) 안에 무엇을 넣습니까? 1・2・3・4에서 가장 좋은 것을 하나 고르세요.

13 ミルクと　さとうは　(　　　)　いれますか。

1　どの　　2　どんな　　3　どのぐらい　　4　どれ

우유와 설탕은 어느 정도 넣습니까?

어휘 砂糖 설탕 | 入れる 넣다 | どの 어느 | どんな 어떠한 | どのぐらい 어느 정도 | どれ 어느 것

14　わからない　たんごは　じしょで（　　）ください。

1　くらべて　　2　はなれて　　3　わかれて　　4　しらべて

모르는 단어는 사전으로 조사해 주세요.

어휘　単語 단어 | 辞書 사전 | 調べる 조사하다 | 比べる 비교하다 | 離れる 떨어지다 | 別れる 헤어지다

15　そらが（　　）です。あめが　ふりそうですね。

1　たかい　　2　くらい　　3　うすい　　4　ひろい

하늘이 어둡습니다. 비가 올 것 같네요.

어휘　空 하늘 | 暗い 어둡다 | ます형＋そうだ ~일 것 같다, 처럼 보인다 | 薄い 옅다, 얇다 | 広い 넓다

16　A「あした、パーティーに　行けなく　なりました。」

B「それは（　　）ですね。」

1　ふくざつ　　2　ふべん　　3　とくべつ　　4　ざんねん

A「내일 파티를 못 가게 되었습니다.」

B「그거 안타깝네요.」

어휘　行ける 갈 수 있다 | 残念だ 안타깝다, 유감이다 | 複雑だ 복잡하다 | 不便だ 불편하다 | 特別だ 특별하다

17　なつは（　　）ビールが　いちばんですね。

1　やっぱり　　2　やっと　　3　まっすぐ　　4　なかなか

여름은 역시 맥주가 최고네요.

어휘　夏 여름 | やっぱり 역시 | やっと 겨우, 간신히 | まっすぐ 곧장 | なかなか ①꽤, 상당히 ②좀처럼

18　この　きかいは　とても（　　）だから、さわらないで　ください。

1　きけん　　2　あんぜん　　3　じょうぶ　　4　おしゃれ

이 기계는 매우 위험하니까 만지지 마십시오.

어휘　機械 기계 | 危険だ 위험하다 | 触る 건드리다, 만지다 | 安全だ 안전하다 | 丈夫だ 튼튼하다 | おしゃれだ 세련되다, 멋지다

19 今回の　旅行は　いい（　　　）に　なりました。

1　めんせつ　　2　かいもの　　3　けしき　　4　おもいで

이번 여행은 좋은 추억이 되었습니다.

어휘 今回(こんかい) 이번 | 旅行(りょこう) 여행 | 思(おも)い出(で) 추억 | ～になる ~이 되다 | 面接(めんせつ) 면접 | 買(か)い物(もの) 쇼핑 | 景色(けしき) 경치

20 友達に　映画に（　　　）。

1　ほめられました　　2　さそわれました

3　うけられました　　4　くらべられました

친구에게 영화 보러 가자고 권유 받았습니다.

어휘 映画(えいが) 영화 | 誘(さそ)う 권유하다 | ほめる 칭찬하다 | 受(う)ける 받다 | 比(くら)べる 비교하다

문제 4 ＿＿＿＿의 문장과 대체로 같은 의미의 문장이 있습니다. 1 · 2 · 3 · 4에서 가장 좋은 것을 하나 고르세요.

21 <u>友達を　パーティーに　しょうたいしました。</u>

1　友達を　パーティーに　てつだいました。

2　友達を　パーティーに　おどりました。

3　友達を　パーティーに　よびました。

4　友達を　パーティーに　おくりました。

<u>친구를 파티에 초대했습니다.</u>

1 친구를 파티에 도왔습니다.

2 친구를 파티에 춤을 추었습니다.

3 친구를 파티에 불렀습니다.

4 친구를 파티에 보냈습니다

해설 친구를 파티에 '초대'했다고 했으니, 다른 표현으로 바꾸면 친구를 파티에 '불렀다'이므로 정답은 3번이다.

어휘 友達(ともだち) 친구 | パーティー 파티 | 招待(しょうたい)する 초대하다 | 手伝(てつだ)う 돕다 | 踊(おど)る 춤추다 | 呼(よ)ぶ 부르다 | 送(おく)る 보내다

22 その　けいかくに　さんせいします。

1 その　けいかくは　いいと　おもいます。

2 その　けいかくは　わるいと　おもいます。

3 その　けいかくは　むりだと　おもいます。

4 その　けいかくは　たいせつだと　おもいます。

그 계획에 찬성합니다.

1 그 계획은 좋다고 생각합니다.

2 그 계획은 나쁘다고 생각합니다.

3 그 계획은 무리라고 생각합니다.

4 그 계획은 중요하다고 생각합니다.

해설 계획에 찬성한다는 것은 그 계획이 좋다고 생각하는 것이므로 1번이 정답이다.

어휘 計画(けいかく) 계획 | 賛成(さんせい) 찬성 | 悪(わる)い 나쁘다 | 無理(むり)だ 무리다 | 大切(たいせつ)だ 소중하다, 중요하다

23 やけいが　きれいな　レストランに　行(い)きたいです。

1 よるの　けしきが　すてきな　レストランに　行(い)きたいです。

2 ばしょが　すばらしい　レストランに　行(い)きたいです。

3 サービスが　いい　レストランに　行(い)きたいです。

4 りょうりが　おいしい　レストランに　行(い)きたいです。

야경이 아름다운 레스토랑에 가고 싶어요.

1 밤의 경치가 멋진 레스토랑에 가고 싶어요.

2 장소가 훌륭한 레스토랑에 가고 싶어요.

3 서비스가 좋은 레스토랑에 가고 싶어요.

4 요리가 맛있는 레스토랑에 가고 싶어요.

해설 '야경'이란 '밤의 경치'이므로 정답은 1번이다.

어휘 夜景(やけい) 야경 | 夜(よる) 밤 | 景色(けしき) 경치 | すてきだ 멋지다 | 場所(ばしょ) 장소 | すばらしい 훌륭하다

24 しゅくだいを　わすれて　せんせいに　しかられました。

1 しゅくだいを　わすれて　せんせいに　ほめられました。
2 しゅくだいを　わすれて　せんせいに　おこられました。
3 しゅくだいを　わすれて　せんせいに　よばれました。
4 しゅくだいを　わすれて　せんせいに　おしえられました。

숙제를 안 가지고 와서 선생님께 야단맞았습니다.

1 숙제를 안 가지고 와서 선생님께 칭찬받았습니다.
2 숙제를 안 가지고 와서 선생님께 혼났습니다.
3 숙제를 안 가지고 와서 선생님께 불렸습니다.
4 숙제를 안 가지고 와서 선생님께 배웠습니다.

해설 「怒(おこ)られる」는 '혼나다, 야단맞다'라는 의미이므로 정답은 2번이다.

어휘 宿題(しゅくだい) 숙제 | 忘(わす)れる (깜빡)잊다, 깜빡 잊고 안 가지고 오다 | 叱(しか)る 꾸짖다 | 怒(おこ)る 화내다, 꾸짖다 | ほめる 칭찬하다 | 呼(よ)ぶ 부르다 | 教(おし)える 가르치다

문제 5 다음 단어의 사용법으로서 가장 적당한 것을 1 · 2 · 3 · 4에서 하나 고르세요.

25 よごれる 더러워지다

1 昨日からの　雨が　よごれて、外に　出かけました。
2 急に　電気が　よごれて、部屋の　中が　暗くなりました。
3 きのう　買ったばかりの　服が　よごれてしまいました。
4 自分に　よごれる　服を　選ぶのは　難しいです。

1 어제부터 내리던 비가 더러워져서, 밖에 나갔습니다.
2 갑자기 전기가 더러워져서, 방안이 어두워졌습니다.
3 어제 막 산 옷이 더러워졌습니다.
4 자신에게 더러운 옷을 고르는 것은 어렵습니다.

해설 1번은 「止(や)む 그치다」, 2번은 「消(き)える 꺼지다」, 3번은 「似合(にあ)う 어울리다」로 수정하는 것이 자연스럽다.

어휘 汚(よご)れる 더러워지다 | 外(そと) 밖 | 出(で)かける 나가다, 외출하다 | 急(きゅう)に 갑자기 | 電気(でんき) 전기 | 暗(くら)い 어둡다 | 買(か)う 사다 | ~たばかりだ 막 ~하다 | 服(ふく) 옷 | 自分(じぶん) 자신 | 選(えら)ぶ 고르다 | 難(むずか)しい 어렵다

26 げんいん 원인

1 ミスを　しないように　げんいんして　ください。

2 おおきな　げんいんで　こたえて　ください。

3 げんいんが　あれば　アメリカに　いきたいです。

4 じこの　げんいんを　しらべて　います。

1 실수를 하지 않도록 원인해 주세요.

2 큰 원인으로 대답해 주세요.

3 원인이 있다면 미국에 가고 싶습니다.

4 사고의 원인을 조사하고 있습니다.

해설 1번은 실수를 하지 않도록 「注意 주의」로, 2번은 「大きな声 큰 목소리」로, 3번은 「機会 기회」로 수정하는 것이 자연스럽다.

어휘 原因 원인 | ミスをする 실수를 하다 | 答える 대답하다 | 事故 사고 | 調べる 조사하다

27 ねつ 열

1 この　はなしは　ねつでは　ありません。

2 かなしくて　ねつが　ながれて　います。

3 かいだんで　ころんで　ねつを　しました。

4 かぜを　ひいて　ねつが　ひどいです。

1 이 이야기는 열이 아닙니다.

2 슬퍼서 열이 흐르고 있습니다.

3 계단에서 넘어져 열을 했습니다.

4 감기에 걸려서 열이 심합니다.

해설 1번은 「うそ 거짓말」 또는 「本当 정말, 진짜」로, 2번은 「涙 눈물」로, 3번은 「けが 상처」로 수정하는 것이 자연스럽다.

어휘 話 이야기 | 悲しい 슬프다 | 流れる 흐르다 | 階段 계단 | 転ぶ 구르다, 넘어지다 | 風邪を引く 감기에 걸리다 | ひどい 심하다

28 やわらかい 부드럽다

1 うちの　せんせいは　とても　やわらかいです。

2 やちんが　やわらかい　へやを　さがして　います。

3 この　チョコレートは　ほんとうに　やわらかいですね。

4 ここは　くうきが　やわらかくて　いいですね。

1 우리 선생님은 매우 부드럽습니다.

2 집세가 부드러운 방을 찾고 있습니다.

3 이 초콜릿은 정말 부드럽네요.

4 여기는 공기가 부드럽고 좋네요.

해설 1번은 「優(やさ)しい 자상하다」로, 2번은 「安(やす)い 싸다, 저렴하다」로, 4번은 「きれいだ 깨끗하다」로 수정하는 것이 자연스럽다.

어휘 うち 우리 | 家賃(やちん) 집세 | 探(さが)す 찾다 | 空気(くうき) 공기

1교시 언어지식(문법)

문제 1 (　　　)에 무엇을 넣습니까? 1 · 2 · 3 · 4에서 가장 좋은 것을 하나 고르세요.

1　家族（　　　）でかけるのは　ひさしぶりですね。

1　も　　2　の　　3　や　　4　で

가족이 외출하는 것은 오랜만이네요.

문법포인트! 조사「で」의 용법이라고 하면 크게 장소, 수단(도구), 이유(원인), 상태로 나눌 수 있는데 이 문장의 용법은 상태이다.

어휘 家族 가족 | 出かける 외출하다 | 久しぶり 오랜만에

2　この　バスは　市役所の　前（　　　）とおりますか。

1　で　　2　に　　3　へ　　4　を

이 버스는 시청 앞을 지납니까?

문법포인트! 실제로 걷거나 뛰거나 하여 그 장소를 통과할 때는「～を通る」, 시험이나 콘테스트에 합격할 때는「～に通る」를 사용한다.

어휘 市役所 시청 | 通る 통과하다, 지나가다

3　お菓子は　一つ（　　　）のこって　いませんでした。

1　しか　　2　のに　　3　ところ　　4　ので

과자는 하나 밖에 남아있지 않았습니다.

문법포인트! ～しか～ない : ~밖에 ~하지 않다(しか＋부정형)　～のに : ~인데, 한데
～ので : ~이므로, 하므로

어휘 お菓子 과자 | 残る 남다

4　バターは　牛乳（　　　）作られます。

1　だけ　　2　とは　　3　から　　4　しか

버터는 우유로 만들어집니다.

문법포인트! ～で作る : 완성품으로부터 재료를 추측하는 것이 비교적 쉬운 경우 (本は紙で作られる 책은 종이로 만들어진다)
～から作る : 완성품으로부터 재료를 추측하는 것이 비교적 어려운 경우 (ワインはぶどうから作られる 와인은 포도로 만들어진다)

어휘 バター 버터 | 牛乳 우유 | 作る 만들다 | だけ 만, 뿐 | ～とは ~와는, ~라고 하는 것은

5 しゅくだいは 金曜日（きんようび）（　　　）出（だ）して ください

1 までに　　2 まで　　3 しか　　4 ので

숙제는 금요일까지 내 주세요.

문법포인트! 「まで」는 그 시점까지 '계속 ~을 한다'라는 의미이고, 「までに」는 어떤 동작이 그 시점 전에 이루어지는 '기한' 을 나타낸다.

어휘 宿題（しゅくだい） 숙제 | 出（だ）す 내다, 꺼내다 | しか ~밖에 | ので ~이므로, 하므로

6 こちらで 少々（しょうしょう） お（　　　）ください。

1 待（ま）ち　　2 待（ま）たれて　　3 待（ま）ちして　　4 待（ま）たせて

이쪽에서 잠시만 기다려주십시오.

문법포인트! お+ます형+ください : '~해주십시오'라는 뜻으로 공손한 의뢰를 나타낸다.

예 こちらにお名前（なまえ）をお書（か）きください。 이쪽에 성함을 적어주십시오.

어휘 こちら 여기, 이쪽(ここ의 공손한 표현) | 少々（しょうしょう） 잠시만 | 待（ま）つ 기다리다

7 この 漢字（かんじ）の（　　　）かたを 教（おし）えて もらえますか。

1 よむ　　2 よま　　3 よめ　　4 よみ

이 한자의 읽는 방법을 가르쳐줄 수 있습니까?

문법포인트! ます형+方（かた） : ~하는 방법

예 作（つく）り方（かた） 만드는 법 行（い）き方（かた） 가는 법

어휘 漢字（かんじ） 한자 | 教（おし）える 가르치다 | ~てもらえますか ~해줄 수 있습니까?

8 仕事（しごと）が たいへんで 会社（かいしゃ）を（　　　）と 思（おも）います。

1 やめよう　　2 やめさせる　　3 やめれる　　4 やめろ

일이 힘들어서 회사를 그만두려고 생각합니다.

문법포인트! 2그룹 동사의 의지형 : 「る」를 탈락하고 「よう」를 결합한다.

의지형+と思（おも）う : ~하려고 한다

예 週末（しゅうまつ）はゆっくり休（やす）もうと思（おも）います。 주말은 푹 쉬려고 합니다.

어휘 大変（たいへん）だ 큰일이다, 힘들다 | 辞（や）める 그만두다, 사직하다

9 つかれて めがねを（　　）まま、寝(ね)て しまった。

1 かける　2 かぶる　3 かけた　4 かぶった

피곤해서 안경을 쓴 채 자버렸다.

문법포인트! ⊙ 동사た형+たまま : ~한 채

예 くつをはいたまま 구두를 신은 채

어휘 疲(つか)れる 피곤하다, 지치다 | めがねをかける 안경을 쓰다

10 ニュースに よると、ゆうべ この ちかくで 大(おお)きな 事故(じこ)が（　　）そうだ。

1 ある　2 あって　3 あり　4 あった

뉴스에 의하면, 어젯밤 이 근처에서 큰 사고가 있었다고 한다.

문법포인트! ⊙ 보통형+そうだ : 전문을 나타내며 해석은 '~라고 한다'로 들은 이야기를 전할 때 사용한다.

어휘 ～によると ~에 의하면 | 夕(ゆう)べ 어젯밤 | 近(ちか)く 가까운 곳, 근처 | 大(おお)きな 커다란, 큰 | 事故(じこ) 사고

11 友(とも)だちは わたしに 日本(にほん)の お土産(みやげ)を 買(か)って きて（　　）。

1 くれた　2 あげた　3 やった　4 さしあげた

친구는 나에게 일본의 기념품을 사 와주었다.

문법포인트! ⊙ ～てくれる : (제3자가 나에게)~해주다

어휘 お土産(みやげ) 토산품, 기념품

12 朴 「田村さん、『うまい』は（　　）意味ですか。」
田村 「『おいしい』という 意味です。」

1 どのくらい　2 どうやって　3 どういう　4 どのように

박 「다무라 씨, 'うまい'는 무슨 의미입니까?」
다무라 「'맛있다'라는 의미입니다.」

문법포인트! ⊙「どういう～」는 '무슨~, 어떤~'라는 뜻인데,「どういう意味 무슨 의미, 어떤 의미」를 그대로 암기해 주기 바란다.

어휘 意味(いみ) 의미 | どのぐらい 어느 정도 | どうやって 어떻게 | どのように 어떻게

13 A「レポートは　もう　書(か)きましたか。」
B「いいえ、今(いま)（　　　　）。」

1 書(か)くばかりです
2 書(か)いているところです
3 書(か)いたはずです
4 書(か)くだけです

A「보고서는 이미 썼습니까?」
B「아니요, 지금 쓰고 있는 중입니다.」

문법포인트! ~ているところだ : 한창 ~하고 있는 중이다 / 동사의 사전형+ところだ : ~하려는 참이다 / 동사의 과거형+ところだ : ~을 끝낸 참이다

어휘 レポート 리포트, 보고서 | もう 이제, 이미, 벌써

문제 2 ___★___에 들어가는 것은 무엇입니까? 1・2・3・4에서 가장 좋은 것을 하나 고르세요.

14 それでは、＿＿＿ ＿★＿ ＿＿＿ ＿＿＿ を　はじめましょう。

1 あつまった
2 かいぎ
3 ので
4 ぜんいん

그럼, 전원 모였으므로 회의를 시작합시다.

정답문장 それでは、全員(ぜんいん)集(あつ)まったので会議(かいぎ)を始(はじ)めましょう。

문법포인트! ので : ~이므로 (이유나 원인을 나타냄)

어휘 それでは 그럼, 그러면 | 全員(ぜんいん) 전원 | 集(あつ)まる 모이다 | 会議(かいぎ) 회의 | 始(はじ)める 시작하다

15 ふるく　なった ＿＿＿ ＿★＿ ＿＿＿ ＿＿＿ です。

1 つもり
2 だけ
3 もの
4 すてる

오래된 것만 버릴 작정입니다.

정답문장 古(ふる)くなったものだけ捨(す)てるつもりです。

문법포인트! 동사의 사전형+つもりだ : ~할 작정이다(생각이다)

어휘 古(ふる)い 낡다, 오래되다 | ~だけ ~만, ~뿐 | 捨(す)てる 버리다 | つもり 작정(셈, 예정)

16 その　ことは ＿＿ ＿＿ ＿★＿ ＿＿ 忘(わす)れられません。

1 して　　2 と　　3 忘(わす)れよう　　4 も

그 일은 잊으려고 해도 잊을 수 없습니다.

정답문장 そのことは忘(わす)れようとしても忘(わす)れられません。

문법포인트! ⊙ ～ようとする : ~하려고 하다

예 行(い)こうとする 가려고 하다　辞(や)めようとする 그만두려고 하다

⊙ 忘(わす)れられる : 「忘(わす)れる」의 가능형

어휘 こと 일 것 | 忘(わす)れる 잊다

17 はじめて　サムゲタンを　食(た)べた　祖父(そふ)は「＿＿ ＿＿ ＿★＿ ＿＿ 味(あじ)で　おいしい」と　言(い)いました。

1 人(ひと)も　　2 食(た)べやすい　　3 年(とし)を　　4 取(と)った

처음으로 삼계탕을 먹은 할아버지는 '나이 먹은 사람도 먹기 좋은 맛으로 맛있다'라고 했습니다.

정답문장 はじめてサムゲタンを食(た)べた祖父(そふ)は「年(とし)を取(と)った人(ひと)も食(た)べやすい味(あじ)でおいしい」と言(い)いました。

문법포인트! ⊙ ～やすい : ~하기 쉽다

어휘 はじめて 처음으로 | サムゲタン 삼계탕 | 祖父(そふ) 할아버지 | 年(とし)を取(と)る 나이 먹다 | 食(た)べやすい 먹기 좋다 | 味(あじ) 맛

문제 3 [18] ~ [21] 에 무엇을 넣습니까? 문장의 의미를 생각하여 1 · 2 · 3 · 4에서 가장 좋은 것을 하나 고르세요.

저는 4인 가족입니다. 아버지와 어머니와 형(오빠)이 있습니다. 부모님은 두 분 모두 [18] 일하고 있고, 저와 형(오빠)는 대학생입니다. 아버지도 어머니도 일을 하고 있기 때문에, 저는 어릴 때부터 집안일을 돕는 일이 많았습니다. 그래서 어렸을 때는 불만도 있었습니다. 만화를 읽거나 TV를 보거나 하고 싶은데, 어머니는 저에게 요리라든가 빨래를 돕게 했습니다 [19]. 그것이 너무 귀찮아서 싫었습니다. 하지만 [20] 이제야 알았습니다. 일을 하면서 아이를 키우는 것은 매우 힘듭니다. 지금은 부모님께 감사하고 있습니다. 어머니 덕분에 [21] 요리도 능숙해 졌고, 대학 돈도 부모님이 내주시고 있기 때문입니다. 저도 더 분발 해야겠다고 생각합니다.

어휘 家族 가족 | 両親 양친, 부모님 | 働く 일하다 | 家事 가사(일) | 手伝う 돕다 | 漫画 만화(책) | 面倒だ 귀찮다 | 嫌だ 싫다 | 育てる 키우다 | 大変だ 힘들다, 큰일이다 | 感謝 감사 | おかげ 덕분 | お金を出す 돈을 내다 | 頑張る 분발하다, 열심히 하다 | ～なければならない ~하지 않으면 안 된다 | ～と思う ~라고 생각하다

[18] 1 ふたりだけ 2 ふたりと 3 ふたりも 4 ふたりとも

문법포인트! ⊙ふたりとも : 둘 다 ⊙ふたりだけ : 둘만 ⊙ふたりと : 둘과 ⊙ふたりも : 둘도
⊙복수를 나타내는 명사 + とも : ~모두(그것이 모두 동일한 상태임)
예 男女とも 남녀 모두

해설 여기서는 아버지, 어머니 둘 다 일하고 있다는 의미이므로 4번이 정답이다.

[19] 1 手伝わられました 2 手伝われました 3 手伝わさせました 4 手伝わせました

문법포인트! ⊙사역형 1그룹 동사 : 어미[あ]단+せる
예 手伝う → 手伝わせる

해설 어머니는 화자에게 요리나 세탁을 돕게 했다는 문장의 흐름이 자연스러우므로 올바르게 사역형을 만든 4번이 정답이다.

[20] 1 そして 2 でも 3 それから 4 すると

문법포인트! ⊙でも : 그렇지만, 하지만 ⊙そして : 그리고 ⊙それから : 그리고 나서 ⊙すると : 그러자

해설 '어렸을 때는 집안일을 돕는 것이 불만일 때도 있었지만 대학생이 된 지금은 일을 하면서 아이를 키우는 것이 얼마나 힘든 것인가를 알았다'라는 문장 흐름으로 이해하면 2번이 정답이다.

21	1 ために	2 だけで	3 おかげで	4 ことで

문법포인트! ⊘おかげで : 덕분에, 덕택에　⊘ために : 때문에, 위하여
⊘だけに : ~만(뿐)으로　⊘명사+のことで : ~관하여, 대하여

해설 '어머니 덕분에 요리도 늘었고, 부모님이 대학을 다니기 위한 돈도 지불해 주시고 있기 때문에 감사하고 있다'라는 문장 흐름이므로 3번이 정답이다.

2회

1교시 독해

문제 4 다음 (1)~(3)의 글을 읽고 질문에 답하세요. 답은 1 · 2 · 3 · 4에서 가장 좋은 것을 하나 고르세요.

(1)

꽃놀이 안내입니다.

여러분, 안녕하십니까. 벚꽃이 아름다운 계절이 되었습니다. 올해도 언제나처럼 꽃놀이 모임을 개최하려고 합니다. 바쁘시겠지만, 여러분 꼭 참가해주세요. 날짜와 시간은 4월 2일(토) 12시부터 15시까지, 장소는 일본 공원 앞입니다. 회비는 3,000엔이며, 초등학생 이하의 어린이는 무료입니다. 준비를 위해 참가하실 수 있는 분은 3월 20일까지, 요시다 씨에게 전화해주세요. 잘 부탁드립니다.

22 문장의 내용으로 올바른 것은 무엇입니까?

1 이 꽃놀이 모임은 올해 처음으로 열립니다.
2 초등학생은 몇 명이 가도 돈을 지불하지 않습니다.
3 이 꽃놀이 모임은 오후 4시에 끝납니다.
4 참가하고 싶은 사람은 요시다 씨에게 메일을 보냅니다.

어휘 皆(みな)さん 여러분 | 桜(さくら) 벚꽃 | 季節(きせつ) 계절 | いつものように 여느 때처럼 | お花見(はなみ) 꽃놀이 | 会(かい) 모임 | 開(ひら)く 열다, 개최하다 | 皆(みな)さん 여러분 | ぜひ 꼭, 제발 | 参加(さんか) 참가 | 日時(にちじ) 일시 | 場所(ばしょ) 장소 | 会費(かいひ) 회비 | 小学生(しょうがくせい) 초등학생 | 以下(いか) 이하 | 無料(むりょう) 무료 | 準備(じゅんび) 준비 | ため ~때문, 위함 | 初(はじ)めて 처음으로 | 払(はら)う 지불하다 | 終(お)わる 끝나다

해설 꽃놀이 모임은 올해가 처음이 아니며, 오후 3시에 끝난다. 참가하고 싶은 사람은 요시다 씨에게 전화해야 한다. 초등학생 이하 어린이는 회비가 무료라고 했으므로 정답은 2번이다.

(2)

저의 취미는 책을 읽는 것입니다. 소설을 자주 읽는데, 연애 이야기를 가장 좋아합니다. 쉬는 날에는 서점에 가서 책을 사거나 도서관에 가서 책을 읽거나 합니다. 집에는 책이 200권정도 있습니다. 책을 읽기 시작하면, 하루 종일 계속 읽게 됩니다. 책을 읽으면서 잠이 드는 경우도 자주 있습니다. 밤에 책을 읽는 일이 많기 때문에 최근에는 눈이 나빠져 버려서 곤란해하고 있습니다. 가능한 밝은 곳에서 읽으려고 합니다.

23 이 사람은 왜 곤란해하고 있습니까?

1 집에 책이 많이 있으니까.
2 책을 하루 종일 읽어버리니까.
3 밤에 책을 읽어야 하니까.
4 눈이 나빠져 버렸으니까.

어휘 **趣味** 취미 | **小説** 소설 | **恋愛** 연애 | **冊** 권(책을 세는 단위) | **ます형+始める** ~하기 시작하다 | **一日中** 하루 종일 | **ます형+続ける** ~하기를 계속하다 | **最近** 최근 | **目が悪い** 눈이 나쁘다 | **困る** 곤란하다 | **できるだけ** 가능한 한 | **明るい** 밝다

해설 본문에 '밤에 책을 읽는 일이 많기 때문에 최근에는 눈이 나빠져 버려서 곤란해하고 있습니다'라는 내용이 있으므로 정답은 4번이다.

(3)

이것은 회사의 회식을 알리는 글입니다.

여러분, 수고 많으십니다. 월말 회식 공지입니다. 여러분도 알고 있다고는 생각합니다만, 다나카 씨가 이번 달에 회사를 그만두게 되었습니다. 그래서 이번에는 다나카 씨를 위해 술자리를 열게 되었습니다. 일시는 7월 20일 오후 7시부터입니다. 장소는 아직 정해지지 않았습니다. 술자리에 참석할 수 없는 사람은 다음 주 금요일까지 야마다에게 메일을 보내주세요. 잘 부탁드립니다.

24 회식에 참석할 수 없는 사람은 어떻게 하면 됩니까?

1 오늘 중으로 다나카 씨에게 전화를 할 것이다.
2 내일까지 다나카 씨에게 메일을 보낸다.
3 이번 주까지 야마다 씨에게 전화를 한다.
4 다음 주까지 야마다 씨에게 메일을 보낸다.

어휘 **飲み会** 술자리, 회식 | **知らせる** 알리다 | **文** 문장, 글 | **月末** 월말 | **お知らせ** 알림 | **~ことになる** ~하게 되다 | **そのため** 그 때문에, 그를 위해 | **開く** 열다, 개최하다 | **日時** 일시 | **場所** 장소 | **決まる** 결정되다 | **出席** 출석 | **メールを送る** 메일을 보내다

해설 본문에 '술자리에 참석할 수 없는 사람은 다음 주 금요일까지 야마다에게 메일을 보내주세요'라고 했으니 정답은 4번이다.

문제 5 **다음 글을 읽고 질문에 답하세요. 답은 1 · 2 · 3 · 4에서 가장 좋은 것을 하나 고르세요.**

어렸을 때, 나는 커피를 좋아하지 않았습니다. 커피나 우유, 차보다도 단 음료수를 좋아해서 밥을 먹을 때는 언제나 주스를 마시곤 했습니다.

어머니는 커피를 좋아해서, 매일 아침밥을 먹은 후 커피를 마시고 있었습니다. 어느 날, 저도 커피를 마셔보고 싶었습니다. 그래서, 어머니에게 "한입 마셔도 돼?"라고 부탁했습니다. 어머니는 "좋아"라고 말했습니다. 처음으로 커피를 마셔보았습니다만, 써서 깜짝 놀랐습니다. "맛없어"라고 하며 입에서 전부 뱉어버렸습니다. "왜 이런 맛없는 음료수를 마시는 거야?"라고 묻자, 어머니는 "어른이 되면, 좋아하게 될 거야"라고 말했습니다. 그 때는 ①어머니의 기분을 이해할 수 없었습니다.

지금, 저는 회사에서 일하고 있습니다만, 매일 커피를 마시고 있습니다. 회사 사람들과 점심을 먹은 후에 마시거나, 집에서 텔레비전을 보면서 마시거나 합니다. 쉬는 날에는, 카페에 가서 커피를 마시면서 쉽니다. ②좀 커피 중독일지도 모릅니다. 하지만, 지금이라면 어머니의 기분을 이해할 수 있습니다. 오늘도 커피를 마시면서 쉬려고 합니다.

어휘 牛乳(ぎゅうにゅう) 우유 | ～よりも ~보다도 | 甘(あま)い 달다 | ～たあと ~한 후 | ある日(ひ) 어느 날 | それで 그래서 | 一口(ひとくち) 한입 | 初(はじ)めて 처음으로 | 苦(にが)い 쓰다 | びっくりする 깜짝 놀라다 | 全部(ぜんぶ) 전부 | どうして 왜 | 大人(おとな) 어른 | 休(やす)みの日(ひ) 쉬는 날 | ゆっくりする 쉬다 | 中毒(ちゅうどく) 중독 | ～かもしれません ~일지도 모릅니다 | でも 하지만 | 今(いま)なら 지금이라면

25 이 사람이 어렸을 때 마시고 있던 것은 무엇입니까?

1 쓴 커피
2 단 주스
3 차가운 우유
4 따뜻한 차

해설 '첫 번째 단락에서, 「コーヒーや牛乳(ぎゅうにゅう)、お茶(ちゃ)よりも甘(あま)い飲(の)み物(もの)が大好(だいす)きで、ごはんを食(た)べる時(とき)は、いつもジュースを飲(の)んでいました 커피나 우유, 차보다도 단 음료수를 좋아해서 밥을 먹을 때는 언제나 주스를 마시곤 했습니다」라고 했으니, 정답은 2번이 된다.

26 ①어머니의 기분이라고 했는데, 어떤 기분입니까?

1 아침을 반드시 먹고 싶은 기분
2 단 주스를 마시고 싶은 기분
3 쓴 커피를 좋아한다는 기분
4 커피를 마시고 깜짝 놀란 기분

해설 필자는 처음 커피를 마셨을 때, 커피를 쓰고 맛없는 음료수라고 생각하였다. 그런데 이런 커피를 어머니는 「大人(おとな)になったら、好(す)きになると思(おも)うよ 어른이 되면, 좋아하게 될 거야」라고 답했고, 이런 어머니의 기분을 이해할 수 없었다고 했으니 정답은 3번이다.

27 ②좀 커피 중독일지도 모릅니다라고 했는데, 그것은 왜입니까?

1 커피를 마시면서, 일을 하기 때문입니다.

2 점심식사 후에 카페에 가서 커피를 마시기 때문입니다.

3 쉬는 날만 집에서 커피를 마시기 때문입니다.

4 회사에서도 집에서도 매일 커피를 마시기 때문입니다.

해설 힌트는 바로 앞 문장에 있다. 「毎日(まいにち)コーヒーを飲(の)んでいます。会社(かいしゃ)の人(ひと)たちと昼(ひる)ごはんを食(た)べた後(あと)に飲(の)んだり、家(いえ)でテレビを見(み)ながら飲(の)んだりします。休(やす)みの日(ひ)には、カフェに行(い)ってコーヒーを飲(の)みながらゆっくりします 매일 커피를 마시고 있습니다. 회사 사람들과 점심을 먹은 후에 마시거나, 집에서 텔레비전을 보면서 마시거나 합니다. 쉬는 날에는, 카페에 가서 커피를 마시면서 쉽니다」라고 했다. 즉, 집에서도 회사에서도 매일 커피를 마시고 있는 자신을 커피 중독일지도 모르겠다고 표현하고 있는 것이므로 정답은 4번이 된다.

문제 6 오른쪽 페이지의 안내문을 보고 아래 질문에 답하세요. 답은 1 · 2 · 3 · 4에서 가장 좋은 것을 하나 고르세요.

28 부부와 초등학생 1명, 중학생 1명의 4인 가족이 참가할 때 참가료는 얼마입니까?

1 2,600엔

2 2,800엔

3 3,000엔

4 3,500엔

해설 참가료는 고등학생 이상: 1,000엔, 중학생: 500엔, 초등학생: 300엔이라고 했으니 총 합은 2,800엔으로 2번이 정답이다.

29 이 안내문의 내용과 맞는 것은 어느 것입니까?

1 마라톤 대회는 오전 중에는 열리지 않습니다.

2 마라톤 대회에는 초등학생과 중학생만 참가할 수 있습니다.

3 마라톤 대회에는 누구나 무료로 참가할 수 있습니다.

4 마라톤 대회 신청은 전화로 해야만 합니다.

해설 마라톤 대회는 9시부터 시작되며, 성인도 참가 가능하며, 초등학생부터 성인까지 참가비가 있으므로 정답은 4번이다.

제3회 해바라기 마라톤 대회 안내문

올해도 해바라기 마라톤 대회를 실시합니다. 작년에는 여름에 실시했지만, 올해는 봄에 실시하게 되었습니다. 여러분, 꼭 참석해 주세요.

· 일시: 4월 21일(일) 오전 9시~오후 6시
· 장소: 니시카와 사이클링 로드
· 코스
① 초등학생: 2킬로 코스 ② 중학생, 고등학생: 3킬로 코스
③ 성인: 10킬로 코스
· 참가료
①초등학생: 300엔 ②중학생: 500엔 ③고등학생 이상: 1,000엔
· 참가신청: 4월 19일(금)까지 해바라기 마라톤 대회의 담당 마쓰무라에게 전화로 부탁합니다.

많은 참여 기다리고 있겠습니다.

문의 : 해바라기 마라톤 대회
담당 : 마쓰무라 0123-456-789

어휘 正しい 올바르다 | 午前中 오전 중 | 行う 거행하다, 실시하다 | だけ 만, 뿐 | 参加 참가 | 無料 무료 | 申し込み 신청 | マラソン大会 마라톤 대회 | お知らせ 알림 | 第3回 제3회 | ひまわり 해바라기 | ぜひ 꼭, 제발 | 日時 일시 | 場所 장소 | コース 코스 | 小学生 초등학생 | 中学生 중학생 | 高校生 고등학생 | 大人 어른 | 参加料 참가료 | 以上 이상 | 担当 담당 | お+ます형+する ~하다(겸양어 공식) | お問い合わせ 문의

2교시 청해 

문제 1 문제 1에서는 먼저 질문을 들으세요. 그리고 이야기를 듣고 문제지의 1~4 중에서 가장 좋은 것을 하나 고르세요.

れい Track 2-1-00

お母さんと息子が話しています。息子はどんな服を着ればいいですか。

女：ひとし、明日、お父さんの上司の家族との食事の約束、忘れてないよね。服とかちゃんと着ていかなきゃだめだよ。

男：え、暑いのにそんなのも気をつけなきゃいけないの。半そでと半ズボンにするよ。

女：だめよ。ちゃんとした食事会だから。

男：じゃ、ドレスコードでもあるの？

女：ホテルでの食事だから、ショートパンツだけは止めたほうがいいよ。

男：わかったよ。でも暑いのはいやだから、上は半そでにするよ。

息子はどんな服を着ればいいですか。

1　長そでのシャツと半ズボン
2　半そでのシャツと半ズボン
3　半そでのシャツと長いズボン
4　長そでのシャツと長いズボン

예

엄마와 아들이 이야기하고 있습니다. 아들은 어떤 옷을 입으면 됩니까?

여：히토시, 내일 아버지의 상사 가족과의 식사 약속 잊지 않았지? 옷이라든가 제대로 입고 가지 않으면 안 돼.

남：에~, 더운데 그런 것도 주의하지 않으면 안 되는 거야? 반소매와 반바지로 할 거야.

여：안 돼. 제대로 된 식사 모임이니까.

남：그럼, 드레스 코드라도 있는 거야?

여：호텔에서의 식사라서 반바지만은 안 입는 게 좋아.

남：알았어. 하지만 더운 것은 싫으니까, 상의는 반소매로 할래.

아들은 어떤 옷을 입으면 됩니까?

1 긴소매 셔츠와 반바지
2 반소매 셔츠와 반바지
3 반소매 셔츠와 긴바지
4 긴소매 셔츠와 긴바지

해설 아들은 반소매와 반바지를 입겠다고 했지만, 엄마는 제대로 된 식사 모임이므로 반바지만은 피하는 것이 좋다고 했다. 따라서 반소매와 긴바지 차림인 3번이 정답이다.

어휘 息子 아들 | 服 옷 | 上司 상사 | 忘れる 잊다 | ちゃんと 제대로 | 気をつける 조심하다, 주의하다 | 半そで 반소매 | 半ズボン 반바지 | だめだ 안 되다, 소용없다 | 食事会 식사 모임 | 止める 그만두다, 중지하다 | ~なさい ~하거라, ~해라 | でも 그렇지만, 하지만 | いやだ 싫다 | 長そで 긴소매

1ばん Track 2-1-01

男の人と女の人が話しています。女の人はこれからどうしますか。

男：田中さん、どうしたんですか。何か、心配事でもあるんですか。

女：それが、うちの娘が歌手になりたいと言って、学校の勉強をまじめにしないんですよ。もうすぐ高校生になるのに…。

男：そうですか、歌手になるのはそんなに簡単ではないですからね。

女：そうなんですよ。娘は専門的なレッスンを受けたいと言ってますが、うちはそんなお金もないし。

男：う～ん。あ、そうだ。YouTubeや動画サイトに娘さんの歌をあげてみるのはどうですか。それがきっかけになって歌手デビューする人も多いですよ。

女：そうですか。

女の人はこれからどうしますか。

1 むすめの歌をインターネットサイトにアップしてみる
2 歌手になれるようにレッスンをうけさせる
3 専門的な所に行かせる
4 心配するのをやめる

1번

남자와 여자가 이야기하고 있습니다. 여자는 앞으로 어떻게 합니까?

남：다나카 씨, 무슨 일이세요? 뭔가 걱정거리라도 있나요?

여：그게 우리 딸이 가수가 되고 싶다고 하며, 학교 공부를 성실하게 하지를 않아요. 이제 고등학생이 되는데….

남：그래요? 가수가 된다는 것은 그렇게 간단하지 않으니까요.

여：그래요. 딸은 전문적인 레슨을 받고 싶다고 하는데, 우리는 그런 돈도 없고.

남：음. 아, 맞다. 유튜브나 동영상 사이트에 따님의 노래를 올려보는 것은 어때요? 그것이 계기가 되어 가수 데뷔하는 사람도 많아요.

여：그래요?

여자는 앞으로 어떻게 합니까?

1 딸의 노래를 인터넷 사이트에 올려본다
2 가수가 될 수 있도록 수업을 받게 한다
3 전문적인 곳을 가게 한다
4 걱정하기를 그만둔다

2회

해설 여자는 다른 사람이 들을 수 있도록 유튜브나 동영상 사이트에 딸의 노래를 올려보라는 남자의 조언에 그렇게 하기로 했으므로 정답은 1번이다.

어휘 どうしたんですか 무슨 일입니까? | 心配事 걱정거리 | 娘 딸 | 歌手 가수 | まじめに 성실히 | 高校生 고등학생 | そんなに 그렇게 | 簡単だ 간단하다 | 専門的 전문적 | レッスンを受ける 레슨을 받다 | 動画 동영상 | 上げる 올리다 | きっかけ 계기 | デビューする 데뷔하다 | 多い 많다 | アップする 업(up)하다, 올리다 | やめる 그만두다, 중지하다

2ばん Track 2-1-02

女の人と男の人が話しています。女の人はいつ予約しますか。

女：ね、お母さんの誕生日パーティー、この店でするのはどう？
男：お母さんの誕生日はまだまだじゃない。
女：今イベント中で、今日予約すると20%割引になるのよ。
男：へえ、そうなんだ。あ、でも見て。予約は店に来る日の２ヶ月前からだと書いてあるよ。
女：あら、見てなかったわ。お母さんの誕生日は６月１日で、今は３月だから、まだ予約できないわね。
男：そうだね。じゃ、予約できるようになったら、すぐ、予約しよう。
女：そうね。そうしよう。

女の人はいつ予約しますか。

3

2번

여자와 남자가 이야기하고 있습니다. 여자는 언제 예약합니까?

여 : 있잖아, 어머니의 생신 파티, 이 가게에서 하는 것은 어떨까?
남 : 엄마 생신은 아직 멀었잖아.
여 : 지금 이벤트 중이라서, 오늘 예약하면 20% 할인이 돼.
남 : 아, 그렇구나. 아, 하지만 봐봐. 예약은 가게에 오는 날 2개월 전부터라고 쓰여 있어.
여 : 아, 못 봤네? 어머니의 생신은 6월 1일이고, 지금은 3월이니까 아직 예약할 수 없네.
남 : 그러네. 그럼, 예약할 수 있게 되면 바로 하자.
여 : 그래, 그렇게 하자.

여자는 언제 예약합니까?

해설 가게를 방문하기 2개월 전부터 예약할 수 있기 때문에 6월의 어머니 생신을 위한 예약은 4월이 되어야 하므로 정답은 3번이다. 날짜에 대한 문제는 당황하여 놓치는 경우가 있으니 평소에 잘 숙지해두기 바란다.

어휘 予約 예약 | 誕生日 생일 | まだまだ 아직도(강조 표현) | 割引 할인

3ばん Track 2-1-03

男の人と女の人が話しています。二人はどこで買い物をしますか。

男：バーベキューの食べ物、どこで買いましょうか。

女：そうですね。駅にあるスーパーはどうですか。野菜が安いんですよ。

男：でも、そこのお店はお肉を売ってないんですよ。大学の近くのスーパーはどうですか。

女：いいですね。肉も野菜もありますし。お酒は売ってますか。

男：あ、お酒はなかったと思います…。

女：うーん、となりの駅にあるデパートで買うのは高いですし。あ、車で10分くらいのところにある、大型スーパーはどうですか。あそこには何でもありますよ。

男：そうですね。そうしましょう。

二人はどこで買い物をしますか。

1 駅にあるスーパー
2 大学の近くのスーパー
3 となりの駅にあるデパート
4 車で行く大型スーパー

3번

남자와 여자가 이야기하고 있습니다. 두 사람은 어디서 쇼핑을 합니까?

남 : 바비큐 음식 어디서 살까요?

여 : 글쎄요. 역에 있는 슈퍼마켓은 어때요? 야채가 싸거든요.

남 : 하지만 거기 가게는 고기를 팔지 않아요. 대학 근처의 슈퍼마켓은 어때요?

여 : 좋네요. 고기도 야채도 있고요. 술은 팔고 있나요?

남 : 아, 술은 없었다고 생각해요….

여 : 음, 옆 역에 있는 백화점에서 사는 것은 비싸고. 아, 차로 10분 정도 거리에 있는 대형마트는 어떨습니까? 거기에 뭐든지 있어요.

남 : 그렇군요. 그렇게 합시다.

두 사람은 어디서 쇼핑을 합니까?

1 역에 있는 슈퍼마켓
2 대학 근처의 슈퍼마켓
3 옆 역에 있는 백화점
4 차로 가는 대형마트

해설 바비큐에서 먹을 음식을 위해, 야채, 고기, 술을 사려고 한다. 맨 끝 대화를 보면 차로 10분 정도 거리의 대형마트에는 뭐든지 있다고 했으니 정답은 4번이다.

어휘 バーベキュー 바비큐 | 近く 가까운 곳, 근처 | 大型 대형 | 何でも 뭐든, 뭐라도

4ばん Track 2-1-04

お母さんと息子が話しています。息子は今からどうしますか。

女：たくみ、いったいこの部屋は何なのよ。たまには掃除しなさいよ。

男：学校の勉強で忙しいんだよ。

女：そんな、うそばっかり。試験は先週終わったじゃない。

男：わかったよ。今からすればいいでしょ。

女：あ、今、掃除はいいから、あそこにある自分の洗濯物たんすに入れて。

男：わかった、すぐしまうよ。

息子は今からどうしますか。

4

4번

엄마와 아들이 이야기하고 있습니다. 아들은 지금부터 어떻게 합니까?

여：다쿠미 도대체 이 방은 뭐야? 가끔은 청소해.

남：학교 공부로 바쁘단 말이야.

여：그런 거짓말만 하고. 시험은 지난주 끝났잖아.

남：알았어. 지금부터 하면 되잖아.

여：아, 지금 청소는 됐으니까, 저기에 있는 자신의 세탁물 옷장에 넣어.

남：알았어, 바로 넣을게.

아들은 지금부터 어떻게 합니까?

해설 「しまう 넣다, 수납하다」의 의미를 알아야 맞힐 수 있는 문제이다. 엄마가 빨아놓은 세탁물 정도는 옷장에 넣으라고 했고, 아들은 알겠다고 했으므로 정답은 4번이다.

어휘 **息子** 아들 | **いったい** 도대체 | **たまに** 가끔 | **掃除** 청소 | **そんな** 그러한 | **うそ** 거짓말 | **～ばかり** ~만, ~뿐 | **洗濯物** 세탁물 | **たんす** 옷장 | **入れる** 넣다 | **しまう** 넣다, 수납하다

5ばん Track 2-1-05

男の人と女の人が話しています。男の人はこれからどうしますか。

男：高田さん、明日の出張の準備、終わりましたか。
女：すみません、まだ終わってないんです。
男：え？何かあったんですか。
女：それが、部長から頼まれた仕事を今日までにしなければならなくて…。
男：そうですか。何か手伝いましょうか。
女：いいんですか。じゃ、このデータが書いてある紙を10枚コピーしてくれますか。
男：いいですよ。他には何かありますか。
女：それから、近くのデパートで、明日お客様にあげるお菓子を買ってきてくれますか。
男：わかりました。コピーが終わったら行ってきますね。

男の人はこれからどうしますか。

1 今から出張に行く
2 部長から言われた仕事をする
3 紙を10枚コピーする
4 デパートへお菓子を買いに行く

5번

남자와 여자가 이야기하고 있습니다. 남자는 이제부터 어떻게 합니까?

남 : 다카다 씨, 내일 출장 준비 끝났습니까?
여 : 죄송합니다, 아직 끝나지 않았습니다.
남 : 엣? 무슨 일 있었나요?
여 : 그게, 부장님으로부터 부탁 받은 일을 오늘까지 하지 않으면 안 되서요….
남 : 그렇습니까? 뭔가 도울까요?
여 : 괜찮겠습니까? 그러면 이 데이터가 적혀 있는 종이를 10장 복사해 주시겠어요?
남 : 좋아요. 그 외에 뭔가 있어요?
여 : 그리고, 근처의 백화점에서 내일 손님에게 줄 과자를 사다 주시겠습니까?
남 : 알겠습니다. 복사 끝나면 다녀올게요.

남자는 이제부터 어떻게 합니까?

1 지금부터 출장을 간다
2 부장으로부터 들은 일을 한다
3 종이를 10장 복사한다
4 백화점에 과자를 사러 간다

해설 남자가 도울 일은 먼저 종이를 10장 복사하고 난 뒤 백화점으로 과자를 사러 가면 되니, 일단은 복사가 우선이다. 정답은 3번이다.

어휘 **これから** 이제부터, 앞으로 | **出張** 출장 | **準備** 준비 | **終わる** 끝나다 | **頼む** 부탁하다 | **手伝う** 돕다 | **紙** 종이 | **枚** 장(얇고 납작한 것을 세는 단위) | **他に** 외에 | **それから** 그리고, 그 다음에 | **近く** 가까운 곳, 근처 | **お菓子** 과자

6ばん Track 2-1-06

女の人と男の人が話しています。女の人はこれからどうしますか。

女：佐藤さん、ちょっとカフェにでも行きませんか。

男：え、どうしたんですか。のどが渇きましたか。

女：いいえ、のどは大丈夫ですが、足が…。

男：あ、ちょっと歩きすぎましたね。足が痛いですか。

女：買ったばかりのくつなので、ちょっと…。

男：そうですか。ちょっとかかとも高いんじゃないですか。たくさん歩く時は、楽なくつの方がいいんじゃないですか。

女：そうですね。

女の人はこれからどうしますか。

1 のどが渇く時にカフェに行く

2 くつをたくさん買わない

3 たくさん歩く時は楽なくつをはく

4 運動靴ばかり買う

6번

여자와 남자가 이야기하고 있습니다. 여자는 앞으로 어떻게 합니까?

여 : 사토 씨, 잠깐 카페라도 가지 않을래요?

남 : 네, 무슨 일입니까? 목말라요?

여 : 아니, 목은 괜찮지만, 다리가….

남 : 아, 좀 너무 많이 걸었죠. 다리가 아픈가요?

여 : 산 지 얼마 안 된 신발이라, 조금….

남 : 그래요? 좀 굽이 높지 않나요? 많이 걸을 때는 편한 신발이 좋지 않겠어요?

여 : 그러네요.

여자는 앞으로 어떻게 합니까?

1 목이 마를 때는 카페에 간다

2 신발을 많이 사지 않는다

3 많이 걸을 때는 편한 신발을 신는다

4 운동화만 산다

해설 많이 걸을 때는 편한 신발을 신으라는 것이 포인트이므로 정답은 3번이다.

어휘 のどが渇く 목마르다 | 歩く 걷다 | ます형+すぎる 지나치게(너무) ~하다 | 足 발, 다리 | ~たばかりだ ~한 지 얼마 안 되다 | かかと 굽 | 楽だ 편하다 | 履く 신다 | ~ばかり ~만, ~뿐

7ばん Track 2-1-07

女の人と男の人が話しています。二人はこれから何をしますか。

女：今日は疲れたし、今から温泉にでも行こうよ。

男：うん、いいよ。さくら温泉はどう？あそこなら温泉のあと、ごはんも食べられるし。

女：いいわね。じゃ、温泉に行く前にスーパーに行ってもいい？

男：いいけど、何か買うの？

女：帰ってきたら、家でビールを飲もうと思って。

男：それはいいね。じゃあ、帰ってきたら、家でビールを飲みながら映画でも見よう。

女：いいわね。そうしよう。

二人はこれから何をしますか。

1 温泉に行ってゆっくり休む
2 温泉に入ってからごはんを食べる
3 スーパーに行って買い物をする
4 家でゆっくり映画を見る

7번

여자와 남자가 이야기하고 있습니다. 두 사람은 앞으로 무엇을 합니까?

여 : 오늘은 피곤하기도 하고, 이제부터 온천에라도 가자.

남 : 응, 좋아. 사쿠라 온천은 어때? 거기라면 온천 후, 밥도 먹을 수 있고.

여 : 좋네. 그럼 온천에 가기 전에 슈퍼에 가도 돼?

남 : 괜찮은데, 무엇인가 살 거야?

여 : 돌아오면 집에서 맥주 마시려고 생각해서.

남 : 그거 좋네. 그럼 돌아오면 집에서 맥주 마시면서 영화라도 보자.

여 : 좋아. 그렇게 하자.

두 사람은 앞으로 무엇을 합니까?

1 온천에 가서 푹 쉰다
2 온천에 들어가고 나서 밥을 먹는다
3 슈퍼에 가서 장을 본다
4 집에서 느긋하게 영화를 본다

해설 두 사람은 온천에 가기로 했는데, 여자는 온천에 갔다 와서 집에서 맥주를 마시고 싶다고 하며, 슈퍼에 다녀오겠다고 했다. 즉 온천에 가기 전에 슈퍼에 가는 것이 먼저이므로 정답은 3번이 된다.

어휘 疲れる 피곤하다 | ～し ~하고 | 今から 이제부터 | 温泉 온천 | ～にでも ~에라도 | ～のあと ~후 | そしたら 그럼 | ～前に ~전에 | ～ながら ~하면서 | ～でも ~라도

8ばん Track 2-1-08

女の人と男の人が話しています。二人はどのケーキを買いますか。

女：ねえねえ、どのケーキにする？

男：うーん、ぼくはチョコレートが好きだから、このまるいチョコレートケーキにしようかな。

女：私はどれにしようかな。この果物がのっているケーキか、あ、この一番人気があるいちごのケーキもおいしそう。

男：いちごのケーキは先週食べたから、果物がいいんじゃない。

女：そうね。じゃあ、果物にしようかな。でもこの四角いチーズケーキも食べたいなあ。ああ、どっちにしよう。

男：じゃ、ぼくがチョコレートケーキじゃなくてチーズケーキにしようか。そうしたら2つとも食べられるし。

女：いいの？じゃあ、この2つにしよう。

二人はどのケーキを買いますか。

3

8번

여자와 남자가 이야기하고 있습니다. 두 사람은 어느 케이크를 삽니까?

여 : 저기, 어느 케이크로 할까?

남 : 음, 나는 초콜릿을 좋아하니까, 이 둥근 초콜릿 케이크로 할까.

여 : 나는 어느 걸로 할까. 이 과일이 올라가 있는 케이크로 할까. 아, 이 가장 인기가 있는 딸기 케이크도 맛있을 것 같아.

남 : 딸기는 지난주에 먹었으니까, 과일이 괜찮지 않아?

여 : 그러게. 그럼, 과일로 할까. 하지만 이 네모난 치즈 케이크도 먹고 싶어. 아, 어느 걸로 하지.

남 : 그럼, 내가 초콜릿 케이크가 아니라 치즈 케이크로 할까? 그러면 2개 다 먹을 수 있고.

여 : 괜찮아? 그럼, 이 2개로 하자.

두 사람은 어느 케이크를 삽니까?

해설 처음에 남자는 초콜릿 케이크를 사려고 했고, 여자는 남자의 조언으로 과일 케이크를 사기로 했는데, 치즈 케이크도 먹고 싶다고 했다. 그러자 남자가 「ぼくがチョコレートケーキじゃなくてチーズケーキにしようか。そしたら2つとも食べられるし 내가 초콜릿 케이크가 아니라 치즈 케이크로 할까? 그럼 2개 다 먹을 수 있고」라고 했고, 여자는 이 말에 동의하고 있으므로 정답은 3번이 된다.

어휘 ケーキ 케이크 | まるい 둥글다 | 果物 과일 | のる 실리다, 올라가다 | 一番 가장 | 人気 인기 | いちご 딸기 | 四角い 네모나다

문제 2 **문제 2에서는 먼저 질문을 들으세요. 그 후 문제지를 보세요. 읽을 시간이 있습니다. 그리고 이야기를 듣고 문제지의 1~4 중에서 가장 좋은 것을 하나 고르세요.**

れい Track 2-2-00

男の人と女の人が話しています。男の人はどうしてコートを買いませんか。

女：お客様、こちらのコートはいかがでしょうか。
男：うん…、デザインはいいけど、色がちょっとね…。
女：すみません、今、この色しかないんです。
男：ぼく、黒はあまり好きじゃないんですよ。しかたないですね。
女：すみません。

男の人はどうしてコートを買いませんか。

1 デザインが気に入らないから
2 色が気に入らないから
3 値段が高いから
4 お金がないから

예

남자와 여자가 이야기하고 있습니다. 남자는 왜 코트를 사지 않습니까?

여 : 손님, 이쪽 코트는 어떠십니까?
남 : 음…, 디자인은 괜찮은데, 색깔이 좀….
여 : 죄송합니다, 지금 이 색깔밖에 없습니다.
남 : 난 검정은 별로 좋아하지 않아요. 어쩔 수 없네요.
여 : 죄송합니다.

남자는 왜 코트를 사지 않습니까?

1 디자인이 마음에 안 들어서
2 색이 마음에 안 들어서
3 값이 비싸서
4 돈이 없어서

해설 「ちょっとね」로 끝나면 '별로이다, 마음에 안 든다'는 의미이다. 남자는 코트의 디자인은 마음에 드는데 색깔이 마음에 들지 않는다고 했으므로 정답은 2번이다.

어휘 いかが 어떻게, 어떠함 | いかがでしょうか 어떠신가요? | 色 색 | ～しかない ~밖에 없다 | しかた(が)ない 어쩔 수 없다 | 気に入る 마음에 들다 | 値段 가격, 값

1ばん Track 2-2-01

女の人と男の人が話しています。二人はどうして他のレストランに行きますか。

女：夜ごはん、どこで食べる？レストランが多くて選ぶのが難しいわね。

男：そうだね。じゃあ…、このレストランはどう？人も少ないからすぐ入れるよ。

女：いいわね。ハンバーグとかスパゲッティなら子どもたちも好きだし。

男：そうだね。じゃあ、ここにメニューがあるから何を食べるか決めてから入ろうか。

女：えーと、私はこのトマトスパゲティにするわ。あなたは?

男：ぼくは、チーズハンバーグかな。子どもたちはこの子ども用メニューでいいんじゃない?

女：いいわね。でもちょっと待って。お店が８時までだから、あと３０分しかないわよ。

男：そうか。それは短いね。じゃ、ここはやめて、他のレストランに行こうか。

女：そうね。そうしよう。

二人はどうして他のレストランに行きますか。

1　食べたいメニューがないから

2　人が多くて待たなければならないから

3　もうすぐお店が終わる時間だから

4　子ども用のメニューがないから

1번

여자와 남자가 이야기하고 있습니다. 두 사람은 왜 다른 레스토랑에 갑니까?

여 : 저녁은 어디서 먹을까? 레스토랑이 많아서 고르기가 어렵네.

남 : 그러네. 그러면…, 이 레스토랑은 어때? 사람도 적으니까 바로 들어갈 수 있어.

여 : 좋네. 햄버그나 스파게티라면 아이들도 좋아하고.

남 : 그러네. 그럼 여기 메뉴가 있으니까 뭐 먹을지 정하고 들어갈까?

여 : 음, 나는 이 토마토 스파게티로 할게. 당신은?

남 : 나는 치즈 햄버그인가. 아이들은 이 어린이용 메뉴로 괜찮지 않을까?

여 : 좋아. 하지만 잠깐 기다려. 가게가 8시까지니까 앞으로 30분밖에 없어.

남 : 그렇구나. 그건 짧네. 그러면, 여기 말고 다른 레스토랑으로 갈까?

여 : 그러네, 그렇게 하자.

두 사람은 왜 다른 레스토랑에 갑니까?

1 먹고 싶은 메뉴가 없으니까

2 사람이 많아서 기다려야 하니까

3 이제 곧 가게가 끝날 시간이니까

4 어린이용 메뉴가 없으니까

해설 가게는 8시까지이고 앞으로 30분밖에 안 남아서 다른 레스토랑으로 가는 것이니, 정답은 3번이다.

어휘 どうして 왜 | 他 딴 것(곳), 이외 | 多い 많다 | 選ぶ 고르다 | そしたら 그렇다면 | 決める 결정하다 | 子ども用 어린이용 | でも 그렇지만, 하지만 | あと 앞으로(부사적으로 사용) | ～しかない ~밖에 없다 | 短い 짧다 | やめる 그만두다, 중지하다 | そう 그렇게 | もうすぐ 이제 곧 | 終わる 끝나다

2ばん Track 2-2-02

女の人と男の人が話しています。男の人は店の前で並ぶことについてどう思っていますか。

女：パクさんは、会社の前に新しくできたラーメン屋に行ってみましたか。

男：あ、うわさの店ですね。

女：ええ、昼休みにはいつも人がたくさん待っているんですよ。

男：私は待つのが苦手なんです。日本人は並ぶのが好きみたいだけど、おいしいから並ぶのか、人が並んでいるから並ぶのか、わかりません。

女：でも、どうして並んでいるのか、やっぱり食べてみたくなりませんか。

男：どうかな。でも、待たなくてもおいしい店、ありますからね。

女：ま、それはそうですね。

男の人は店の前で並ぶことについてどう思っていますか。

1 人が並ばないおいしい店もある
2 どうして並ぶのか、その理由が知りたい
3 店の前で人が並ぶのはよくない
4 友だちと話しながら待つのは好きではない

2번

여자와 남자가 이야기하고 있습니다. 남자는 가게 앞에 줄 서는 것에 대해 어떻게 생각합니까?

여 : 박 씨는 회사 앞에 새로 생긴 라면집에 가봤나요?

남 : 아, 소문의 가게 말이죠?

여 : 네, 점심시간에는 언제나 사람이 많이 기다리고 있어요.

남 : 저는 기다리는 거 잘 못 해요. 일본인은 줄 서는 것을 좋아하는 것 같지만, 맛있어서 줄을 서는 건지, 다른 사람이 줄을 서니까 줄을 서는 건지 모르겠네요.

여 : 하지만 왜 줄을 서는지, 역시 먹어보고 싶어지지 않나요?

남 : 글쎄요. 하지만 기다리지 않아도 맛있는 집, 있으니까요.

여 : 뭐, 그건 그렇네요.

남자는 가게 앞에 줄 서는 것에 대해 어떻게 생각합니까?

1 사람이 줄 서지 않는 맛있는 가게도 있다
2 왜 줄을 서는 것인지 그 이유를 알고 싶다
3 가게 앞에서 사람이 줄 서는 것은 좋지 않다
4 친구와 이야기하면서 기다리는 것은 좋아하지 않는다

해설 남자는 일본인들이 줄을 서는 이유를 모르겠다고 했지, 알고 싶다고 한 것은 아니다. 그러면서 남자는 줄 서지 않아도 맛있는 집은 있다고 했으니 정답은 1번이다.

어휘 うわさ 소문 | 苦手だ 서툴다, 잘하지 못하다 | 並ぶ 줄 서다 | やっぱり 역시 | 理由 이유

3ばん Track 2-2-03

女の人と男の人が話しています。男の人はどうして週末、外食をしますか。

女：最近、仕事が多くて毎日疲れているから、週末も料理を作るのが面倒くさくなるんですよ。
男：そうですか。僕も週末はほとんど外食です。
女：やっぱり、みんな同じですね。
男：でも、僕の場合はただ料理を作るのがいやっていうより、何か考えたいことがある時とかゆっくりしていたいと思った時に出かけますね。
女：店で考えごとをするんですか。
男：ええ、家で料理を作ると思ったより時間がかかるので、週末ぐらいは店でゆっくりしていたいんです。
女：あ、そうなんですね。

男の人はどうして週末、外食をしますか。

1 料理を作るのは思ったよりお金がかかるから
2 週末はいろいろ考えたり、ゆっくりとした時間をすごしたいから
3 仕事で疲れて料理を作るのが嫌になったから
4 毎日仕事で疲れているから

3번

여자와 남자가 이야기하고 있습니다. 남자는 왜 주말에 외식을 합니까?

여 : 최근 일이 많아서 매일 피곤하니까, 주말도 요리를 만드는 것이 귀찮아져요.
남 : 그래요? 저도 주말은 거의 외식이네요.
여 : 역시 모두 똑같네요.
남 : 하지만 저의 경우는 단지 요리를 만드는 것이 싫다기보다는 뭔가 생각하고 싶은 것이 있을 때나 느긋하게 있고 싶다고 생각할 때 나가요.
여 : 가게에서 생각하기도 하나요?
남 : 네, 집에서 요리를 만들면 생각했던 것보다 시간이 걸리기 때문에 주말 정도는 가게에서 느긋하게 있고 싶거든요.
여 : 아, 그렇군요.

남자는 왜 주말에 외식을 합니까?

1 요리를 만드는 것은 생각보다 돈이 드니까
2 주말은 여러 가지 생각하거나 느긋하게 시간을 보내고 싶으니까
3 일에 지쳐 요리를 만드는 것이 싫어졌으니까
4 매일 일로 피곤하니까

해설 남자는 요리를 만드는 것은 생각보다 시간이 든다고 했고, 요리를 만드는 것이 싫다기보다는 생각할 것이 있거나 느긋하게 있고 싶을 때 외식을 한다고 했으므로 정답은 2번이다.

어휘 外食 외식 | 疲れる 피곤하다 | 週末 주말 | 面倒くさい 귀찮다 | 同じだ 같다 | 場合 경우 | ただ 단지, 단 | 考える 생각하다 | 思ったより 생각보다 | 過ごす 지내다

4ばん Track 2-2-04

男の人と女の人が話しています。女の人はどうして電話のほうがいいですか。

男：おはよう。あれ、ゆみさん、眠そうだけどどうしたの。

女：昨日、友だちと夜中まで電話で話しちゃって、あんまり寝る時間がなかったの。

男：そうだったんだ。僕は電話が苦手だから、メールのほうが楽でいいなあ。

女：私も前はそうだったんだけど、今は電話で話すほうが楽しいし、相手の声が聞けるからいいのよね。

男：確かにそうだね。じゃあ、もうメールは全然しないの？

女：ときどきするけど、面倒くさくて返信するのを忘れちゃうのよ。だから、電話で連絡することが多いかな。

男：じゃあ、これからは電話で連絡するようにするよ。

女の人はどうして電話のほうがいいですか。

1　メールが苦手だから
2　友だちと毎日話せるから
3　相手の声が聞こえるから
4　すぐ連絡ができるから

4번

남자와 여자가 이야기하고 있습니다. 여자는 왜 전화 쪽이 좋습니까?

남 : 안녕? 어라, 유미 씨, 졸린 것 같은데 무슨 일이야?

여 : 어제, 친구와 한 밤중까지 전화로 이야기해 버려서, 별로 잘 시간이 없었어.

남 : 그랬었구나. 나는 전화를 서툴러서, 문자 쪽이 편하고 좋아.

여 : 나도 전에는 그랬지만, 지금은 전화로 이야기하는 편이 재미있고, 상대의 목소리를 들을 수 있어서 좋지.

남 : 확실히 그렇네. 그럼 이제 문자는 전혀 안 하는 거야?

여 : 가끔 하지만, 귀찮아서 답장하는 것을 잊어버려. 그래서 전화로 연락할 때가 많으려나.

남 : 그럼, 앞으로는 전화로 연락하도록 할게.

여자는 왜 전화 쪽이 좋습니까?

1 문자가 서투르니까
2 친구와 매일 이야기할 수 있으니까
3 상대의 목소리가 들리니까
4 바로 연락할 수 있으니까

해설 본문에서 여자는 '전화로 이야기하는 편이 재미있고, 상대의 목소리를 들을 수 있어서 좋다'라고 했으니 정답은 3번이다.

어휘 眠い 졸리다 | ～けど ~이지만, 하지만 | どうしたの 무슨 일이야? 어떻게 된 거야? | 夜中 한 밤중 | メール PC나 스마트폰을 통해 송신되는 전자메일을 가리키는 말, 문자 | 楽だ 편하다 | 相手 상대 | 声 목소리 | 確かに 확실히 | 全然 전혀 | ときどき 때때로 | 面倒くさい 귀찮다 | 返信する 답장하다 | 忘れる 잊다 | だから 그러니까 | 連絡 연락 | これから 이제부터, 앞으로 | ～ようにする ~하도록 하다 | 聞こえる 들리다

5ばん Track 2-2-05

女の人と男の人が話しています。男の人が料理教室に行き始めた理由は何ですか。

女：吉川さん、そのお弁当、とてもおいしそうですね。

男：今日は朝早く起きて時間があったので、自分で作ってみたんです。

女：すごいですね。吉川さん、料理が得意なんですか。

男：得意ではないんですが、趣味がほしくて先月から料理教室に行ってるんです。

女：いいですね。

男：田村さんは料理しますか。

女：私は料理が苦手なので、外食が多いんです。でも体のためには自分で作ったほうがいいですよね。

男：じゃ、来週一緒に料理教室行ってみませんか。

女：あ、それはいいですね。来週楽しみにしています。

男の人が料理教室に行き始めた理由は何ですか。

1　料理が得意だから
2　趣味がほしかったから
3　外食が多いから
4　健康になりたいから

5번

여자와 남자가 이야기하고 있습니다. 남자가 요리교실에 가기 시작한 이유는 무엇입니까?

여 : 요시카와 씨, 그 도시락, 매우 맛있을 것 같네요.

남 : 오늘은 아침 일찍 일어나서 시간이 있었기 때문에, 직접 만들어 봤어요.

여 : 대단하네요. 요시카와 씨, 요리 잘해요?

남 : 잘하는 건 아니지만, 취미를 갖고 싶어서 지난 달부터 요리교실에 가고 있어요.

여 : 좋네요.

남 : 다무라 씨는 요리합니까?

여 : 저는 요리가 서툴러서, 외식이 많아요. 하지만 몸을 위해서는 직접 만드는 편이 좋겠지요.

남 : 그럼, 다음 주 함께 요리교실에 가보지 않을래요?

여 : 아, 그거 좋지요. 다음 주 기대하고 있을 게요.

남자가 요리교실에 가기 시작한 이유는 무엇입니까?

1 요리를 잘하니까
2 취미를 갖고 싶었으니까
3 외식이 많으니까
4 건강해지고 싶으니까

해설 남자가 도시락을 직접 만들었다는 말에 여자는 요리를 잘 하냐고 묻고 있다. 하지만 남자는 잘하는 건 아니지만 「趣味がほしくて先月から料理教室に行ってるんです 취미를 갖고 싶어서 지난달부터 요리교실에 가고 있어요」라고 했으니, 남자가 요리교실에 가기 시작한 이유는 2번이다.

어휘 料理教室 요리교실 | 行き始める 가기 시작하다 | 理由 이유 | お弁当 도시락 | 自分で 직접 | 作る 만들다 | ～てみる ~해 보다 | すごい 대단하다 | 得意だ 잘한다, 자신 있다 | 趣味 취미 | ～がほしい ~를 원하다 | 苦手だ 서툴다, 자신없다 | 外食 외식 | 多い 많다 | ～たほうがいい ~하는 편이 좋다 | 一緒に 함께 | 楽しみにする 기대하다 | 健康 건강

6ばん Track 2-2-06

女の人と男の人が話しています。男の人が結婚を決めた理由は何ですか。

女：川口さん、来月結婚するそうですね。おめでとうございます。

男：ありがとうございます。

女：確か彼女と付き合った期間はそんなに長くないんですよね。

男：そうですね。付き合いはじめて、7ヶ月になります。

女：へえ、7ヶ月で結婚を決めたんですね。何かきっかけでもあるんですか。

男：まあ、もちろん彼女が大切だから結婚するんですが、僕ももう35歳になったじゃないですか。友だちもほとんど結婚してしまったし、僕もそろそろかなと思って。

女：あ、そうなんですか。

男の人が結婚を決めた理由は何ですか。

1　付き合った期間が短いから
2　周りの友だちから影響を受けたから
3　自分の年が30歳になったから
4　周りの友だちがみんな結婚してしまったから

6번

여자와 남자가 이야기하고 있습니다. 남자가 결혼을 결정한 이유는 무엇입니까?

여 : 가와구치 씨 다음 달 결혼한다면서요? 축하합니다.

남 : 감사합니다.

여 : 아마 그녀와 사귄 기간은 그리 길지 않았죠?

남 : 그렇죠. 사귀기 시작한 지 7개월이 됩니다.

여 : 와~, 7개월 만에 결혼을 결정했군요. 뭔가 계기라도 있나요?

남 : 뭐, 물론 그녀가 소중하니까 결혼하지만, 저도 이제 35세가 되었잖아요. 친구들도 거의 결혼해버렸고, 저도 이제 슬슬 가야 하나라고 생각해서요.

여 : 아, 그래요?

남자가 결혼을 결정한 이유는 무엇입니까?

1 사귄 기간이 짧기 때문에
2 주위 친구로부터 영향을 받았기 때문에
3 자신의 나이가 30세가 되었기 때문에
4 주변 친구들이 모두 결혼해버렸기 때문에

해설 남자의 마지막 대화에서 이제 35세가 되었다고 했고, 친구들도 거의 결혼을 해서 자신도 이제 슬슬 결혼을 해야겠다는 생각이 들었다고 했으므로 정답은 2번이다.

어휘 結婚 결혼 | 決める 결정하다 | 理由 이유 | おめでとうございます 축하합니다 | 確か (확실하지는 않지만)아마 | 付き合う 사귀다 | 期間 기간 | そんなに 그렇게 | きっかけ 계기 | ～歳 ~세 | ほとんど 거의 | そろそろ 이제 슬슬 | 短い 짧다 | 影響を受ける 영향을 받다

7ばん Track 2-2-07

男の人と女の人が話しています。女の人はどうして犬を飼いましたか。

男：村田さん、何のサイトを見ていますか。

女：あ、最近犬を飼い始めたので、ペット用品のサイトを見ています。

男：あれ？アパートはペットを飼っても大丈夫ですか。

女：はい、ペット禁止じゃないですよ。

男：でもどうして犬を飼い始めましたか。

女：家に一人なのでとてもさみしくて…。犬の世話は大変ですけど、毎日散歩をするので運動もできるし、楽しいですよ。

男：そうですか。それはよかったですね。

女の人はどうして犬を飼いましたか。

1　アパートで犬を飼うことができるから
2　犬の世話をしてみたかったから
3　犬といっしょに運動ができるから
4　一人で家にいるのがさみしかったから

7번

남자와 여자가 이야기하고 있습니다. 여자는 왜 개를 키웠습니까?

남 : 무라타 씨, 무슨 사이트를 보고 있습니까?

여 : 아, 최근 개를 키우기 시작해서, 반려동물 용품 사이트를 보고 있습니다.

남 : 어라? 아파트는 반려동물을 키워도 괜찮습니까?

여 : 네, 반려동물 금지가 아니에요.

남 : 하지만 왜 개를 키우기 시작했습니까?

여 : 집에 혼자라서 너무 외로워서…. 개 돌보는 것은 힘들지만, 매일 산책을 하므로 운동도 할 수 있고, 즐거워요.

남 : 그래요. 그것 다행이군요.

여자는 왜 개를 키웠습니까?

1 아파트에서 개를 키울 수 있으니까
2 개를 돌봐 보고 싶었기 때문에
3 개와 함께 운동을 할 수 있으니까
4 혼자서 집에 있는 것은 외로웠으니까

해설 남자가 왜 개를 키우기 시작했냐고 묻자 여자는, 「家に一人なのでとてもさみしくて 집에 혼자라서 너무 외로워서」라고 답했다. 따라서 개를 키우게 된 이유는 4번이 된다.

어휘 どうして 왜 | 飼う 키우다 | 何の～ 어떤~, 무슨~ | 最近 최근 | ペット用品 반려동물용품 | 大丈夫だ 괜찮다 | 禁止 금지 | さみしい 외롭다 | 世話をする 돌보다 | 大変だ 힘들다 | 散歩 산책 | 運動 운동 | 楽しい 즐겁다

문제 3 문제 3에서는 그림을 보면서 질문을 들어주세요. ➔(화살표)가 가리키는 사람은 뭐라고 말합니까? 1~3 중에서 가장 좋은 것을 하나 고르세요.

れい Track 2-3-00

友だちにプレゼントをもらいました。何と言いますか。

男：1　おひさしぶり。
　　2　ありがとう。
　　3　元気だった？

예

친구에게 선물을 받았습니다. 뭐라고 말합니까?

남 : 1 오래간만이야.
　　2 고마워.
　　3 잘 지냈어?

해설 무언가를 받으면 답례 표현을 하는 것이 적절하므로 정답은 2번이다.

어휘 プレゼント 선물 | もらう 받다

1ばん Track 2-3-01

友だちの家から帰ります。何と言いますか。

女：1　失礼いたします。
　　2　おじゃましました。
　　3　お疲れさまでした。

1번

친구 집에서 돌아갑니다. 뭐라고 말합니까?

여 : 1 실례합니다.
　　2 실례했습니다.
　　3 수고하셨습니다.

해설 「おじゃましました」는 상대방 집에서 나올 때 사용하는 인사말이므로 정답은 2번이다.

어휘 失礼 실례 | いたす「する」의 겸양어 | お邪魔 방해, 훼방

2ばん Track 2-3-02

女の人が荷物を運んでいます。何と言いますか。

男：1　お手伝いしましょうか。
　　2　持ってくれましょうか。
　　3　運んでいきましょうか。

2번

여성이 짐을 옮기고 있습니다. 뭐라고 말합니까?

남 : 1 도와드릴까요?
　　2 들어줄래요?
　　3 옮겨 갈까요?

해설 「お+ます형+する」는 '~해드리다'는 뜻의 겸양어를 만드는 형태로, 「お手伝いしましょうか」는 「手伝いましょうか 도와드릴까요?」를 정중하게 말한 표현이므로 정답은 1번이다.

어휘 荷物 짐 | 運ぶ 운반하다, 옮기다 | 手伝う 돕다

3ばん Track 2-3-03

お店にお客さんが入ってきました。何と言いますか。

男：1　気を付けて来てくださいね。

2　お待たせいたしました。入りますか。

3　いらっしゃいませ、何名様ですか。

3번

가게에 손님이 들어왔습니다. 뭐라고 말합니까?

남 : 1 조심해서 와 주세요.

2 오래 기다리셨습니다. 들어갑니까?

3 어서 오세요. 몇 분이십니까?

해설 일본에서는 가게에 손님이 들어오면, 「いらっしゃいませ 어서 오세요」라고 인사를 한 뒤, 「何名様ですか 몇 분이십니까?」라고 물어 인원을 확인하므로 정답은 3번이다.

어휘 荷物 짐 | 運ぶ 운반하다, 옮기다 | 手伝う 돕다

4ばん Track 2-3-04

来月で会社を辞めたいです。何と言いますか。

女：1　来月で会社を辞めていただきたいです。

2　来月で会社を辞められていただけないでしょうか。

3　来月で会社を辞めさせていただきたいんですが。

4번

다음 달로 회사를 그만두고 싶습니다. 뭐라고 말합니까?

여 : 1 다음 달로 회사를 그만두어 주셨으면 합니다.

2 다음 달로 회사를 퇴사되어 주실 수 없을까요?

3 다음 달로 회사를 그만두고 싶습니다만.

해설 「～(さ)せていただく」는 상대방이 허락한다면 내가 '~하겠다'는 표현이니 상사가 허락하시면 '제가 그만두고 싶다'고 표현한 3번이 정답이다.

어휘 辞める 그만두다, 사직하다

5ばん Track 2-3-05

電話で話している声が聞こえません。何と言いますか。

女：1　すみませんが、もう少し大きな声で話していただけませんか。

2　すみませんが、大きな音を出していただけませんか。

3　すみませんが、もう少し大きくしていただけませんか。

5번

전화로 이야기하고 있는 목소리가 들리지 않습니다. 뭐라고 말합니까?

여 : 1 죄송합니다만, 조금 더 큰 목소리로 말해주시지 않겠습니까?

2 죄송합니다만, 큰 소리를 내 주시지 않겠습니까?

3 죄송합니다만, 조금 더 크게 해 주시지 않겠습니까?

해설 통화 중에 상대의 목소리가 들리지 않을 때 사용하는 표현이므로 정답은 1번이다. 2번에 있는 「音(おと)」는 사람의 목소리가 아닌, 사물의 소리이므로 답이 될 수 없고, 3번은 목적어가 없어서 무엇을 크게 해야 하는지 알 수가 없으므로 답이 될 수 없다.

어휘 声(こえ) (사람의) 목소리 | 聞(き)こえる 들리다 | 音(おと) 소리 | ～ていただけませんか ~해 주시지 않겠습니까?

문제 4 문제 4에서는 그림 등이 없습니다. 먼저 문장을 들어주세요. 그리고 그 대답을 듣고 1~3 중에서 가장 좋은 것을 하나 고르세요.

れい Track 2-4-00

男：今日(きょう)のお昼(ひる)はなににする？
女：1　なんでもいいわよ。
2　今日(きょう)はどこへも行(い)かないよ。
3　昼(ひる)からお酒(さけ)はちょっと…。

예

남 : 오늘 점심은 뭘로 하지?
여 : 1 아무거나 괜찮아.
2 오늘은 아무 데도 안 갈 거야.
3 낮부터 술은 좀….

해설 점심 메뉴 선택에 대한 대답이다. 점심에 뭘 먹냐는 질문에 아무거나 괜찮다고 대답한 1번이 정답이다.

어휘 お昼(ひる) 점심밥 | 何(なん)でも 뭐든, 뭐라도 | 昼(ひる) 낮

1ばん Track 2-4-01

女：すみません。このはさみ、借(か)りてもいいですか。
男：1　ええ、どうも。
2　どうも、もちろんです。
3　すみません。今(いま)、使(つか)っているので…。

1번

여 : 실례합니다. 이 가위, 빌려도 될까요?
남 : 1 네, 감사합니다.
2 정말로, 물론입니다.
3 죄송합니다. 지금 사용하고 있어서….

해설 가위를 빌려달라는 말에 지금 사용하고 있어서 안 된다고 대답한 3번이 정답이다. 다른 선택지가 정답이 되려면 「どうも」라 아닌 「どうぞ 자(쓰세요)」가 와야 한다.

어휘 はさみ 가위 | 借(か)りる 빌리다 | どうも 정말로, 감사합니다 | もちろん 물론

2ばん Track 2-4-02

男：明日、花火を見に行きませんか。
女：1　花見に行くのが楽しみです。
　　2　いいですね。行きましょう。
　　3　そうですね。友だちと行こうと思っています。

2번

남 : 내일 불꽃놀이를 보러 가지 않겠습니까?
여 : 1 꽃놀이 하러 가는 것이 기대됩니다.
　　2 좋네요. 갑시다.
　　3 그렇네요. 친구와 가려고 생각하고 있습니다.

해설 불꽃놀이 보러 가지 않겠냐는 제안에 좋다고 호응한 2번이 정답이다. 또한 참고로 「花火 불꽃놀이」와 「花見 꽃놀이」의 발음이 혼동되지 않도록 주의하자.

어휘 花火 불꽃놀이 | 花見 꽃놀이, 꽃구경 | 楽しみ 즐거움, 기다려짐, 고대

3ばん Track 2-4-03

男：お仕事は何をされていますか。
女：1　仕事はまだされていませんね。
　　2　私はまだ学生です。
　　3　銀行員をなさっています。

3번

남 : 일은 무엇을 하시고 있습니까?
여 : 1 일은 아직 하시지 않네요.
　　2 저는 아직 학생입니다.
　　3 은행원을 하시고 있습니다.

해설 여기서 「される」는 존경의 의미로 쓰였는데, 1번과 3번은 자신에게 존경 표현을 사용했으므로 맞지 않는다. 정답은 2번이다.

어휘 銀行員 은행원 | なさる 하시다

4ばん Track 2-4-04

女：今日、家に財布を忘れてきちゃったんです。
男：1　早く探したほうがいいですよ。
　　2　財布はどこにもなかったんですね。
　　3　それは大変ですね。お金、貸しましょうか。

4번

여 : 오늘 집에 지갑을 잊고 와 버렸어요.
남 : 1 빨리 찾는 편이 좋아요.
　　2 지갑은 어디에도 없었군요.
　　3 그것은 큰일이네요. 돈 빌려줄까요?

해설 여자가 집에 지갑을 두고 왔다고 하니, 남자가 그 말을 듣고 돈을 빌려줄까 묻는 3번이 가장 자연스럽다. 또한 돌아가면 집에 있는데 빨리 찾아봐라 하는 1번의 대화는 적합하지 않으므로 오답이다.

어휘 財布 지갑 | 忘れる (깜박)잊다 | 探す 찾다 | 大変だ 큰일이다, 힘들다 | 貸す 빌려주다

5ばん Track 2-4-05

女：明日の天気予報見ましたか。

男：1　はい、明日は雪が降るそうですよ。

2　いいえ、明日はお天気ですよ。

3　はい、もうすぐ雨が降りそうですね。

5번

여 : 내일 일기예보 봤어요?

남 : 1 네, 내일은 눈이 온다고 하네요.

2 아니요, 내일은 좋은 날씨예요.

3 네, 이제 곧 비가 올 것 같아요.

해설 「～そうだ ~라고 한다」의 전문 용법을 사용하여 답한 1번이 정답이다. 2번은 질문 내용과 맞지 않는 반응이고, 3번은 일기예보에서 얻은 정보가 아니라 본인이 하늘을 보고 느낀 사실을 말하는 「～そうだ ~할 것 같다」의 양태 용법이므로 오답이다.

어휘 天気予報 일기예보 | ～そうだ ① ~라고 한다 ② ~할 것 같다 | お天気だ 좋은 날씨다

6ばん Track 2-4-06

男：野村さんは誰に似ていますか。

女：1　いいえ、誰にも似ませんでした。

2　そうですね。今はわかりませんね。

3　私は父にそっくりですよ。

6번

남 : 노무라 씨는 누구를 닮았나요?

여 : 1 아니요, 아무도 닮지 않았습니다.

2 그러네요. 지금은 모르겠네요.

3 저는 아버지와 붕어빵이에요.

해설 「そっくり」라는 단어를 알고 있다면 바로 정답으로 맞힐 수 있는 문제이다. 누구를 닮았냐는 질문에 아버지를 닮았다고 대답한 3번이 정답이다.

어휘 似る 닮다 | ～にそっくりだ ~을(를) 쏙 닮았다

7ばん Track 2-4-07

男：お名前は何ですか。

女：1　木村ともうします。

2　木村でいらっしゃいます。

3　木村とおっしゃいます。

7번

남 : 성함은 무엇입니까?

여 : 1 기무라라고 합니다.

2 기무라이십니다.

3 기무라라고 말씀하십니다.

해설 존경어와 겸양어를 정확히 숙지하고 있는가를 묻는 문제이다. 이름을 묻는 말에 자신의 이름을 정중하게 대답한 1번이 정답이다.

어휘 申す 말하다, 「言う」의 겸양어 | ～でいらっしゃる ~이시다, 「だ」의 존경어 | おっしゃる 말씀하시다

8ばん Track 2-4-08

女：このワンピース、どうですか。

男：1　とても似合ってますよ。

2　買おうと思っています。

3　サイズがありませんね。

8번

여 : 이 원피스 어때요?

남 : 1 아주 잘 어울려요.

2 사려고 생각하고 있어요.

3 사이즈가 없어요.

해설 원피스에 대한 감상을 묻고 있으므로 잘 어울린다고 대답한 1번이 정답이다. 구매 의사를 묻는 질문이 아니므로 2번은 오답이고, 3번은 질문과 전혀 맞지 않는 반응이므로 오답이다.

어휘 **ワンピース** 원피스 | **似合う** 어울리다 | **～ようと思う** ~하려고 생각하다, 하다 | **サイズ** 사이즈

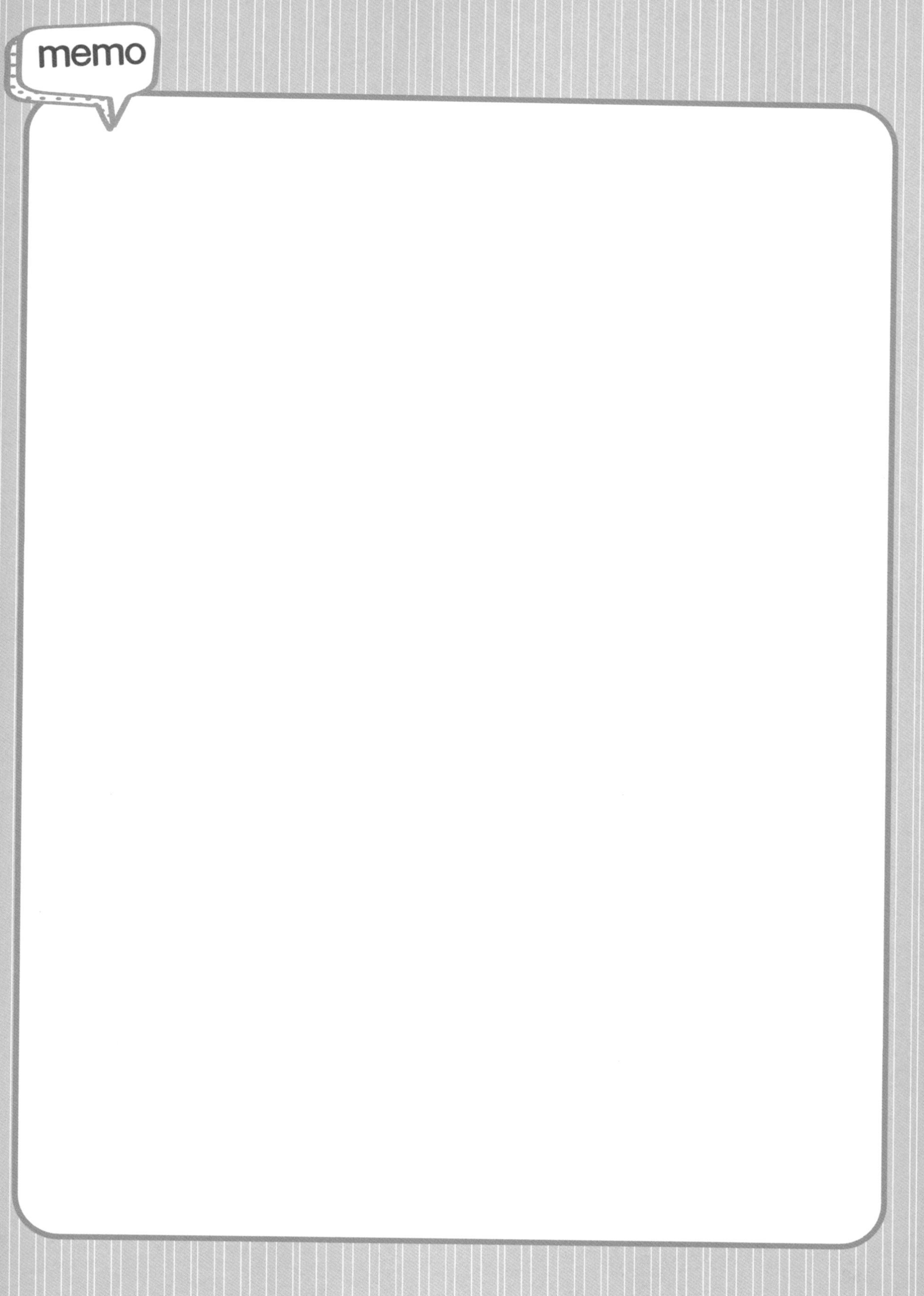
memo

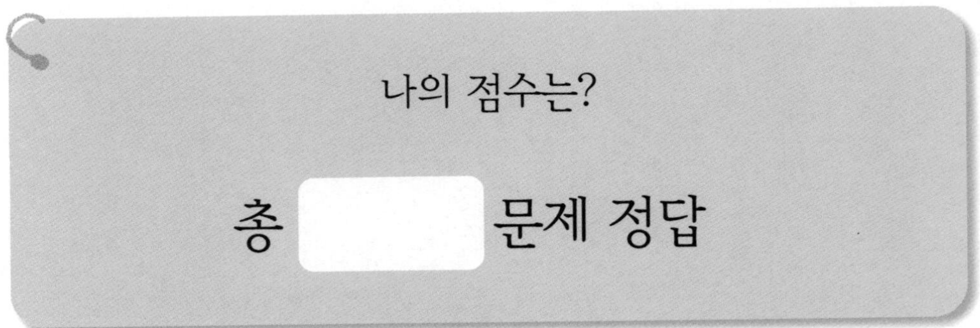

혹시 부족한 점수라도 실망하지 말고 해설을 보며 다시 확인하고 틀린 문제를 다시 풀어보세요. 실력이 점점 쌓여갈 것입니다.

JLPT N4 제3회 실전모의고사 정답

1교시 언어지식(문자 · 어휘)

문제 1　[1] 1　[2] 4　[3] 4　[4] 1　[5] 4　[6] 1　[7] 4

문제 2　[8] 2　[9] 3　[10] 3　[11] 3　[12] 1

문제 3　[13] 2　[14] 3　[15] 1　[16] 4　[17] 1　[18] 4　[19] 3　[20] 4

문제 4　[21] 2　[22] 2　[23] 1　[24] 2

문제 5　[25] 1　[26] 3　[27] 2　[28] 3

1교시 언어지식(문법)

문제 1　[1] 3　[2] 1　[3] 4　[4] 4　[5] 3　[6] 1　[7] 2　[8] 3　[9] 3
[10] 3　[11] 4　[12] 2　[13] 3

문제 2　[14] 2　[15] 4　[16] 3　[17] 1

문제 3　[18] 4　[19] 2　[20] 1　[21] 2

1교시 독해

문제 4　[22] 2　[23] 4　[24] 3

문제 5　[25] 3　[26] 2　[27] 3

문제 6　[28] 1　[29] 2

2교시 청해

문제 1　[1] 4　[2] 4　[3] 3　[4] 4　[5] 4　[6] 4　[7] 1　[8] 1

문제 2　[1] 4　[2] 4　[3] 2　[4] 3　[5] 1　[6] 4　[7] 2

문제 3　[1] 2　[2] 1　[3] 1　[4] 3　[5] 1

문제 4　[1] 1　[2] 2　[3] 3　[4] 2　[5] 2　[6] 1　[7] 2　[8] 2

3회 실전모의고사 정답

1교시 언어지식(문자·어휘)

문제1 ________의 단어는 히라가나로 어떻게 씁니까? 1 · 2 · 3 · 4에서 가장 좋은 것을 하나 고르세요.

1 さむくて　顔が　あかく　なりました。
1 かお　2 くち　3 あし　4 うで
추워서 얼굴이 빨개졌습니다.

어휘 寒い 춥다 | 顔 얼굴 | 赤い 빨갛다 | 目 눈 | 鼻 코 | 口 입 | 耳 귀 | 足 발 | 腕 팔

2 この　まちには　おおきい　工場が　あります。
1 こうそう　2 こうぞう　3 こうしょう　4 こうじょう
이 마을에는 큰 공장이 있습니다.

어휘 まち 마을 | 工場 공장

3 この　にもつを　運んで　ください。
1 あそんで　2 えらんで　3 ころんで　4 はこんで
이 짐을 옮겨주세요.

어휘 荷物 짐 | 運ぶ 옮기다 | 遊ぶ 놀다 | 選ぶ 고르다 | 転ぶ 구르다

4 父は　きのう　退院しました。
1 たいいん　2 たいえん　3 にゅういん　4 にゅうえん
아버지는 어제 퇴원했습니다.

어휘 父 아버지 | 退院 퇴원 | 入院 입원

5 にんげんは、道具を　つかう　どうぶつで　あると　よく　いわれます。
1 とうく　2 どうく　3 とうぐ　4 どうぐ
인간은 도구를 사용하는 동물이라고 자주 일컬어집니다.

어휘 人間 인간 | 道具 도구 | 使う 사용하다 | 動物 동물
✚ 家具 가구

6 せいかくが 明るい 人が 好きです。
1 あかるい 2 きんるい 3 かるい 4 まるい
성격이 밝은 사람을 좋아합니다.

어휘 性格 성격 | 明るい 밝다 | 軽い 가볍다 | 丸い 둥글다
✚ 明確 명확

7 あかちゃんは 動く いぬの おもちゃを 見て ないて いる。
1 はたらく 2 あるく 3 なく 4 うごく
아기는 움직이는 강아지 장난감을 보고 울고 있다.

어휘 赤ちゃん 아기 | 動く 움직이다 | おもちゃ 장난감 | 泣く 울다 | 働く 일하다 | 歩く 걷다

문제 2 ________의 단어는 어떻게 씁니까? 1・2・3・4에서 가장 좋은 것을 하나 고르세요.

8 コンサートの かいじょうまで 車で どのくらい かかりますか。
1 会常 2 会場 3 会状 4 会条
콘서트 장까지 차로 어느 정도 걸립니까?

어휘 コンサート 콘서트 | 会場 행사장 | 車 차 | どのくらい 어느 정도 | かかる (시간이) 걸리다

9 ふくしゅうと よしゅうでは、どちらが だいじだと 思いますか。
1 大変 2 大切 3 大事 4 大体
복습과 예습 중에 어느 쪽이 중요하다고 생각합니까?

어휘 復習 복습 | 予習 예습 | 大事だ 중요하다 | 大変だ 큰일이다, 힘들다 | 大切だ 중요하다 | 大体 대강, 대략
✚ 事件 사건 | 事故 사고 | 無事 무사 | 家事 가사, 집안일

10 すみません。今日は つごうが 悪くて 行けません。

1 通教　2 痛業　3 都合　4 登強

죄송합니다. 오늘은 사정이 나빠서 갈 수 없습니다.

어휘 都合(つごう)が悪(わる)い 사정(형편)이 나쁘다

11 大学(だいがく)の とき、友(とも)だちと もりで キャンプした ことが ある。

1 林　2 樹　3 森　4 木

대학 때 친구와 숲에서 캠핑을 한 적이 있다.

어휘 森(もり) 숲 | キャンプ 캠프, 야영 | 林(はやし) 숲, 수풀 | 樹(き) 나무(주로 입목) | 木(き) 나무

12 わたしは くろい 色が 好きです。

1 黒い　2 赤い　3 黄色い　4 青い

저는 검정색을 좋아합니다.

어휘 黒(くろ)い 검다 | 色(いろ) 색 | ～が好(す)きだ ~을 좋아하다 | 赤(あか)い 빨갛다 | 黄色(きいろ)い 노랗다 | 青(あお)い 파랗다

문제 3 (　　　) 안에 무엇을 넣습니까? 1 · 2 · 3 · 4에서 가장 좋은 것을 하나 고르세요.

13 (　　　) コーヒーが 飲(の)みたいです。

1 あかるい　2 にがい　3 たのしい　4 くるしい

쓴 커피를 마시고 싶습니다.

어휘 苦(にが)い 쓰다 | コーヒー 커피 | 明(あか)るい 밝다 | 楽(たの)しい 즐겁다 | 苦(くる)しい 괴롭다

14 きゅうな しゅっちょうで 旅行(りょこう)を (　　　) しました。

1 アルバイト　2 レジ

3 キャンセル　4 コミュニケーション

갑작스러운 출장으로 여행을 취소했습니다.

어휘 急(きゅう)な 갑작스러운 | 出張(しゅっちょう) 출장 | 旅行(りょこう) 여행 | キャンセル 취소 | アルバイト 아르바이트 | レジ 계산대 | コミュニケーション 대화

15 かのじょは 毎日、犬の（　　　）を して います。

1 せわ　　2 しゅみ　　3 はなみ　　4 けしき

그녀는 매일 개를 돌봐주고 있습니다.

어휘 毎日 매일 | 犬 개 | 世話をする 돌보다 | 趣味 취미 | 花見 꽃구경 | 景色 경치

16 あさ（　　　）を して、じゅぎょうに おくれて しまった。

1 よやく　　2 ほんやく　　3 かぜ　　4 ねぼう

늦잠을 자서 수업에 늦어버렸다.

어휘 朝寝坊をする 늦잠을 자다 | 授業 수업 | 遅れる 늦다 | 予約 예약 | 翻訳 번역 | 風邪 감기

17 よしださんが こんなに はやく おきるなんて（　　　）ですね。

1 めずらしい　　2 やわらかい　　3 はずかしい　　4 かなしい

요시다 씨가 이렇게 일찍 일어나다니 드문 일이네요.

어휘 こんなに 이렇게 | 早く 일찍 | ～なんて ~라니 | 珍しい 드물다, 진귀하다 | やわらかい 부드럽다 | はずかしい 창피하다 | 悲しい 슬프다

18 ことしから 日記を（　　　）しゅうかんを みに つけようと 思って います。

1 かける　　2 こめる　　3 つくる　　4 つける

올해부터 일기를 쓰는 습관을 몸에 익히려고 합니다.

어휘 日記をつける 일기를 쓰다 | 習慣 습관 | 身につける 몸에 익히다

19 ここに 車を（　　　）ください。

1 とまらないで　　2 のらないで　　3 とめないで　　4 もたないで

여기에 차를 세우지 말아주세요.

어휘 車を止める 차를 세우다 | 車が止まる 차가 멈춰 서다

✚「車を」가 나왔으므로 뒤에는 타동사「止める」가 와야 한다.

3회

20　わたしは　ともだちに　荷物(にもつ)を（　　　）。

1　おこないました　　2　かたづけました
3　わかしました　　4　とどけました

저는 친구에게 짐을 보냈습니다.

어휘 友達(ともだち) 친구 | 荷物(にもつ) 짐 | 届(とど)ける 보내다, 배달하다 | 行(おこな)う 행하다, 실행하다 | 片(かた)づける 정리하다 | 沸(わ)かす 끓이다

문제 4 ________의 문장과 대체로 같은 의미의 문장이 있습니다. 1 · 2 · 3 · 4에서 가장 좋은 것을 하나 고르세요.

21　からだが　ひえて　しまいました。

1　外(そと)は　あたたかかったです。
2　外(そと)は　さむかったです。
3　外(そと)は　かぜが　つよかったです。
4　外(そと)は　あめが　ひどかったです。

몸이 차가워져 버렸습니다.

1 밖은 따뜻했습니다.
2 밖은 추웠습니다.
3 밖은 바람이 강했습니다.
4 밖은 비가 심했습니다.

해설 '몸이 차가워졌다'라는 것은 '밖의 날씨가 추웠다'라는 것이므로 정답은 2번이다.

어휘 体(からだ) 몸 | 冷(ひ)える 차가워지다, 식다 | 外(そと) 밖 | 寒(さむ)い 춥다, 차다 | 暖(あたた)かい 따뜻하다 | 風(かぜ) 바람 | 強(つよ)い 강하다 | ひどい 심하다

22　この　しょくどうは　いつも　すいて　いますね。

1　この　しょくどうは　きゃくが　おおぜい　いますね。
2　この　しょくどうは　きゃくが　すくないですね。
3　この　しょくどうは　てんいんが　あまり　いませんね。
4　この　しょくどうは　てんいんが　とても　しんせつですね。

이 식당은 항상 한산하군요.

1 이 식당은 손님이 많이 있네요.
2 이 식당은 손님이 적네요.
3 이 식당은 점원이 별로 없네요.
4 이 식당은 점원이 매우 친절하네요.

해설 '한산하다'라는 것은 '손님이 적다'라는 의미이므로 정답은 2번이다.

어휘 食堂 식당 | 空く 한산하다, 비다 | 客 손님 | 少ない 적다 | 大勢 (사람이)많음, 많이

[23] <u>その　ニュースを　見て　びっくり　しました。</u>

1　その　ニュースを　見て　おどろきました。

2　その　ニュースを　見て　なきました。

3　その　ニュースを　見て　おこりました。

4　その　ニュースを　見て　わらいました。

<u>그 뉴스를 보고 깜짝 놀랐습니다.</u>

1 그 뉴스를 보고 놀랐습니다.

2 그 뉴스를 보고 울었습니다.

3 그 뉴스를 보고 화가 났습니다.

4 그 뉴스를 보고 웃었습니다.

해설 「びっくりする」는 '깜짝 놀라다'라는 의미로 가장 가까운 단어는 「驚く 놀라다」이므로 정답은 1번이다.

어휘 ニュース 뉴스 | びっくりする 깜짝 놀라다 | 驚く 놀라다 | 泣く 울다 | 怒る 화나다 | 笑う 웃다

[24] <u>日本の　車は、いろいろな　国に　ゆしゅつされて　います。</u>

1　日本の　車は、いろいろな　国で　つくられて　います。

2　日本の　車は、いろいろな　国に　うられて　います。

3　日本の　車は、いろいろな　国で　にんきが　あります。

4　日本の　車は、いろいろな　国で　しられて　います。

<u>일본 자동차는 여러 나라에 수출되고 있습니다.</u>

1 일본 자동차는 여러 나라에서 만들어지고 있습니다.

2 일본 자동차는 여러 나라에 팔리고 있습니다.

3 일본 자동차는 여러 나라에서 인기가 있습니다.

4 일본 자동차는 여러 나라에 알려져 있습니다.

해설 「輸出する」는 '수출하다'라는 의미이므로, 「売られる 팔리다」를 사용하여 '여러 나라에 팔리고 있다'라고 한 2번이 답이 된다.

어휘 車 자동차 | いろいろな 여러, 다양한 | 国 나라 | 輸出する 수출하다 | 輸入する 수입하다 | 作る 만들다 | 売る 팔다 | 人気 인기 | 知る 알다

문제 5 다음 단어의 사용법으로서 가장 적당한 것을 1・2・3・4에서 하나 고르세요.

25 るす 부재중, 외출 중

1 両親が るすの 間に お客さんが 来ました。

2 あの 赤い るすを かぶって いる 人は 誰ですか。

3 きのうは るすを ひいて、仕事を 休みました。

4 私の るすは、料理を 作る ことです。

1 부모님이 부재중일 때 손님이 왔습니다.

2 저 빨간 부재중을 쓰고 있는 사람은 누구입니까?

3 어제는 부재중에 걸려서 일을 쉬었습니다.

4 저의 부재중은 요리를 만드는 것입니다.

해설 2번은「帽子(ぼうし) 모자」, 3번은「かぜ 감기」, 4번은「趣味(しゅみ) 취미」로 수정하는 것이 자연스럽다.

어휘 留守(るす) 부재중, 외출 중 | 両親(りょうしん) 부모님 | ~間(あいだ)に ~때, ~동안에 | お客(きゃく)さん 손님 | 赤(あか)い 빨갛다 | かぶる 쓰다 | 誰(だれ) 누구 | 仕事(しごと) 일 | 休(やす)む 쉬다 | 料理(りょうり) 요리 | 作(つく)る 만들다

26 わりあい 비교적

1 きのうから わりあい なにも たべて いません。

2 もっと わりあい べんきょうしないと、ごうかくは むずかしいです。

3 しんぱいして いましたが、わりあい やさしい もんだいでした。

4 きょうの しごとは わりあい おわりました。

1 어제부터 비교적 아무것도 먹지 않았습니다.

2 좀 더 비교적 공부하지 않으면 합격은 어렵습니다.

3 걱정하고 있었습니다만, 비교적 쉬운 문제였습니다.

4 오늘 일은 비교적 끝났습니다.

해설 이 문제는「割合(わりあい)」가 명사의 뜻인 '비율'로 쓰인 것을 고르는 게 아니라, 부사의 뜻인 '비교적'으로 쓰인 것을 고르는 문제이다. 1번은 생략, 2번은「いっしょうけんめいに 열심히」, 4번은「ほとんど 거의」로 수정하는 것이 자연스럽다.

어휘 心配(しんぱい) 걱정 | 易(やさ)しい 쉽다 | 問題(もんだい) 문제 | 合格(ごうかく) 합격 | 終(お)わる 끝나다

27 ごらん 보심

1 その しゃしんは わたしは まだ ごらんした ことが ありません。
2 みなさん、こちらを ごらん ください。
3 これ おいしいですよ。どうぞ、ごらん ください。
4 この ほんなら わたしも ごらんに なった ことが ありますよ。

1 그 사진은 저는 아직 보신 적이 없습니다.
2 여러분, 이쪽을 보아주십시오.
3 이것 맛있어요. 자, 보아주십시오.
4 이 책이라면 저도 보신 적이 있어요.

해설 1번은 「見(み)る 보다」, 3번은 「めしあがる 잡수시다」, 4번의 「ごらんになる 보시다」는 존경어이므로 그냥 「読(よ)む 읽다」로 수정하는 것이 자연스럽다.

어휘 写真(しゃしん) 사진

28 たりない 모자라다, 부족하다

1 隣の 人に 踏まれて くつが たりなく なりました。
2 そんな たりない 映画は もう 見たく ありません。
3 その 国は 水が たりなくて 困って いる そうです。
4 この 肉は たりなくて、食べやすいです。

1 옆사람에게 밟혀서 구두가 부족하게 되었습니다.
2 그런 부족한 영화는 이제 보고싶지 않습니다.
3 그 나라는 물이 부족해서 곤란하다고 합니다.
4 이 고기는 모자라서 먹기 좋습니다.

해설 1번은 「汚(きたな)い 더럽다」, 2번은 「つまらない 재미없다」, 4번은 「柔(やわ)らかい 부드럽다」로 수정하는 것이 자연스럽다.

어휘 足(た)りない 부족하다, 모자라다 | 隣(となり) 옆, 이웃 | 踏(ふ)む 밟다 | 映画(えいが) 영화 | 国(こく) 나라 | 困(こま)る 곤란하다 | 肉(にく) 고기 | 食(た)べやすい 먹기 좋다

1교시 언어지식(문법)

문제 1 (　　　　)에 무엇을 넣습니까? 1・2・3・4에서 가장 좋은 것을 하나 고르세요.

1　今度(こんど)の　プロジェクトは、ぜひ　わたし（　　　　）やらせて　ください。

1 を　　2 は　　3 に　　4 が

이번 프로젝트는 꼭 저에게 시켜주세요.

문법포인트! ⊘ 인칭 명사+に～せる : (인칭 명사)에게 ~를 시키다, 하게 하다

어휘 今度(こんど) 이번, 다음번 | プロジェクト 프로젝트 | ぜひ 꼭, 제발

2　宿題(しゅくだい)が　多(おお)かったですが、1時間(じかん)（　　　　）終(お)わりました。

1 で　　2 も　　3 に　　4 と

숙제가 많았지만 1시간에 끝났습니다.

문법포인트! ⊘ 시제명사+で終(お)わる : (시제 명사) 안에 끝나다

어휘 宿題(しゅくだい) 숙제 | 1時間(いちじかん) 1시간 | 終(お)わる 끝나다

3　私(わたし)の　兄(あに)は、一日(いちにち)に　歯(は)を　5回(かい)（　　　　）磨(みが)きます。

1 へ　　2 を　　3 が　　4 も

우리 형은 하루에 이를 5번이나 닦습니다.

문법포인트! ⊘ ～も : ~이나(강조 표현)

어휘 兄(あに) 형, 오빠 | 一日(いちにち) 하루 | 歯(は) 이 | 5回(かい) 5번 | 磨(みが)く 닦다

4　この　運動場(うんどうじょう)は　学校(がっこう)の　学生(がくせい)なら　誰(だれ)でも　使(つか)う（　　　　）が　できます。

1 ところ　　2 の　　3 もの　　4 こと

이 운동장은 학교 학생이라면 누구라도 사용할 수 있습니다.

문법포인트! ⊘ 동사기본형+ことができる : (동사)할 수 있다 (가능 표현)

어휘 運動場(うんどうじょう) 운동장 | 学校(がっこう) 학교 | 学生(がくせい) 학생 | ～なら ~라면 | 誰(だれ)でも 누구라도 | 使(つか)う 사용하다 | できる 할 수 있다

5 息子「お母さん、この 牛乳、変な 味が（　　　）よ。」
母 「え！そう？おかしいな…、きのう 買った ばかりなのに…。」

1 なる　　2 おく　　3 する　　4 ある

아들 「엄마, 이 우유 이상한 맛이 나.」
엄마 「어머! 그래? 이상하네…, 어제 막 샀는데….」

문법포인트! ⊙ 味がする : 맛이 나다
예 音がする 소리가 나다　声がする 목소리가 나다　感じがする 느낌이 나다　においがする 냄새가 나다

어휘 息子 아들 | 牛乳 우유 | 変だ 이상하다 | 味 맛 | おかしい 이상하다 | 買う 사다 | ～たばかりだ 막 ~했다

6 レポートは 今週までに 出す（　　　）して ください。

1 ように　　2 みたいに　　3 そうに　　4 はずに

보고서는 이번 주까지 제출하도록 해주세요.

문법포인트! ⊙ 동사+ように : ~하도록
예 最後に出る人が電気を消すようにしてください。맨 마지막에 나가는 사람이 전깃불을 끄도록 해주세요.

어휘 レポート 보고서, 레포트 | 出す 내다, 제출하다

7 田中さんに（　　　）ものが ありますよ。

1 見たい　　2 見せたい　　3 見えたい　　4 見られたい

다나카 씨에게 보여주고 싶은 것이 있습니다.

문법포인트! ⊙ ～たい : ~하고 싶다

어휘 見せる 보여주다 | 見える 보이다

8 わたしの 部屋は ここ（　　　）広く ない。

1 ばかり　　2 だけ　　3 ほど　　4 ところ

내 방은 여기만큼 넓지 않다.

문법포인트! ⊙ ～ほど～ない : ~만큼 ~하지 않다
예 私の弟は田中さんほど背が高くありません。내 남동생은 다나카 씨만큼 키가 크지 않습니다.

어휘 部屋 방 | 広い 넓다

9 A「まどを　開けましょうか。」
B「いいえ、寒いから（　　　　）いいです。」

1　しめなくても　　2　しめないで　　3　しめたままで　　4　しめても

A「창문을 열까요?」
B「아니요, 추우니까 닫은 채로 괜찮습니다.」

문법포인트! ⊘ 동사た형+たままでいいです : ~한 채로 괜찮습니다
예 ここに置いたままでいいです。 여기에 둔 채로 괜찮습니다.

어휘 窓 창문 | 開ける 열다 | 寒い 춥다 | 閉める 닫다

10 野村先生の　授業は　ていねいで（　　　　）。

1　分かるようだ　　2　分かるらしい　　3　分かりやすい　　4　分かりにくい

노무라 선생님의 수업은 자세하여 알기 쉽다.

문법포인트! ⊘ ます형+やすい : ~하기 쉽다
예 字が大きくて、見やすいですね。 글씨가 커서 보기 편하네요.

어휘 丁寧だ 공손하다, 정중하다, 세심하다, 자세하다 | 分かる 알다, 이해하다

11 この　店の　料理は　おいしいです。（　　　　）店員も　しんせつです。

1　それで　　2　しかし　　3　すると　　4　それに

이 가게의 요리는 맛있습니다. 게다가 점원도 친절합니다.

문법포인트! ⊘ それに : 게다가 (추가를 나타내는 접속사) ⊘ それで : 그래서
⊘ しかし : 그러나 ⊘ すると : 그러자

어휘 店員 점원 | 親切だ 친절하다

12 A「かぜを　ひいて　せきも　出るし、鼻水も　出ます。」
B「それは（　　　　）。」

1　だいじょうぶですか　　2　いけませんね
3　なりませんね　　4　ごちそうさまでした。

A「감기에 걸려서 기침도 나오고, 콧물도 나옵니다.」
B「그것 참 안됐네요.」

문법포인트! ⊘ それはいけませんね : (안타까운 마음을 실어서)그것 참 안됐네요
⊘ 大丈夫ですか : 괜찮습니까? ⊘ ごちそうさまでした : 잘 먹었습니다

어휘 風邪を引く 감기에 걸리다 | せき 기침 | 出る 나오다 | 鼻水 콧물

13 昨日は　雨に（　　　　）大変でしたよ。

1 降って　　2 降らせて　　3 降られて　　4 降らせられて

어제는 비를 맞아 힘들었어요.

문법포인트! ⊘ 피해 수동 : 동작의 주체로 인해 피해를 받은 것

예 ゆうべ(私は)赤ん坊に泣かれて眠れなかった。 어젯밤 (나는) 아기에게 울음을 당해서 잘 수 없었다. = 어젯밤 아기가 울어서 잘 수 없었다.

어휘 昨日 어제 | 大変だ 힘들다, 큰일이다

문제 2 ＿★＿에 들어가는 것은 무엇입니까? 1・2・3・4에서 가장 좋은 것을 하나 고르세요.

14 棚の　上には、＿＿ ＿＿ ＿★＿ ＿＿ が　置いて　あります。

1 人形　　2 作られた　　3 で　　4 厚い　紙

선반 위에는 두꺼운 종이로 만들어진 인형이 놓여있습니다.

정답문장 棚の上には、厚い紙で作られた人形が置いてあります。

문법포인트! ⊘ ～で作られる : ~로 만들어지다

어휘 棚 선반 | 上 위 | 厚い 두껍다 | 紙 종이 | ～で作る ~로 만들다 | 人形 인형 | 置く 놓다 | 타동사+てある 타동사되어 있다

15 A「田中さん、いつ　東京に　来ましたか。」

B「じつは、＿＿ ＿＿ ＿★＿ ＿＿ です。」

1 着いた　　2 なん　　3 けさ　　4 ばかり

A「다나카 씨, 언제 도쿄에 왔습니까?」

B「실은 오늘 아침에 막 도착했습니다.」

정답문장 実は、今朝着いたばかりなんです。

문법포인트! ⊘ 동사た형+たばかりだ : 막 ~했다

예 生まれたばかりの赤ちゃん 막(갓) 태어난 아기

어휘 実は 실은 | 今朝 오늘 아침 | 着く 도착하다

3회

16 こちらに お名前と ＿＿ ＿＿ ＿★＿ ＿＿ ください。

1 じゅうしょを　　2 書き　　3 お　　4 ご

이쪽에 이름과 주소를 적어주십시오.

정답문장 こちらにお名前とご住所をお書きください。

문법포인트!
- 존경의 접두어 : お+고유 일본어 / ご+한자어
- お＋ます형＋ください : ~해주십시오

어휘 住所 주소

17 その 旅館は、＿＿ ＿＿ ＿★＿ ＿＿ 人から たくさんの 予約が ありました。

1 会や　　2 旅行を する　　3 新しい 年を　　4 お祝いする

그 여관은 새해를 축하하는 모임과 여행을 하는 사람으로부터 많은 예약이 있었습니다.

정답문장 その旅館は、新しい年をお祝いする会や旅行をする人からたくさんの予約がありました。

어휘 旅館 여관 | 新しい年 새해 | お祝いする 축하하다 | 会 모임 | 旅行 여행 | たくさんの～ 많은~ | 予約 예약

문제 3 [18] ~ [21] 에 무엇을 넣습니까? 문장의 의미를 생각하여 1 · 2 · 3 · 4에서 가장 좋은 것을 하나 고르세요.

어제 친구와 점심을 먹고 있을 때, "항상 행복해 보이는데, 무엇을 하고 있을 때 가장 행복해?"라는 질문을 받았습니다. 지금의 삶에 이렇다 할 불만은 없고, 가족과 맛있는 식사를 하거나 여행을 가거나 예쁜 경치를 보거나 집안일을 끝내고[18] 자신만의 시간이 있거나 할 때 행복하다고 생각합니다만, "무엇이 가장 행복해?"라는 질문을 받으니 대답할 수 없었습니다.

그러나 잘 생각해 보니 그 대답은 바로 찾을 수 있었습니다. 저는 결혼 7년째이고, 아이가 2명입니다. 매일 집안일이 바빠서 결혼 전 자유로운 시간은 없어졌을지도 모르지[19]만, 아이가 자거나 웃고 있는 얼굴을 볼 때 가장 행복합니다.

갑자기 남편은 어떻게 생각하고 있는지 알고 싶어 같은 질문을 해보았습니다. 그러자[20] 남편은 "글쎄. 직장에서 돌아와서 '다녀왔습니다'라고 하면 '잘 다녀오셨어요?'라고 말해줄 때일까?"라고 말했습니다. "정말 그것뿐이야?"라고 묻자 남편은 그때, 일이 무사히 끝나서 다행이다, 아이들도 건강하게 아무 일도 없이 집에 돌아와 주어서 다행이라고 생각하면, 행복한 기분이 든다고 대답했습니다. 인생의 행복이라는 것은 의외로 작은 것일[21]지도 모르겠네요.

어휘 お昼ご飯 점심밥 | 幸せだ 행복하다 | ～そうだ ~처럼 보이다(양태) | ～けど ~이지만, 하지만 | 聞かれる 질문을 받다 | 人生 인생 | 家族 가족 | 旅行 여행 | 景色 경치 | 自分 자신 | 答える 대답하다 | けれども 그렇지만, 하지만 | 考える 생각하다 | すぐ 금방, 바로 | 見つける 발견하다 | 結婚 결혼 | 目 순서를 나타낼 때 붙이는 말, 째 | 自由 자유 | 無くなる 없어지다 | 笑う 웃다 | 急に 갑자기 | 主人 남편 | 同じだ 같다 | 質問 질문 | ただいま 다녀왔습니다 | お帰り(なさい) 잘 다녀왔나요 | 無事に 무사히 | 何もなく 아무 일 없이 | 意外と 의외로

18　1 済んで　2 済まれて　3 終わって　4 終わらせて

해설 여기에서는 '집안일을 끝내다'라는 타동사적인 의미로 써야 하므로, 사역의 의미인 「終わらせる 끝나게 하다, 끝내다」가 와야 한다. 정답은 4번이다.

어휘 終わる 끝나다 | 済む 끝나다

19　1 ことが　ありません　2 かもしれません　3 とは　思いません　4 ことが　あります

문법포인트! ~かもしれません : ~일지도 모릅니다　~たことがありません : ~한 적이 없습니다　~とは思いません : ~라고는 생각하지 않습니다　~たことがあります : ~한 적이 있습니다

해설 결혼하고 나서 '결혼 전의 자유로운 시간은 없어졌을지도 모릅니다'라는 흐름이 자연스러우므로 정답은 2번이다.

20　1 すると　2 それでは　3 でも　4 たとえば

문법포인트! すると : 그러자　それでは : 그러면　でも : 그렇지만　たとえば : 예를 들면

해설 '남편에게 같은 질문을 했습니다. 그러자 남편은 ~라고 대답했습니다'라는 문장의 흐름이 자연스러우므로 정답은 1번이다.

21　1 大きなこと　2 小さなこと　3 大変なこと　4 楽なこと

문법포인트! 大きなこと : 큰 것　小さなこと : 작은 것　大変なこと : 힘든 것　楽なこと : 편한 것

해설 '행복은 의외로 작은 것일지도 모른다'는 흐름이 자연스러우므로 정답은 2번이다.

어휘 大きな 커다란, 큰 | 小さな 작은 | 大変な 힘든 | 楽な 편한

문제 4 다음 (1)~(3)의 글을 읽고 질문에 답하세요. 답은 1 · 2 · 3 · 4에서 가장 좋은 것을 하나 고르세요.

(1)

저는 사람과 이야기하는 것이 서툽니다. 친구도 별로 없습니다. 커뮤니케이션이 서툴다고 생각합니다. 대학을 졸업하고, 무역회사에 취직했습니다만, 점심시간은 항상 혼자입니다. 조금 외롭습니다만, 누군가와 함께 먹는 것보다, 혼자 먹는 편을 좋아합니다. 누군가와 함께 있어도, 무엇을 이야기하면 좋을지 모르겠습니다. 사람과 함께 있는 것보다, 개나 고양이와 함께 있는 편이 편합니다. 만약, 이 일을 그만두게 된다면, 곤란해하고 있는 동물을 돕는 일을 해보고 싶습니다.

22 왜 개나 고양이와 함께 있는 편이 편합니까?

1 밥을 먹을 친구가 없기 때문입니다.
2 사람과 이야기하는 것이 능숙하지 않기 때문입니다.
3 혼자 있으면, 매우 외롭기 때문입니다.
4 동물을 돕는 일을 하고 있기 때문입니다.

어휘 苦手(にがて)だ 서툴다 | 友(とも)だち 친구 | あまり 별로 | コミュニケーション 커뮤니케이션 | 下手(へた)だ 서툴다, 못하다 | ~と思(おも)う ~라 생각하다 | 大学(だいがく) 대학 | 卒業(そつぎょう) 졸업 | 貿易会社(ぼうえきがいしゃ) 무역회사 | 就職(しゅうしょく)する 취직하다 | お昼(ひる)ごはん 점심(밥) | いつも 항상, 언제나 | 少(すこ)し 조금 | 寂(さび)しい 외롭다 | 誰(だれ)かと 누군가와 | 一緒(いっしょ)に 함께 | ~より ~보다 | 犬(いぬ) 개 | 猫(ねこ) 고양이 | 楽(らく)だ 편하다 | もし 만약 | やめる 그만두다 | ~ことになる ~하게 되다 | 困(こま)る 곤란하다 | 動物(どうぶつ) 동물 | 助(たす)ける 돕다 | 仕事(しごと) 일 | ~てみたい ~해 보고 싶다

해설 앞 문장을 보면 이 사람은 사람과 이야기하는 것과 함께 있는 것이나 함께 밥을 먹는 것 등을 좋아하지 않는 것을 알 수 있다. 즉 사람과 함께 지내는 시간보다 개나 고양이와 있는 함께 편이 편하다는 것을 알 수 있으므로 2번이 정답이 된다.

(2)

다음은 어느 도서관의 이용 안내문입니다.

싱글벙글 도서관 이용 안내

이용할 수 있는 요일은 화요일~일요일이며, 시간은 오전 9시부터 오후 6시까지입니다.
매주 월요일은 휴관입니다.
책을 빌리고 싶은 사람은 우선 접수처에서 회원 등록을 해주세요.
책은 한 사람이 5권까지 빌릴 수 있습니다. 2주일 이내에 반납해 주세요.
도서관에 음료수나 과자 등을 가지고 오면 안 됩니다.

23 이 도서관에 관해서 올바른 것은 어느 것입니까?

1 이 도서관은 매일 이용할 수 있습니다.

2 이 도서관은 밤 늦게까지 이용할 수 있습니다.

3 이 도서관에서는 주스를 마셔도 됩니다.

4 이 도서관에서는 간식을 먹으면 안 됩니다.

어휘 次 다음 | 利用案内文 이용 안내문 | 午前 오전 | 午後 오후 | 借りる 빌리다 | 受付 접수처 | 会員登録 회원 등록 | 返す 돌려주다, 반납하다 | お菓子 과자 | 夜遅くまで 밤 늦게까지 | おやつ 간식

해설 이 도서관은 매주 월요일 휴관이며, 오후 6시까지 이용할 수 있고, 음료 및 음식을 가지고 오지 말라고 했다. 따라서 간식을 먹어서는 안 되므로 정답은 4번이다.

(3)

회의의 장소가 변경되었음을 알리는 이메일입니다.

다나카 씨

다음 주 회의 장소가 바뀌었으므로 이메일을 보냅니다. 참가하는 사람이 20명에서 30명으로 늘었습니다. 그래서 회의실은 신관이 아닌 본관의 'B룸'이 되었습니다. 자료 복사도 10부 늘려주세요. 또한, 회의 시간이 길어질 것 같으므로, 음료 등의 준비도 부탁합니다. 회의 일정은 10월 1일 오전 11시 그대로입니다. 바뀐 장소는 참가자에게 이메일로 알려주시기 바랍니다. 그러면 회의 전에 다시 연락하겠습니다. 잘 부탁합니다.

기무라

24 이 메일을 읽고 다나카 씨는 무엇을 합니까?

1 자료의 복사를 30부 늘립니다.

2 회의 장소가 신관으로 바뀐 것을 알려줍니다.

3 30명의 음료를 준비합니다.

4 회의 장소가 바뀐 것을 전화로 알려줍니다.

어휘 会議 회의 | 場所 장소 | 変わる 바뀌다, 변하다 | 知らせる 알리다 | 送る 보내다 | 参加 참가 | 増える 늘어나다 | それで 그래서 | 新館 신관 | 本館 본관 | 資料 자료 | コピー 복사 | 部 부(수) | 増やす 늘리다 | 長い 길다 | 飲み物 음료수 | 用意 준비 | 日程 일정 | そのまま 그대로 | 参加者 참가자 | 連絡 연락 | 準備 준비

해설 자료 복사는 10부 더 늘리라고 했으며, 회의 장소는 본관으로 바뀌었고, 회의 장소가 바뀐 것을 이메일로 알리라고 했으므로 정답은 3번이다.

문제 5 다음 글을 읽고 질문에 답하세요. 답은 1 · 2 · 3 · 4에서 가장 좋은 것을 하나 고르세요.

여러분은 1주일 중, 며칠 휴일을 원하십니까? 평일에 쉬는 사람도 있을지도 모르겠습니다만, 대부분의 사람은 1주일 중, 2일간, 토요일과 일요일이 휴일이라고 생각합니다.

그러나, 최근 도쿄에 있는 게임 회사에서는, ①1주일에 3번 쉴 수 있게 되었다고 합니다. 이유는, 사원 사람들에게 푹 쉬는 시간을 주고 싶기 때문이라고 합니다. 또한, 근무 시간을 자유롭게 정할 수 있어서, 취미 등 개인의 생활도 중요하게 할 수 있기 때문에, 이 시스템을 시작했다고 합니다.

1주일 중, 3일이나 쉬면 일을 할 시간이 적다고 생각할지도 모르겠습니다만, 1개월에 일하지 않으면 안 되는 시간은 전과 똑같습니다. 그래서, 평일에 일하는 시간이 조금 길어집니다. 오전 10시부터 오후 3시까지는 반드시 일하지 않으면 안 됩니다만, 그 이외는 근무시간을 자유롭게 정할 수 있습니다. 아침 일찍부터 일해도 되고, 무언가 볼일이 있을 때는, 3시가 지나면 돌아가도 됩니다.

②이러한 회사는 조금씩 늘어나기 시작하고 있다고 합니다. 우리 회사는 아직 이 시스템이 아닙니다만, 빨리 이 시스템이 되기 바랍니다. 이 시스템이 되면, 매달 근처 온천에 1박 2일로 가고 싶다고 생각합니다.

25 도쿄에 있는 게임 회사는 왜, ①1주일에 3번 쉴 수 있게 했습니까?

1 평일에 쉬는 사원이 많기 때문입니다.
2 사원이 주말에 쉴 수 없기 때문입니다.
3 사원에게 개인 시간도 중요하게 하기 바라기 때문입니다.
4 사원에게 더욱 일을 열심히 하기 바라기 때문입니다.

해설 바로 뒤에서 그 이유를 말하고 있다. 「理由は、社員の人たちにゆっくり休む時間をあげたい 이유는, 사원 사람들에게 푹 쉬는 시간을 주고 싶기 때문」라고 했는데 바꿔 말하면, 일도 중요하지만 쉴 수 있는 개인 시간도 중요시하고 있다는 것을 알 수 있으므로 정답은 3번이 된다.

26 ②이러한 회사라고 했는데, 어떠한 회사입니까?

1 일을 하는 시간이 짧아진 회사
2 1개월의 근무 시간이 정해져 있는 회사
3 아침 일찍부터 일하지 않으면 안되는 회사
4 볼일이 있을 때는 언제든지 돌아가도 되는 회사

해설 '이러한 회사'에 대한 설명은 앞에 나와 있는데, 「1か月に働かなければならない時間は前と同じ 1개월에 일하지 않으면 안되는 시간은 전과 똑같다」라고 했으니 1번은 오답이고, 같은 이유에서 정답은 2번이 된다. 아침 일찍 일을 시작하는 것은 자유롭게 정할 수 있다고 했지 의무는 아니므로 3번도 오답. 볼일이 있을 때는 일찍 돌아갈 수 있다고 했지만, 조건은 3시가 지나서라고 했으니 4번도 오답이다.

27 본문의 내용으로 알맞은 것은 어느 것입니까?

1 최근의 회사원은, 주말보다 평일에 쉬고 싶은 사람이 많습니다.
2 도쿄에 있는 게임 회사는, 평일에 늦게까지 일하면 안됩니다.
3 도쿄에 있는 게임 회사에서는, 반드시 일하지 않으면 안 되는 시간이 있습니다.
4 도쿄에 있는 대부분의 회사가, 1주일에 3번 쉴 수 있습니다.

해설 1번은 본문에 없는 내용이며, 도쿄에 있는 게임 회사는 근무 시간을 자유롭게 정할 수 있다고 했지 평일에 늦게까지 일하면 안 된다는 말은 없으므로 2번도 오답. 본문에 소개된 1주일에 3일 쉬는 회사는 도쿄에 있는 어느 게임 회사이지, 대부분의 회사에 해당하는 내용은 아니므로 4번도 오답이다. 도쿄에 있는 게임 회사에서는, 「午前10時から午後3時までは必ず働かなければなりません 오전 10시부터 오후 3시까지는 반드시 일하지 않으면 안 됩니다」라고 했으니 반드시 일해야 하는 시간이 있다는 것을 알 수 있으므로 정답은 3번이다.

어휘 ～のうち ~중 | 何日 며칠 | 平日 평일 | ～かもしれません ~할지도 모릅니다 | ほとんど 대부분 | 最近 최근 | ゲーム会社 게임 회사 | 理由 이유 | 社員 사원 | ゆっくり休む 푹 쉬다 | あげる 주다 | 自由に 자유롭게 | 決める 정하다 | 趣味 취미 | 個人 개인 | 生活 생활 | 大事だ 중요하다 | 少ない 적다 | 午前 오전 | 午後 오후 | 必ず 반드시 | 以外 이외 | 朝早くから 아침 일찍부터 | 用事 볼일 | 過ぎる 지나다 | ～ずつ ~씩 | 増える 늘어나다 | ～てほしい ~하기 바란다 | 近く 근처 | 温泉 온천 | 一泊二日 1박 2일 | 週末 주말

3회

문제 6 **오른쪽 페이지의 안내문을 보고 아래 질문에 답하세요. 답은 1・2・3・4에서 가장 좋은 것을 하나 고르세요.**

28 초등학교 2학년인 A 씨는, 어머니와 함께 빵을 만들고 싶습니다만, 주말 오전 중에만 갈 수 있습니다. 어느 빵 교실에 갈 수 있습니까?

1 간단히 만들 수 있는 달걀 샌드위치 교실
2 초콜릿이 들어간 메론 빵 교실
3 곰 모양을 한 피자 빵 교실
4 매우 맛있는 야키소바 빵 교실

해설 문제의 조건을 보면 '주말 오전 중에만 갈 수 있다'라는 말이 있다. 교실 중에서 주말에 하는 것은 「簡単(かんたん)に作(つく)れるたまごサンドウィッチ 간단히 만들 수 있는 달걀 샌드위치」교실 뿐이다.

29 이 안내문의 내용과 맞는 것은 어느 것입니까?

1 이 빵 교실은, 초등학생의 부모만이 참가할 수 있습니다.
2 이 교실에서는 처음 하는 사람도 신청할 수 있습니다.
3 요금은 1인당 3,500엔이므로, 부모자녀는 7,000엔입니다.
4 만든 빵은 다같이 교실에서 먹고, 남으면 갖고 돌아갈 수 있습니다.

해설 이 빵 교실은 초등학생과 부모가 함께 참가하는 내용이므로 1번은 오답. 요금은 부모자녀가 3,500엔이므로 3번도 오답. 만든 빵은 교실에서 먹을 수 없으며 갖고 가라고 했으니 4번도 오답이다. 「初(はじ)めての人(ひと)でも申(もう)し込(こ)むことができます 처음 하는 사람도 신청할 수 있습니다」라고 했으니 정답은 2번이다.

여름방학 부모자녀 빵 교실 안내문

항상 방문해 주셔서 감사드립니다. 다나카 베이커리에서는 여름방학에, 초등학생을 위한 부모자녀 빵 교실을 시행합니다. 여름방학 추억으로, 부모자녀가 맛있는 빵을 만들어 보지 않겠습니까?

일시	시간	내용
8월 3일(토)	10：00 ~ 12：00	간단히 만들 수 있는 달걀 샌드위치
8월 9일(금)	13：00 ~ 15：00	초콜릿이 들어간 멜론 빵
8월 22일(목)	17：00 ~ 19：00	곰 모양을 한 피자 빵
8월 27일(화)	11：00 ~ 13：00	매우 맛있는 야키소바 빵

※ 정원은 각각 10명까지입니다.

※ 빵 만들기가 서툰 사람이나, 처음 하는 사람도 신청할 수 있습니다.

※ 신청은, 다나카 베이커리 홈페이지에서 부탁합니다.

※ 요금(부모자녀 3,500엔)은 당일, 교실에서 지불해 주세요.

※ 만든 빵은 교실에서 먹을 수 없습니다. 가져가 주세요.

※ 당일에는 앞치마와 수건을 갖고 와 주세요.

어휘 小学 초등학교 | 週末 주말 | 午前中 오전 중 | 簡単に 간단히 | サンドウィッチ 샌드위치 | チョコレート 초콜릿 | メロンパン 멜론 빵 | くま 곰 | 形 모양 | ピザパン 피자 빵 | 焼きそば 야끼소바 | 親 부모 | 参加 참가 | 初めて 처음 | 申し込む 신청하다 | 料金 요금 | 親子 부모자녀 | 残る 남다 | 持ち帰る 갖고 돌아가다 | お知らせ 안내문, 공지 | いつも 항상 | ご来店 가게에 오심 | ベーカリー 베이커리 | 行う 시행하다 | 思い出 추억 | 定員 정원 | それぞれ 각각 | パン作り 빵 만들기 | 苦手だ 서툴다 | お申し込み 신청 | 料金 요금 | 当日 당일 | 支払う 지불하다 | エプロン 앞치마

3회

2교시 청해  

문제 1 문제 1에서는 먼저 질문을 들으세요. 그리고 이야기를 듣고 문제지의 1~4 중에서 가장 좋은 것을 하나 고르세요.

れい Track 3-1-00

お母さんと息子が話しています。息子はどんな服を着ればいいですか。

女：ひとし、明日、お父さんの上司の家族との食事の約束、忘れてないよね。服とかちゃんと着ていかなきゃだめだよ。

男：え、暑いのにそんなのも気をつけなきゃいけないの。半そでと半ズボンにするよ。

女：だめよ。ちゃんとした食事会だから。

男：じゃ、ドレスコードでもあるの？

女：ホテルでの食事だから、ショートパンツだけは止めたほうがいいよ。

男：わかったよ。でも暑いのはいやだから、上は半そでにするよ。

息子はどんな服を着ればいいですか。

1　長そでのシャツと半ズボン
2　半そでのシャツと半ズボン
3　半そでのシャツと長いズボン
4　長そでのシャツと長いズボン

예

엄마와 아들이 이야기하고 있습니다. 아들은 어떤 옷을 입으면 됩니까?

여 : 히토시, 내일 아버지의 상사 가족과의 식사 약속 잊지 않았지? 옷이라든가 제대로 입고 가지 않으면 안 돼.

남 : 에~, 더운데 그런 것도 주의하지 않으면 안 되는 거야? 반소매와 반바지로 할 거야.

여 : 안 돼. 제대로 된 식사 모임이니까.

남 : 그럼, 드레스 코드라도 있는 거야?

여 : 호텔에서의 식사라서 반바지만은 안 입는 게 좋아.

남 : 알았어. 하지만 더운 것은 싫으니까, 상의는 반소매로 할래.

아들은 어떤 옷을 입으면 됩니까?

1 긴소매 셔츠와 반바지
2 반소매 셔츠와 반바지
3 반소매 셔츠와 긴바지
4 긴소매 셔츠와 긴바지

해설 아들은 반소매와 반바지를 입겠다고 했지만, 엄마는 제대로 된 식사 모임이므로 반바지만은 피하는 것이 좋다고 했다. 따라서 반소매와 긴바지 차림인 3번이 정답이다.

어휘 息子 아들 | 服 옷 | 上司 상사 | 忘れる 잊다 | ちゃんと 제대로 | 気をつける 조심하다, 주의하다 | 半そで 반소매 | 半ズボン 반바지 | だめだ 안 되다, 소용없다 | 食事会 식사 모임 | 止める 그만두다, 중지하다 | ~なさい ~하거라, ~해라 | でも 그렇지만, 하지만 | いやだ 싫다 | 長そで 긴소매

1ばん Track 3-1-01

お母さんと息子が話しています。お母さんは何を買いますか。

女：まこと、今度の誕生日プレゼント何がほしい？

男：うーん、ほしいのがたくさんあって…。ロボットでしょ、ゲームもほしいし、車のおもちゃもほしい！

女：どれか一つにしなさい。

男：じゃあ、最近出たばかりの新しいゲームにしようかな。

女：ゲームはたくさん持ってるじゃない。それよりサッカーボールはどう？

男：えー、サッカーボールはたくさんあるから要らないよ。あ、そういえば先週テニスをしたときに、ラケットが壊れたんだ。だから、それにするよ。

女：わかったわ。じゃあ、誕生日にあげるわね。

お母さんは何を買いますか。

4

1번

어머니와 아들이 이야기하고 있습니다. 어머니는 무엇을 삽니까?

여 : 마코토, 이번 생일선물 뭐 갖고 싶어?

남 : 음, 갖고 싶은 것이 많이 있어서…. 로봇이지, 게임도 갖고 싶고, 자동차 장난감도 갖고 싶어!

여 : 어느 것인가 하나로 해.

남 : 그럼, 최근 막 나온 새 게임으로 할까.

여 : 게임은 많이 갖고 있잖아. 그것보다 축구공은 어때?

남 : 음, 축구공은 많이 있으니까 필요 없어. 아, 그러고 보니 지난 주 테니스를 했을 때, 라켓이 부서졌거든. 그러니까 그걸로 할래.

여 : 알았어. 그럼 생일에 줄게.

어머니는 무엇을 삽니까?

해설 처음에는 받고 싶은 생일선물로 로봇, 게임, 자동차 장난감을 말했는데, 어머니는 축구공을 권하고 있다. 하지만 축구공은 이미 많아서 싫다고 하며, 「先週テニスをしたときに、ラケット が壊れたんだ。だから、それにするよ 지난주 테니스를 했을 때, 라켓이 부서졌거든. 그러니까 그걸로 할래」라고 했다. 따라서 정답은 4번이 된다.

어휘 買う 사다 | 今度 이번 | 誕生日 생일 | プレゼント 선물 | ～がほしい ~을 갖고 싶다 | おもちゃ 장난감 | ～なさい ~하거라 | 最近 최근 | ～たばかりだ 막 ~했다 | ～より ~보다 | 要る 필요하다 | そういえば 그러고보니 | 壊れる 부서지다, 고장나다

2ばん Track 3-1-02

女の人と男の人が話しています。男の人は飲み物を何にしますか。

女：飲み物、何にする？

男：うん、ぼく、今かぜひいているから、あたたかいコーヒーかお茶がいいかな。

女：かぜ？ かぜなら、あたたかいコーヒーやお茶もいいけど、スポーツドリンク飲んだら？

男：スポーツドリンク？

女：うん、新聞で見たんだけど、スポーツドリンクはかぜによく効くらしいよ。

男：へえ？ そうなんだ。

女：ホットレモネードもいいけど、この店にはないから。

男：うん、わかった。

男の人は飲み物を何にしますか。

4 

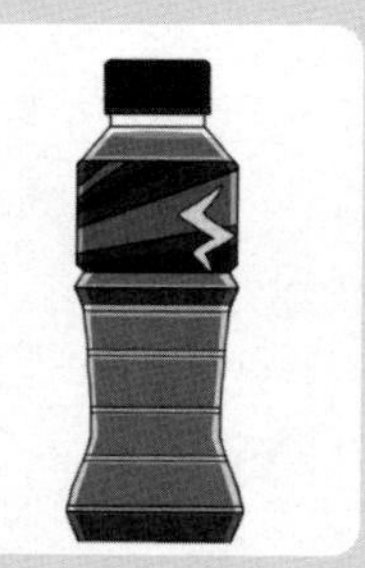

2번

여자와 남자가 이야기하고 있습니다. 남자는 음료수를 무엇으로 합니까?

여 : 음료수, 뭐로 할까?

남 : 음, 나 지금 감기 걸렸으니까, 따뜻한 커피나 차가 좋으려나.

여 : 감기? 감기라면 따뜻한 커피나 차도 좋지만, 스포츠 드링크 마셔볼래?

남 : 스포츠 드링크?

여 : 응, 신문에서 봤는데 스포츠 드링크는 감기에 잘 듣는 것 같아.

남 : 아? 그렇단 말이지.

여 : 따뜻한 레몬에이드도 좋은데, 이 가게에는 없으니까.

남 : 응, 알았어.

남자는 음료수를 무엇으로 합니까?

해설 남자는 감기에 걸렸다며 따끈한 커피나 차를 생각했지만, 여자가 스포츠 드링크가 감기에 좋다는 말을 신문에서 봤다고 하자 남자가 그 말에 따르기로 했으므로 정답은 4번이다.

어휘 飲み物 음료수 | あたたかい 따뜻하다 | 効く 듣다, 효과가 있다

3ばん Track 3-1-03

会社で男の人と女の人が話しています。男の人はこれから何をしますか。

男：課長、今お客様から電話があったのですが…。

女：どうしたの？何かあったの？

男：明日の会議を明後日にしてほしいそうなんです。

女：え？明後日は別の会議があるから無理なのよね。来週の月曜日はどうかしら。

男：わかりました。じゃ、お客様にメールで聞いてみます。

女：メールじゃなくて、電話で聞いてくれる？そのほうが早いでしょ。

男：はい、わかりました。

男の人はこれから何をしますか。

1 お客様に会います
2 課長と会議をします
3 お客様に電話をします
4 課長にメールをします

3번

회사에서 남자와 여자가 이야기하고 있습니다. 남자는 앞으로 무엇을 합니까?

남 : 과장님, 지금 고객님한테 전화가 왔었습니다만….

여 : 무슨 일이야? 무슨 일 있었어?

남 : 내일 회의를 모레로 하기 바란다고 합니다.

여 : 어? 모레는 다른 회의가 있어서 무리야. 다음 주 월요일은 어떨까?

남 : 알겠습니다. 그럼, 고객님에게 메일로 물어보겠습니다.

여 : 메일이 아니라, 전화로 물어봐 주겠어? 그 쪽이 빠르겠지.

남 : 네, 알겠습니다.

남자는 앞으로 무엇을 합니까?

1 고객님을 만납니다
2 과장님과 회의를 합니다
3 고객님에게 전화를 합니다
4 과장님에게 메일을 보냅니다

3회

해설 남자는 과장에게 회의 일정에 관한 연락을 하라는 지시를 받고 메일로 물어보겠다고 했다. 하지만 과장은「メールじゃなくて、電話で聞いてくれる？そのほうが早いでしょ 메일이 아니라, 전화로 물어봐 주겠어? 그 쪽이 빠르겠지」라고 했고, 남자는 알았다고 답하였다. 따라서 3번이 정답이 된다.

어휘 課長 과장님 | お客様 고객님 | どうしたの？ 무슨 일이야? | 会議 회의 | ～てほしい ~하기 바란다 | 別な～ 다른~ | 無理だ 무리다 | どうかしら 어떨까 | そしたら 그럼

4ばん Track 3-1-04

男の人と女の人が電話で話しています。女の人は何を買って帰りますか。

男：もしもし、由美？ 今、どこ？

女：あ、お兄ちゃん、今、ちょうど駅から出たところ。どうしたの？

男：あ、悪いけど、ビール１本買ってきてくれない？

女：ビール？ いいわよ。おつまみにピーナッツでも買っていこうか。

男：ピーナッツ？ う～ん、ピーナッツよりチーズが食べたいな。

女：わかった。それから、私も飲みたいからもう１本買っていくね。

男：うん。じゃ、お願い。

女の人は何を買って帰りますか。

4

4번

남자와 여자가 전화로 이야기하고 있습니다. 여자는 무엇을 사서 돌아갑니까?

남 : 여보세요, 유미? 지금 어디?

여 : 응, 오빠, 지금 마침 역에서 막 나왔어. 무슨 일인데?

남 : 아, 미안한데, 맥주 한 병 사다 주지 않을래?

여 : 맥주? 알았어. 안주로 땅콩이라도 사 갈까?

남 : 땅콩? 흠~, 땅콩보다 치즈가 먹고 싶은데.

여 : 알았어. 그리고 나도 마시고 싶으니까 1병 더 사 갈게.

남 : 응. 그럼 부탁할게.

여자는 무엇을 사서 돌아갑니까?

해설 남자는 처음에 맥주 한 병을 부탁했으나, 여자는 자기도 마시고 싶다며 한 병 더 사기로 하였고, 안주는 치즈를 사기로 했으므로 정답은 4번이다.

어휘 ～たところだ 막 ~했다 | ～本 ~병(꽃, 담배, 필기도구 등 가늘고 긴 것을 세는 단위) | おつまみ 안주 | ピーナッツ 땅콩

5ばん Track 3-1-05

男の人と女の人が話しています。男の人はこれからどうしますか。

男：あ、わるい! 待たせてごめん。

女：もう、また遅刻！

男：ごめん、ごめん。この約束の場所が今日、はじめてだったから道に迷ってしまったんだ。

女：いつもそんなこと言っているけど、私もここ初めてだよ。

男：電車の時間とか調べて、遅れないようにしたつもりだったんだけど。

女：ぎりぎりの電車に乗るからよ。ちょっと早めに家を出たら。

男：はい、はい、わかったよ。これからは絶対遅れないようにするよ。

男の人はこれからどうしますか。

1 はじめて行くところは約束の場所にしない
2 道に迷わないように気をつける
3 地下鉄の時間を調べる
4 約束の時間に遅れないように、もっと早く家を出る

5번

남자와 여자가 이야기하고 있습니다. 남자는 앞으로 어떻게 합니까?

남 : 아, 미안! 기다리게 해서 미안.

여 : 정말 또 지각이야!

남 : 미안, 미안. 이 약속 장소가 오늘 처음이라 길을 헤매버렸어.

여 : 항상 그렇게 말하는데, 나도 여기 처음이야.

남 : 전철 시간이라든가 조사해서 늦지 않으려고 했었는데.

여 : 빠듯하게 전철을 타니까 그렇지. 조금 일찍 집을 나오지 그래?

남 : 그래, 그래, 알았어. 앞으로는 절대 늦지 않도록 할게.

남자는 앞으로 어떻게 합니까?

1 처음 가는 곳은 약속 장소로 하지 않는다
2 길을 헤매지 않도록 주의한다
3 지하철 시간을 조사한다
4 약속 시간에 늦지 않도록 더 빨리 집을 나선다

해설 여자가 남자에게 바라는 것은 약속 시간에 늦지 않도록 여유를 가지고 일찌감치 집을 나서라는 것이고, 남자가 앞으로는 그렇게 한다고 했으므로 정답은 4번이다.

어휘 待たせる 기다리게 하다 | ごめん 미안 | 遅刻 지각 | 場所 장소 | はじめて (경험상의)처음으로 | 道に迷う 길을 헤매다 | 調べる 조사하다 | 遅れる 늦다 | ～たつもりだ ~한 셈치다 | ぎりぎり 여유 없이 빠듯한 모양 | 早めに 일찌감치 | 家を出る 집을 나서다 | 絶対 절대 | ～ようにする ~하도록 하다

6ばん Track 3-1-06

男の人と女の人が話しています。女の人はこれから何をしますか。

男：明日、吉田さんの結婚式って、朝早いよね？

女：そうそう、10時からよ。

男：準備はもう終わった？

女：うん、ドレスもアクセサリーも買ったし、お金も準備したわよ。あとは、美容室に行くだけ。

男：ぼくも新しいスーツと靴を買ったから、今からシャツにアイロンをかけないと。美容室は何時から？

女：３時からよ。今から行ってくるわ。

男：そうなんだ。気を付けて行ってきてね。

女の人はこれから何をしますか。

1 友だちの結婚式に行きます

2 ドレスを買いに行きます

3 シャツにアイロンをかけます

4 美容室に行きます

6번

남자와 여자가 이야기하고 있습니다. 여자는 앞으로 무엇을 합니까?

남 : 내일, 요시다 씨의 결혼식은, 아침 일찍이지?

여 : 맞아, 10시부터야.

남 : 준비는 벌써 끝났어?

여 : 응, 드레스도 액서사리도 샀고, 돈도 준비했어. 남은 건, 미용실에 가는 것뿐.

남 : 나도 새 정장과 구두를 샀으니까, 지금부터 셔츠를 다림질해야 해. 미용실은 몇 시부터?

여 : 3시부터야. 지금부터 다녀올게.

남 : 그렇구나. 조심해 다녀와.

여자는 앞으로 무엇을 합니까?

1 친구 결혼식에 갑니다

2 드레스를 사러 갑니다

3 셔츠를 다림질합니다

4 미용실에 갑니다

해설 결혼식은 내일 아침이니 1번은 오답. 드레스는 이미 사두었으니 2번도 오답이며, 셔츠를 다림질하는 사람은 남자이므로 3번도 오답이다. 여자는 다른 준비는 다 마쳤고, 미용실에만 다녀오면 된다고 했고, 「今から行ってくるわ 지금부터 다녀올게」라고 했으니 정답은 4번이다.

어휘 結婚式 결혼식 | ～って ~은 | 準備 준비 | ～し ~이고, ~하고 | あとは 남은 건 | 美容室 미용실 | ～だけ ~만, ~뿐 | ぼく 나 | スーツ 정장 | アイロンをかける 다림질하다 | ～ないと ~해야 해(～ないといけない의 줄임말) | 気を付ける 조심하다

7ばん Track 3-1-07

女の人と男の人が話しています。男の人は今から何をしますか。

女：川村さん、このショッピングサイト見てくださいよ。ここにある全部の商品が50%安く買えるんです。

男：へー！安いですね。どんな商品があるんですか。

女：スカートとかワンピースとか女性用の服が多いんですけど、男性用の服もたくさんありますよ。

男：いいですね。いつまでですか。

女：ちょっと待ってください…。えーと、あ、明日までです。でも今日までパソコンで会員登録した人はクーポンがもらえるみたいですよ。

男：それはいいですね。でも今パソコンがないので、携帯で見てみます。そのサイト、教えてくれませんか。

女：いいですよ。

男の人は今から何をしますか。

1 携帯でショッピングサイトを見る
2 パソコンで会員登録をする
3 クーポンで買い物をする
4 安い服をたくさん買う

7번

여자와 남자가 이야기하고 있습니다. 남자는 지금부터 무엇을 합니까?

여 : 가와무라 씨, 이 쇼핑 사이트 봐 주세요. 여기에 있는 모든 상품을 50% 싸게 살 수 있어요.

남 : 에~! 싸네요. 어떤 상품이 있나요?

여 : 치마라든가 원피스라든가 여성용 옷이 많은데요, 남성용 옷도 많이 있어요.

남 : 좋네요. 언제까지예요?

여 : 잠깐 기다려 주세요…. 아, 내일까지예요. 하지만 오늘까지 컴퓨터로 회원 등록한 사람은 쿠폰을 받을 수 있는 것 같아요.

남 : 그것 좋네요. 하지만 지금 컴퓨터가 없어서, 휴대폰으로 볼게요. 그 사이트, 가르쳐 주지 않을래요?

여 : 좋아요.

남자는 지금부터 무엇을 합니까?

1 휴대폰으로 쇼핑 사이트를 본다
2 컴퓨터로 회원 등록을 한다
3 쿠폰으로 쇼핑을 한다
4 싼 옷을 많이 산다

해설 남자는 여자에게 쇼핑 사이트를 물어보며, 「でも今パソコンがないので、携帯で見てみます 하지만 지금 컴퓨터가 없어서, 휴대폰으로 볼게요」라고 했다. 따라서 정답은 1번이 된다.

어휘 ショッピングサイト 쇼핑 사이트 | 全部 전부 | 商品 상품 | 女性用 여성용 | 服 옷 | 男性用 남성용 | いつまで 언제까지 | でも 그런데, 하지만 | 会員登録 회원 등록 | ~みたいだ ~같다 | 携帯 휴대폰 | ~てくれませんか ~해 주지 않을래요?

8ばん Track 3-1-08

女の人と男の人が話しています。女の人は今から何をしますか。

女：ね、ゆかちゃん、来年高校生になるから、英語の塾に行かせるのはどうかな。

男：うん、そうだね。英語、苦手だと言ってるし。

女：それで、ちょっと調べてみたんだけど、この全国で一番大きいところがいいんじゃない。

男：う～ん、それより、ゆかちゃんと合う先生を見つけるのが大事じゃないかな。

女：そうね。どんな先生がどんな授業をしているか見に行こうか。

男：うん、それがいいね。ゆかちゃんも塾に行きたいと言ってるんだよな。

女：え？ まだ、聞いてない。

男：え？ だめだよ。本人の気持ちが何より大事じゃないか。

女：わかった。今、話してみる。

女の人は今から何をしますか。

1 娘に塾で勉強したいのか聞く
2 娘に大事なことは何か聞く
3 全国で一番大きい塾を探す
4 娘が好きな先生を探す

8번

여자와 남자가 이야기하고 있습니다. 여자는 지금부터 무엇을 합니까?

여：저기, 유카 내년에 고등학생이 되니까 영어 학원에 가게 하는 것은 어떨까?

남：응, 그래. 영어에 자신 없다고 말하기도 하고.

여：그래서 좀 조사해봤는데, 이 전국에서 가장 큰 곳이 좋지 않겠어?

남：응, 그것보다 유카랑 맞는 선생님을 찾는 것이 중요하지 않을까?

여：그러네. 어떤 선생님이 어떤 수업을 하고 있는지 보러 갈까?

남：그래, 그게 좋겠다. 유카도 학원에 가고 싶다는 거지?

여：응? 아직 안 물어봤는데.

남：엣? 안 돼. 본인의 마음이 무엇보다 중요하잖아.

여：알겠어. 지금 이야기해볼게.

여자는 지금부터 무엇을 합니까?

1 딸에게 학원에서 공부하고 싶은지 묻는다
2 딸에게 중요한 것은 무엇인지 묻는다
3 전국에서 가장 큰 학원을 찾는다
4 딸이 좋아하는 선생님을 찾는다

해설 남자는 딸이 학원을 다닐 마음이 있는가가 중요하다고 했고, 이에 여자가 지금 그것에 관해 딸과 이야기해보겠다고 했으므로 정답은 1번이다.

어휘 英語 영어 | 塾 학원(초, 중, 고등학생의 학습을 위한 학원) | 調べる 조사하다 | 全国 전국 | 合う 맞다 | 見つける 발견하다 | 大事だ 중요하다 | だめだ 안 되다 | 本人 본인 | 探す 찾다

문제 2 문제 2에서는 먼저 질문을 들으세요. 그 후 문제지를 보세요. 읽을 시간이 있습니다. 그리고 이야기를 듣고 문제지의 1~4 중에서 가장 좋은 것을 하나 고르세요.

れい Track 3-2-00

男の人と女の人が話しています。男の人はどうしてコートを買いませんか。

女：お客様、こちらのコートはいかがでしょうか。
男：うん…、デザインはいいけど、色がちょっとね…。
女：すみません、今、この色しかないんです。
男：ぼく、黒はあまり好きじゃないんですよ。しかたないですね。
女：すみません。

男の人はどうしてコートを買いませんか。

1　デザインが気に入らないから
2　色が気に入らないから
3　値段が高いから
4　お金がないから

예

남자와 여자가 이야기하고 있습니다. 남자는 왜 코트를 사지 않습니까?

여 : 손님, 이쪽 코트는 어떠십니까?
남 : 음…, 디자인은 괜찮은데, 색깔이 좀….
여 : 죄송합니다, 지금 이 색깔밖에 없습니다.
남 : 난 검정은 별로 좋아하지 않아요. 어쩔 수 없네요.
여 : 죄송합니다.

남자는 왜 코트를 사지 않습니까?

1 디자인이 마음에 안 들어서
2 색이 마음에 안 들어서
3 값이 비싸서
4 돈이 없어서

해설 「ちょっとね」로 끝나면 '별로이다, 마음에 안 든다'는 의미이다. 남자는 코트의 디자인은 마음에 드는데 색깔이 마음에 들지 않는다고 했으므로 정답은 2번이다.

어휘 いかが 어떻게, 어떠함 | いかがでしょうか 어떠신가요? | 色 색 | ～しかない ~밖에 없다 | しかた(が)ない 어쩔 수 없다 | 気に入る 마음에 들다 | 値段 가격, 값

1れい Track 3-2-01

男の人と女の人が話しています。女の人はどうして北海道へ行きたいですか。

男：アンさん、冬休みは何か予定がありますか。
女：一人で北海道へ行こうと思っています。
男：北海道ですか。いいですね。
女：はい、明日飛行機のチケットを予約するつもりです。
男：でもどうして北海道なんですか。
女：私、今まで雪を見たことがなくて…。冬に北海道に行けば雪が見られると聞いたので、ぜひ行ってみたいです。村田さんは行ったことがありますか。
男：友だちが北海道に住んでいるので、何回か行ったことがあります。食べ物もおいしいし、空気もきれいなのでいいところですよ。
女：そうですか。早く行ってみたいです。

女の人はどうして北海道へ行きたいですか。

1 一人で行ってみたいから
2 食べ物がおいしいから
3 友だちに会いたいから
4 雪を見てみたいから

예

남자와 여자가 이야기하고 있습니다. 여자는 왜 홋카이도에 가고 싶습니까?

남 : 안 씨, 겨울방학에는 무엇인가 예정이 있습니까?
여 : 혼자서 홋카이도에 가려고 합니다.
남 : 홋카이도입니까? 좋겠네요.
여 : 네, 내일 비행기 티켓을 예약할 예정입니다.
남 : 하지만 왜 홋카이도입니까?
여 : 저, 지금까지 눈을 본 적이 없어서…. 겨울에 홋카이도에 가면 눈을 볼 수 있다고 들었기 때문에, 꼭 가 보고 싶습니다. 무라타 씨는 간 적이 있습니까?
남 : 친구가 홋카이도에 살고 있기 때문에, 몇 번인가 간 적이 있습니다. 음식도 맛있고, 공기도 깨끗해서 좋은 곳입니다.
여 : 그렇습니까? 빨리 가보고 싶습니다.

여자는 왜 홋카이도에 가고 싶습니까?

1 혼자서 가보고 싶으니까
2 음식이 맛있으니까
3 친구를 만나고 싶으니까
4 눈을 보고 싶으니까

해설 남자가 왜 홋카이도에 가냐고 묻자, 「今まで雪を見たことがなくて…。冬に北海道に行けば雪が見られると聞いたので、ぜひ行ってみたいんです 지금까지 눈을 본 적이 없어서… 겨울에 홋카이도에 가면 눈을 볼 수 있다고 들었기 때문에, 꼭 가 보고 싶습니다」라고 했으므로 정답은 4번이다.

어휘 北海道 홋카이도 | 冬休み 겨울방학 | 予定 예정 | ～ようと思う ~하려고 하다 | 予約する 예약하다 | ～つもりだ ~예정이다 | ～たことがない ~한 적이 없다 | ぜひ～たい 꼭 ~하고 싶다 | ～に住む ~에 살다 | 何回 몇 번 | ～たことがある ~한 적이 있다 | 食べ物 음식 | 空気 공기 | ところ 곳, 장소

2ばん Track 3-2-02

男の学生と女の学生が話しています。男の学生は、どうしてゆうべ、ぜんぜん眠れませんでしたか。

女：かずお君、どうしたの？ 顔色悪いわよ。どこか悪いの？

男：ゆうべ、ぜんぜん眠れなくて。

女：どうして？ 何かあったの？

男：実は、レポート書くのをすっかり忘れていたんだ。きのう、りえちゃんが言ってくれて気づいたんだ。

女：そうなんだ。

男：うん、最近、いろいろ忙しくてさ。

女： バイトが忙しいの？

男：いや、実は、父の会社が急に忙しくなってさ。社員5人の小さい会社なんだけど、急に2人も辞めてしまって。

女：あ、そうだったの。それで、レポートは全部書いたの？

男：うん、夜、寝ないで全部書いたんだけど、ちょっと心配。

男の学生は、どうして、ゆうべぜんぜん眠れませんでしたか。

1 お父さんの仕事を手伝っていたから

2 バイトで忙しかったから

3 体の調子が悪かったから

4 レポートを書いていたから

2번

남학생과 여학생이 이야기하고 있습니다. 남학생은 왜 어젯밤 전혀 잠을 못 잤습니까?

여 : 가즈오 군, 왜 그래? 안색이 나빠. 어디 안 좋아?

남 : 어젯밤 전혀 잠을 못 잤어.

여 : 왜? 무슨 일 있었어?

남 : 실은 리포트 쓰는 걸 완전히 까먹고 있었어. 어제 리에가 말해줘서 알았어.

여 : 그랬구나.

남 : 응, 최근에 이것저것 바빠서.

여 : 아르바이트가 바쁘니?

남 : 아니, 실은 아버지 회사가 갑자기 바빠져서 말이야. 사원 5명의 작은 회사인데, 갑자기 2명씩이나 그만둬버려서.

여 : 아, 그랬구나. 그래서 리포트는 전부 썼어?

남 : 응, 밤에 자지 않고 전부 쓰긴 했는데, 좀 걱정돼.

남학생은 왜 어젯밤 전혀 잠을 못 잤습니까?

1 아버지 일을 도왔기 때문에

2 아르바이트로 바빴기 때문에

3 건강이 좋지 않았기 때문에

4 리포트를 쓰고 있었기 때문에

해설 리포트 쓰는 것조차 잊고 있다가 친구에게 듣고 밤새 쓰느라 잠을 못 잔 것이기 때문에 정답은 4번이다.

어휘 ゆうべ 어젯밤 | ぜんぜん 전혀 | 眠る 잠자다 | 顔色 안색 | 実は 실은 | すっかり 완전히 | 気づく 눈치채다, 알아차리다 | 急に 갑자기 | 辞める 그만두다 | 手伝う 돕다 | 体の調子が悪い 몸 상태가 나쁘다

3ばん Track 3-2-03

男の人と女の人が話しています。男の人はどうしてお酒をやめたいですか。

男：鈴木さんは、お酒をよく飲みますか。

女：私、あまりお酒が好きじゃないです。それで会社の飲み会も行きたくなくて…。佐藤さんはどうですか。

男：ぼくは、家で毎日お酒を飲みます。

女：え？毎日ですか。体は大丈夫ですか。

男：それが、最近、お酒を飲んだら、次の日は頭が痛くて…。体の調子があまりよくありません。

女：それは、早くやめたほうがいいですよ。

男：ぼくも健康のためにやめたいですが、会社が終わって家に帰ったら飲みたくなります。

女：１週間に２回にするのはどうですか。そしたら、少しは体がよくなるかもしれませんよ。

男：そうですね。やってみます。

男の人はどうしてお酒をやめたいですか。

1　お酒が好きじゃないから
2　体の調子が悪くなるから
3　会社の人と飲みたくないから
4　お腹が痛くなるから

3번

남자와 여자가 이야기하고 있습니다. 남자는 왜 술을 끊고 싶습니까?

남 : 스즈키 씨는 술을 자주 마십니까?

여 : 저, 별로 술을 좋아하지 않아요. 그래서 회사 회식도가고 싶지 않아서…. 사토 씨는 어때요?

남 : 저는, 집에서 매일 술을 마십니다.

여 : 네? 매일이요? 몸은 괜찮으세요?

남 : 그게, 최근 술을 마시면 다음 날은 머리가 아파서…. 몸 상태가 별로 좋지 않습니다.

여 : 그건 빨리 끊는 게 좋겠어요.

남 : 저도 건강을 위해 끊고 싶습니다만, 회사가 끝나고 집에 돌아가면 마시고 싶어집니다.

여 : 일주일에 2번으로 하는 것은 어때요? 그럼, 조금은 몸이 좋아질지도 몰라요.

남 : 그렇네요. 그렇게 해볼게요.

남자는 왜 술을 끊고 싶습니까?

1 술을 좋아하지 않으니까
2 몸 상태가 나빠지니까
3 회사 사람과 마시고 싶지 않으니까
4 배가 아파지니까

해설 남자는 매일 술을 마시는데 최근 들어 「酒を飲んだら、次の日は頭が痛くて…。体の調子があまりよくないんです 술을 마시면, 다음 날은 머리가 아파서…. 몸 상태가 별로 좋지 않습니다」라고 하며, 「ぼくも健康のためにやめたい 나도 건강을 위해 끊고 싶다」라고 했다. 즉, 술을 끊고 싶은 이유로 몸 상태가 나빠지는 이유를 들고 있으니 정답은 2번이다.

어휘 お酒をやめる 술을 끊다 | よく 자주 | あまり～ない 별로 ~않다 | それで 그래서 | 飲み会 회식 | 大丈夫だ 괜찮다 | 次の日 다음 날 | 頭が痛い 머리가 아프다 | 体の調子 몸 상태 | 早く 빨리 | ～たほうがいいです ~하는 편이 좋습니다 | 健康 건강 | ～のために ~위해서 | 1週間に 일주일에 | そしたら 그럼 | 少しは 조금은

4ばん Track 3-2-04

男の人と女の人が会社で話しています。男の人が会社を休みたい理由は何ですか。

男：課長、ちょっとご相談したいことがありますが。

女：どうしたの。

男：あの…、来月から会社を休ませていただきたくて…。

女：え？何かあったの？会社の人たちと何か問題でもあったの？

男：それが…、来月子どもが生まれるんです。それで会社を休んで、妻と一緒に子供の面倒を見ようと思ってます。

女：そうなの！それはおめでとう。じゃ、他の人たちにも伝えておくわね。

男：はい、よろしくお願いします。

男の人が会社を休みたい理由は何ですか。

1 会社の仕事が大変だから
2 会社の人たちと問題があったから
3 子どもが生まれるから
4 妻の体調が悪いから

4번

남자와 여자가 회사에서 이야기하고 있습니다. 남자가 회사를 쉬고 싶은 이유는 무엇입니까?

남 : 과장님, 잠시 상담하고 싶은 게 있습니다만.

여 : 무슨 일이야?

남 : 저기…, 다음 달부터 회사를 쉬고 싶어서요….

여 : 뭐? 무슨 일 있어? 회사 사람들과 무언가 문제라도 있었어?

남 : 그게…, 다음 달에 아이가 태어납니다. 그래서 회사를 쉬고, 아내와 함께 아이를 돌보려고 합니다.

여 : 그래! 그거 축하해. 그럼, 다른 사람에게도 전해 둘게.

남 : 네, 잘 부탁드립니다.

남자가 회사를 쉬고 싶은 이유는 무엇입니까?

1 회사 일이 힘드니까
2 회사 사람들과 문제가 있었으니까
3 아이가 태어나니까
4 아내의 몸 상태가 나쁘니까

3회

해설 회사를 쉬고 싶다는 남자의 말에 여자는 여러가지 이유를 물어보지만, 결국 남자가 쉬고 싶어하는 이유는, 「来月子どもが生まれるんです。それで会社を休んで、妻と一緒に子供の面倒を見ようと思ってます 다음 달에 아이가 태어납니다. 그래서 회사를 쉬고, 아내와 함께 아이를 돌보려고 합니다」에서 알 수 있다. 즉 아이가 태어나기 때문이니 정답은 3번이다.

어휘 休む 쉬다 | 理由 이유 | 相談 상담 | ～せていただきたい ~하고 싶다 | 生まれる 태어나다 | 妻 아내 | 面倒を見る 돌보다 | おめでとう 축하한다 | そしたら 그럼 | 他の～ 다른~ | 伝える 전하다 | ～ておく ~해 두다 | 大変だ 힘들다 | 体調が悪い 몸 상태가 나쁘다

5ばん Track 3-2-05

男の人と女の人が話しています。男の人はどうして怒りやすくなりましたか。

男：私、最近、周りから「よく怒るね」と言われて、困っているんですよ。

女：そうですか。

男：前はそんなに怒ったりしなかったんですが、部長になってから、責任も重くなって。ミスしたらいけないと思うようになったんです。

女：私も長く仕事をしているから、その気持ち、よくわかります。

男：最近、大事なプロジェクトが入り、小さなミスでもすごく怒っていました。

女：ちょっと仕事中に休む時間を決めておいたらどうですか。10分、15分でもいいですから。休むのも仕事のうちですよ。

男：ええ、そうしてみます。

男の人はどうして怒りやすくなりましたか。

1　仕事の責任が重くなったから
2　会社で長く仕事をしているから
3　最近、仕事にミスがよくあるから
4　最近、大事なプロジェクトがよくあるから

5번

남자와 여자가 이야기하고 있습니다. 남자는 왜 쉽게 화를 내게 되었습니까?

남 : 저 최근에 주위에서 '자주 화를 내네요'라는 말을 들어서 곤란해요.

여 : 그래요?

남 : 전에는 그렇게 화를 내거나 하지 않았는데, 부장이 되고 나서 책임감도 무거워지고. 실수하면 안 된다고 생각하게 되었어요.

여 : 저도 오래 일을 하고 있어서, 그 기분 잘 압니다.

남 : 최근 중요한 프로젝트가 들어와서 작은 실수에도 크게 화를 냈습니다.

여 : 일하는 동안 좀 휴식 시간을 정해두는 게 어때요? 10분이나 15분이라도 좋으니까. 쉬는 것도 일에 들어간답니다.

남 : 네, 그렇게 해보겠습니다.

남자는 왜 쉽게 화를 내게 되었습니까?

1 일의 책임감이 무거워졌기 때문에
2 회사에서 오랫동안 일을 하고 있기 때문에
3 최근 일에 실수가 자주 있기 때문에
4 최근 중요한 프로젝트가 자주 있기 때문에

해설 부장이 되고 나서 책임감이 커지고 실수가 있어서는 안 된다고 생각하게 되었다고 했으니 정답은 1번이다.

어휘 怒る 화내다 | ます형+やすい ~하기 쉽다 | 周り 주위, 주변 | 困る 곤란하다 | 責任 책임 | 重い 무겁다 | 長い 길다 | 大事だ 중요하다 | 決める 결정하다 | うち 안, 이내

6ばん Track 3-2-06

男の人と女の人が話しています。女の人はどうして彼氏と別れましたか。

男：ハナエさん、彼氏と別れたという話、聞いたけど、それって本当？
女：うん、そうなの。
男：どうして？ 何かあったの？ 彼が就職できたら結婚するんじゃなかったの。
女：彼は仕事もできて、優しいけど。やっぱり彼の性格は自分には合ってないような気がするんだ。
男：へえ、そうか。
女：私は一緒にいると楽しい人が好きなの。なのに彼と一緒にいると自然じゃないっていうか。
男：まあ、性格の違いというのは難しい問題だね。

女の人はどうして彼氏と別れましたか。

1 彼は仕事はできたけど、やさしい人ではなかったから
2 彼は全然、楽しい人ではなかったから
3 彼は楽しい人だけど、仕事ができなかったから
4 彼と性格が合わないと感じる時が多かったから

6번

남자와 여자가 이야기하고 있습니다. 여자는 왜 남자친구와 헤어졌습니까?

남 : 하나에 씨, 남자친구와 헤어졌다는 얘기 들었는데, 그거 진짜야?
여 : 응, 그래.
남 : 왜? 무슨 일 있었어? 그가 취직하면 결혼하는 거 아니었어?
여 : 그는 일도 잘하고, 자상하지만. 역시 그의 성격은 나에게 맞지 않은 것 같은 생각이 들어.
남 : 아, 그렇구나.
여 : 나는 함께 있으면 즐거운 사람이 좋아. 그런데 그와 함께 있으면 자연스럽지 않다고나 할까.
남 : 음, 성격 차이라고 하는 것은 어려운 문제지.

여자는 왜 남자친구와 헤어졌습니까?

1 그는 일은 잘했지만, 자상한 사람은 아니었기 때문에
2 그는 전혀 재미있는 사람이 아니었기 때문에
3 그는 재미있는 사람이지만, 일은 잘 못했기 때문에
4 그와 성격이 맞지 않는다고 느낄 때가 많았기 때문에

해설 여자는 남자친구와 자신의 성격이 안 맞는 것 같은 생각이 들었다고 했으므로 정답은 4번이다.

어휘 どうして 왜 | 彼氏 남자친구 | 別れる 헤어지다 | 就職 취직 | 性格 성격 | 合う 맞다 | 気がする 생각이 들다 | なのに 그런데 | 自然 자연 | 違い 차이 | 全然 전혀 | 感じる 느끼다

3회

7ばん Track 3-2-07

女の人と男の人が話しています。女の人が留学する理由は何ですか。

女：田口さん、私…、アメリカに留学することになりました。
男：え？急ですね。大学の授業もまだ残っているのに…。
女：はい。私はまだ日本で勉強したいですが、父が転勤することになったので、一緒に行くことにしました。
男：そうですか。いつから行きますか。
女：来月からです。アメリカの大学に行く予定なので、５年ぐらいはいると思います。
男：さみしくなりますね。アメリカに行くときは連絡してもいいですか。
女：はい、もちろんです。その時は、私が案内しますよ。

女の人が留学する理由は何ですか。

1　日本の大学の授業がおもしろくないから
2　親がアメリカに転勤することになったから
3　アメリカで英語の勉強をもっとしたいから
4　アメリカの大学に行きたいから

7번

여자와 남자가 이야기하고 있습니다. 여자가 유학하는 이유는 무엇입니까?

남 : 다구치 씨, 저…, 미국에 유학하게 되었습니다.
남 : 네? 갑작스럽네요. 대학 수업도 아직 남아 있는데….
여 : 네. 저는 아직 일본에서 공부하고 싶습니다만, 아버지가 전근하게 되어, 함께 가기로 했어요.
남 : 그래요? 언제부터 갑니까?
여 : 다음 달부터예요. 미국 대학에 갈 예정이라, 5년 정도는 있을 생각이에요.
남 : 쓸쓸해지겠군요. 미국에 갈 때는 연락해도 돼요?
여 : 네, 물론이에요. 그 때는 제가 안내할게요.

여자가 유학하는 이유는 무엇입니까?

1 일본의 대학 수업이 재미있지 않으니까
2 부모가 미국에 전근하게 되었으니까
3 미국에서 영어 공부를 더 하고 싶으니까
4 미국 대학에 가고 싶으니까

해설 여자는 원래 일본에서 공부할 생각이었으나, 「父が転勤することになったので、一緒に行くことにしました 아버지가 전근하게 되어, 함께 가기로 했어요」라고 했다. 따라서 유학하는 이유는 2번이 된다.

어휘 留学する 유학하다 | 理由 이유 | ～ことになる ~하게 되다 | 急だ 갑작스럽다 | 授業 수업 | 残る 남다 | 転勤する 전근하다 | 一緒に 함께 | ～ことにする ~하게 되다 | いつから 언제부터 | 予定 예정 | さみしい 쓸쓸하다 | 連絡 연락 | もちろん 물론 | 案内する 안내하다

문제 3 **문제 3에서는 그림을 보면서 질문을 들어주세요. ➔(화살표)가 가리키는 사람은 뭐라고 말합니까? 1~3 중에서 가장 좋은 것을 하나 고르세요.**

れい Track 3-3-00

友だちにプレゼントをもらいました。何と言いますか。

男：1　おひさしぶり。
　　2　ありがとう。
　　3　元気だった？

예

친구에게 선물을 받았습니다. 뭐라고 말합니까?

남 : 1 오래간만이야.
　　2 고마워.
　　3 잘 지냈어?

해설 무언가를 받으면 답례 표현을 하는 것이 적절하므로 정답은 2번이다.

어휘 プレゼント 선물 | もらう 받다

1ばん Track 3-3-01

ホテルのお湯が出ません。何と言いますか。

女：1　あの、お湯を出したいんですが。
　　2　あの、お湯が出ないんですが。
　　3　あの、お湯が出ようとしているんですが。

1번

호텔의 뜨거운 물이 안 나옵니다. 뭐라고 말합니까?

여 : 1 저기, 뜨거운 물을 내고 싶습니다만.
　　2 저기, 뜨거운 물이 안 나옵니다만.
　　3 저기, 뜨거운 물이 나오려고 합니다만.

해설 뜨거운 물이 안 나오는 상황이니 「お湯が出ない 뜨거운 물이 안 나온다」라고 말하는 2번이 정답이다.

어휘 お湯 뜨거운 물 | 出す 내보내다 | ～ようとする ~하려고 하다

2ばん Track 3-3-02

新年になりました。何と言いますか。

女：1　あけましておめでとうございます。
　　2　お誕生日、おめでとうございます。
　　3　ご結婚、おめでとうございます。

2번

새해가 되었습니다. 뭐라고 말합니까?

여 : 1 새해 복 많이 받으세요.
　　2 생일 축하합니다.
　　3 결혼 축하합니다.

해설 「明けまして、おめでとうございます 새해 복 많이 받으세요」는 새해에 주고받는 인사말이므로 기억해 두자. 정답은 1번이다.

어휘 新年 새해 | 誕生日 생일 | 結婚 결혼

3ばん Track 3-3-03

友だちが泣いています。友だちに何と言いますか。

女：1 何かあったの？
2 何にもないはずだけど。
3 何でも話したほうがいいよ。

3번

친구가 울고 있습니다. 친구에게 뭐라고 말합니까?

여 : 1 무슨 일 있었어?
2 아무 일도 없을 텐데.
3 뭐든지 말하는 편이 좋아.

해설 울고 있는 친구에게 '무슨 일 있었어?'라고 물어보는 게 자연스러우므로 정답은 1번이다.

어휘 泣く 울다 | ～はずだ ~터이다, ~것이다 | 何でも 뭐든지

4ばん Track 3-3-04

となりの部屋の人がうるさいです。何と言いますか。

男：1 少しだけ静かになったようですね。
2 全然静かになりませんね。
3 少し静かにしてくれませんか。

4번

옆 방 사람이 시끄럽습니다. 뭐라고 말합니까?

남 : 1 조금만 조용해진 것 같군요.
2 전혀 조용해지지 않는군요.
3 조금 조용히 해주지 않겠습니까?

해설 옆 방이 시끄럽다면 조용해 달라고 요구를 해야 할 것이다. 「～てくれませんか ~해주지 않겠습니까?」는 상대에게 어떤 행위를 해 달라고 요구할 때 사용하는 표현이다. 정답은 3번이다.

어휘 となり 옆, 이웃 | うるさい 시끄럽다 | 少しだけ 조금만 | 全然 전혀 | ～てくれませんか ~해주지 않겠습니까?

5ばん Track 3-3-05

明日、国へ帰ります。何と言いますか。

男：1 今までお世話になりました。
2 今まで失礼しました。
3 今までご苦労様でした。

5번

내일 고국으로 돌아갑니다. 뭐라고 말합니까?

남 : 1 지금까지 신세를 졌습니다.
2 지금까지 실례했습니다.
3 지금까지 수고했습니다.

해설 고국으로 돌아가면서 '이제까지 신세를 많이 졌습니다'라고 인사를 하는 장면이므로 정답은 1번이다.

어휘 国 나라, 고국 | お世話になる 신세를 지다 | 苦労 수고, 고생

문제 4 **문제 4에서는 그림 등이 없습니다. 먼저 문장을 들어주세요. 그리고 그 대답을 듣고 1~3 중에서 가장 좋은 것을 하나 고르세요.**

れい Track 3-4-00

男：今日のお昼はなににする？
女：1 なんでもいいわよ。
2 今日はどこへも行かないよ。
3 昼からお酒はちょっと…。

예

남 : 오늘 점심은 뭘로 하지?
여 : 1 아무거나 괜찮아.
2 오늘은 아무 데도 안 갈 거야.
3 낮부터 술은 좀….

해설 점심 메뉴 선택에 대한 대답이다. 점심에 뭘 먹냐는 질문에 아무거나 괜찮다고 대답한 1번이 정답이다.

어휘 お昼 점심(밥) | 何でも 뭐든, 뭐라도 | 昼 낮

1ばん Track 3-4-01

男：この花を３本ください。
女：1 はい、300円です。
2 全部でいくらですか。
3 この花きれいですね。

1번

남 : 이 꽃을 3송이 주세요.
여 : 1 네, 300엔입니다.
2 전부해서 얼마입니까?
3 이 꽃 예쁘네요.

해설 물건을 구입하려는 사람에게 할 수 있는 대답으로 적절한 것은 1번이다.

어휘 ~本 ~송이(필기도구, 담배, 병 등 가늘고 긴 것을 세는 단위) | 全部で 전부해서 | いくら 얼마

2ばん Track 3-4-02

女：もう、さくらの季節ですね。
男：1 そうですね、もう秋ですね。
2 そうですね、もう春ですね。
3 そうですね、もう夏ですね。

2번

여 : 벌써 벚꽃의 계절이군요.
남 : 1 그러네요, 벌써 가을이군요.
2 그러네요, 벌써 봄이군요.
3 그러네요, 벌써 여름이군요.

해설 '벚꽃'이라는 단어에서 '봄'이라는 것을 알 수 있으므로 2번이 정답이다.

어휘 さくら 벚꽃 | 季節 계절

3ばん Track 3-4-03

男：おかしいな、金子(かねこ)さんの家(いえ)は確(たし)かこの辺(へん)だったと思(おも)うけどな…。

女：1　あの、おかしは体(からだ)によくないですよ。

2　あら、金子(かねこ)さんも行(い)きますか。

3　電話(でんわ)で聞(き)いてみましょうか。

3번

남 : 이상하네, 가네코 씨의 집은 분명히 이 근처였다고 생각하는데….

여 : 1 저기, 과자는 몸에 좋지 않아요.

2 어머, 가네코 씨도 가요?

3 전화로 물어볼까요?

해설 「確(たし)か」라는 표현은 확실하지 않거나 자신감이 없을 때 쓰는 표현이다. 남자가 가네코 씨의 집을 찾지 못하자 여자가 전화를 걸어본다는 상황이므로 3번이 정답이다.

어휘 おかしい 이상하다 | 確(たし)か 확실히, 분명히 | この辺(へん) 이 근처 | おかし 과자 | 体(からだ) 몸

4ばん Track 3-4-04

女：この席(せき)、空(あ)いていますか。

男：1　いいえ、出席(しゅっせき)すると言(い)っていましたよ。

2　はい、どうぞ。

3　欠席(けっせき)かもしれませんね。

4번

여 : 이 자리 비어 있나요?

남 : 1 아니요, 출석한다고 했어요.

2 네, 앉으세요.

3 결석일지도 모르겠습니다.

해설 자리가 비어 있냐는 질문에 대한 답으로 적절한 것은 앉으라고 말하고 있는 2번이다.

어휘 席(せき) 자리 | 空(あ)く 비다 | 出席(しゅっせき) 출석 | 欠席(けっせき) 결석

5ばん Track 3-4-05

女：あの、駅(えき)へはどう行(い)けばいいですか。

男：1　まっすぐ行(い)くと、スーパーがありますよ。

2　すみません、私(わたし)もわからないんです。

3　一緒(いっしょ)に行(い)ったほうがいいですよ。

5번

여 : 저, 역에는 어떻게 가면 되나요?

남 : 1 똑바로 가면 슈퍼가 있어요.

2 죄송합니다, 저도 모릅니다.

3 함께 가는 편이 좋아요.

해설 여자는 역에 가는 방법을 물어보고 있는데, 1번과 3번은 역에 가는 방법과는 아무 관계없는 반응이다. 2번은 구체적인 방법을 말하지는 않았지만 가는 방법을 모른다고 하였으니 정답은 2번이다.

어휘 駅(えき) 역 | どう 어떻게 | まっすぐ 똑바로 | ～たほうがいい ~하는 편이 좋다

6ばん Track 3-4-06

男：昨日、どろぼうに入られたんです。

女：1　え？大丈夫でしたか。

2　怖くて泣いてしまいました。

3　けいさつはまだ来ていません。

6번

남 : 어제, 도둑이 들었어요.

여 : 1 네? 괜찮았어요?

2 무서워서 울고 말았습니다.

3 경찰은 아직 오지 않았습니다.

해설 우선「どろぼうに入られた」란 표현을 알아야 한다. 직역하면 '도둑에게 들어옴을 당했다'라는 뜻인데, 우리말에 이런 말은 없으니, 의역하여 '도둑이 들었다'라고 해야 한다. 집에 도둑이 들었다는 말을 들었으면, 우선 별 문제없는지 물어보는 게 맞을 테니 정답은 1번이 된다.

어휘 どろぼう 도둑 | ～に入られる ~이 들어오다 | 大丈夫だ 괜찮다 | 怖い 무섭다 | 泣く 울다 | ～てしまう ~하고 말다 | けいさつ 경찰

7ばん Track 3-4-07

女：このお肉、捨てたほうがいいかな。

男：1　うん、おいしいはずだよ。

2　うん、変なにおいがしてるね。

3　うん、冷蔵庫に入れたほうがいいね。

7번

여 : 이 고기, 버리는 편이 좋으려나.

남 : 1 응, 맛있을 거야.

2 응, 이상한 냄새가 나네.

3 응, 냉장고에 넣는 편이 좋지.

해설 여자가 고기를 버려야 할까 고민하고 있는데, 남자가 고기에서「変なにおいがしてる 이상한 냄새가 나네」라고 하며 고기를 버리라고 하고 있다. 맛있다면 버릴 이유가 없으니 1번은 오답이고, 3번은 냉장고에 넣어두라고 했지만 고기를 버려야 하는 이유로 볼 수는 없으므로 오답이다.

어휘 お肉 고기 | 捨てる 버리다 | ～たほうがいい ~하는 편이 좋다 | ～はずだ ~알 것이다 | 変だ 이상하다 | においがする 냄새가 나다 | 冷蔵庫 냉장고

8ばん Track 3-4-08

男：田中部長はいらっしゃいますか。

女：1　もう会議は終わりました。

2　ただいま会議中なのですが…。

3　まだ会議は始まっていません。

8번

남 : 다나카 부장님은 계십니까?

여 : 1 이미 회의는 끝났습니다.

2 지금 회의 중입니다만….

3 아직 회의는 시작되지 않았습니다.

해설 1번과 3번은 회의에 관한 답을 하고 있으므로 오답이다. 2번은 '있다, 없다'라는 직접적인 표현은 아니지만, '회의 중'이란 말로 부장님이 자리에 없다는 뜻을 나타내고 있으므로 2번이 정답이다.

어휘 いらっしゃる 계시다 | ただいま 지금 | 会議中 회의 중

memo

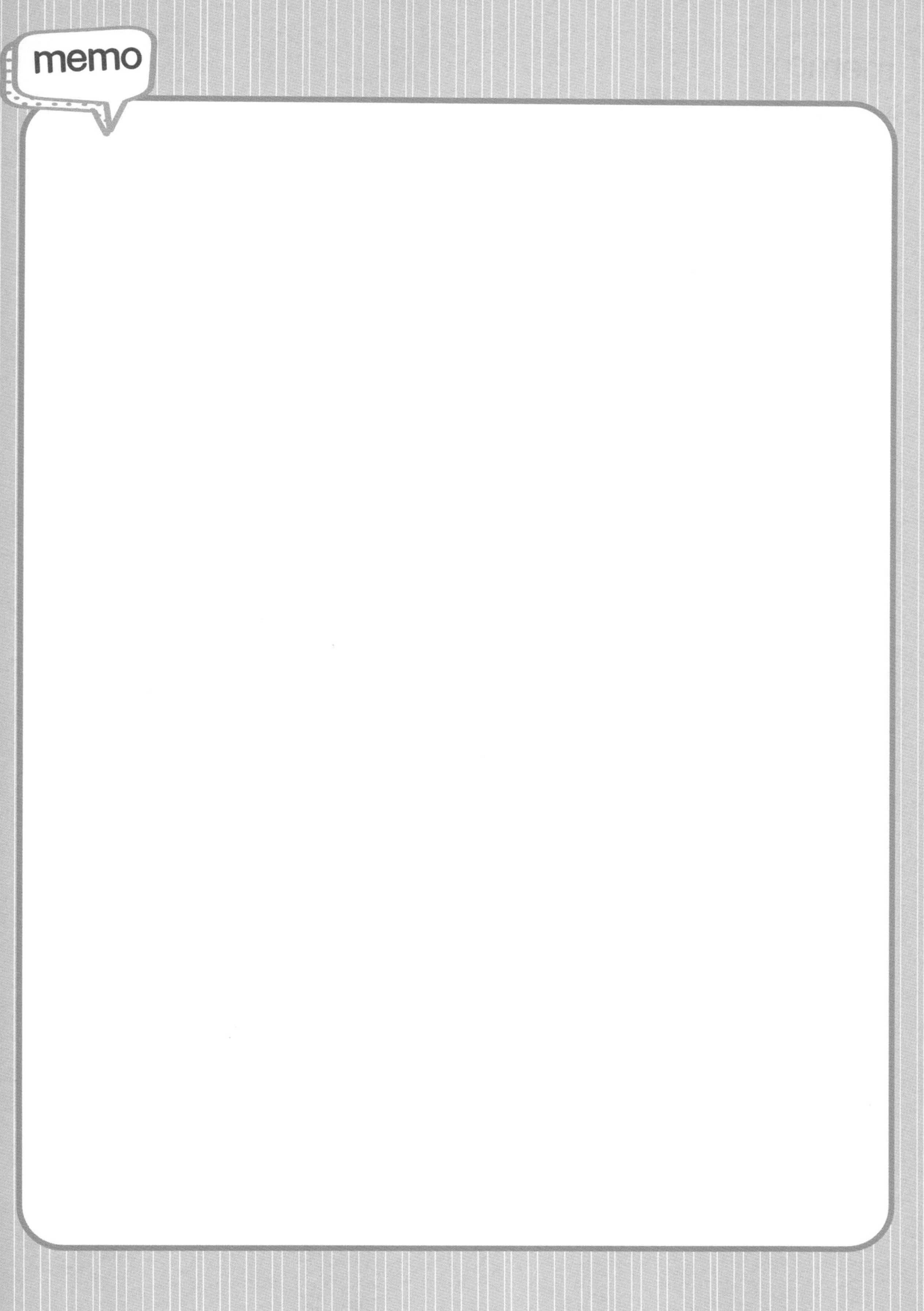
memo

memo

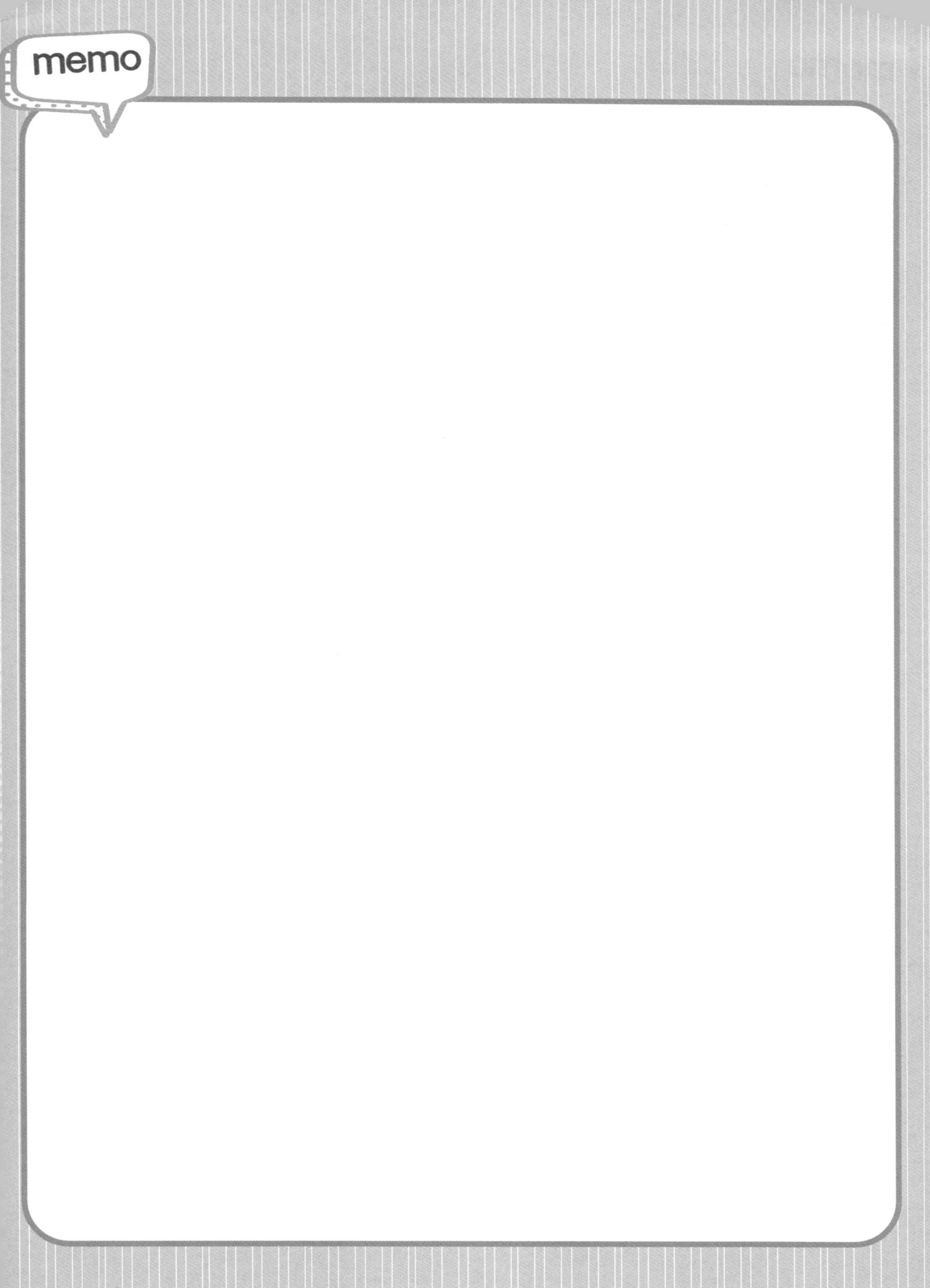
memo

memo